互联网+活页式理念新形态教材

市场调查与预测

主审　宋玉霞

主编　辛　磊　王　倩　孙　膑

内容提要

本书以市场调查与预测的程序为主线，将市场调查与预测的全部工作分解为11个项目，各项目内容循序渐进、环环相扣，系统阐述了市场调查与预测的理论知识及实践应用。全书内容包括初识市场调查、确立市场调查目标、确定市场调查内容、选择市场调查方式、选择市场调查方法、设计调查问卷、制订与评价市场调查方案、实施市场调查、整理与分析市场调查资料、预测市场发展趋势和撰写市场调查报告。

本书可作为职业院校市场营销专业学生的教材，也可供从事市场调查工作的社会人士参考使用。

图书在版编目（CIP）数据

市场调查与预测/ 辛磊，王倩，孙膑主编. -- 上海：上海交通大学出版社，2021.8（2023.7 重印）
ISBN 978-7-313-24469-7

Ⅰ. ①市… Ⅱ. ①辛… ②王… ③孙… Ⅲ. ①市场调查②市场预测 Ⅳ. ①F713.5

中国版本图书馆 CIP 数据核字(2021)第 152817 号

市场调查与预测

SHICHANG DIAOCHA YU YUCE

主　　编：辛 磊 王 倩 孙 膑
出版发行：上海交通大学出版社　　地　　址：上海市番禺路 951 号
邮政编码：200030　　电　　话：021-64071208
印　　制：北京京华铭诚工贸有限公司　　经　　销：全国新华书店
开　　本：787mm×1092mm　1/16　　印　　张：17.25
字　　数：398 千字
版　　次：2021 年 8 月第 1 版　　印　　次：2023 年 7 月第 5 次印刷
书　　号：ISBN 978-7-313-24469-7
定　　价：49.90 元

版权所有　侵权必究

告读者：如发现本书有印装质量问题请与发行部联系
联系电话：010-81069288

前言 PREFACE

市场调查是运用科学的方法搜集市场各方面情况的信息资料，并对其进行记录、分析、整理与评估的活动。它可以帮助企业了解市场现状及发展趋势，为企业解决产品、价格、渠道、营销策略等方面的问题或做出经营决策提供客观、正确的依据。

本书以应用为导向，全面介绍了市场调查与预测的工作过程及方法。全书共分为 11 个项目，包括初识市场调查、确立市场调查目标、确定市场调查内容、选择市场调查方式、选择市场调查方法、设计调查问卷、制订与评价市场调查方案、实施市场调查、整理与分析市场调查资料、预测市场发展趋势和撰写市场调查报告。

一、编写理念

2019 年，教育部先后印发了多个文件，明确提出建设一大批校企“双元”合作开发的国家规划教材，倡导使用新型活页式、工作手册式教材并配套开发信息化资源。

为落实教育部文件精神，满足各类院校需求，本书探索采用“互联网+活页式理念”的新形式进行编写，坚持以应用主线，不仅传授学生知识，突出能力的培养，更着力于价值的塑造。

此外，为贯彻落实二十大精神，我们还结合教学内容，对本书进行了修订完善。

我们衷心希望本书能够兼顾知识教育、技能教育与素质教育，培养出既懂理论，又擅实践且思想过硬的高素质市场调查人员。

二、教材结构

本书在结构上突破了传统教材“理论知识+习题”的模式，以学生为中心，变单纯灌输的教材为自主学习的“学材”。教材采用“任务清单+理论知识+工作训练+数字化资源”的架构，构建了适应不同学校要求的个性化学习内容、易于量化的学习项目、贴近实践的训练内容，形成了顺应高等教育教学改革与发展、具有鲜明时代特色的新形态教材体系。

本书以市场调查与预测的程序为主线，将市场调查与预测的全部工作分解为 11 个项目，每个项目的结构如下：

项目导读：每一项目的篇首都设有一段用于点明主题的导读内容，可让学生了解各项目的主要内容和重点知识。

任务清单：提出每一项目的“知识目标”“实训目标”“技能目标”“素质目标”，使学生明确通过本项目学习应达到的各维度目标，以便有的放矢地开展学习。

案例导入：精选与项目内容贴合的、有现实意义的经典案例，并围绕案例设置启发性问题，以激发学生的学习兴趣，使学生带着问题学习正文内容。

知识课堂：本部分是教材的理论主体，遵循认知规律编排，包括“问题导入”“知识链接”“自我检测”三个部分。其中，“问题导入”从学生实际出发，引导学生反思日常生活中的市场调查问题，链接生活常识与理论知识，搭建从已知通往未知的桥梁，以此激发学生的求知欲。“知识链接”为理论知识讲解，简明扼要地阐述理论知识，为学生解疑答惑；并且，其表达形式灵活多样，图文并茂，案例丰富，避免了理论知识的枯燥无味。“自我检测”通过多种题型对重难点知识进行检测，以考查学生对理论知识的掌握情况。

实地调查：本部分是教材的实践主体，通过多个工作任务帮助学生从知识掌握的初级阶段迈入实践应用的高级阶段，帮助学生在自主实践的过程中不断获得新知识、新技能，最终构建自己的知识与能力体系。

自我检测：精心设计课后检测体例来检查学生对知识和技能的掌握情况，让学生在学中做，在做中学。

调查之窗：本部分讲革命故事，讲发展故事，讲时代故事，用中国故事潜移默化教育人，用发展成就夯实学生理想信念，使学生自觉练好调查研究基本功，用活这一传家宝。

三、教材特色

德才兼备，铸魂育人：本书以培养学生正确的世界观、人生观和价值观为己任，将以爱国主义为核心的民族精神、以改革创新为核心的时代精神等有机地融入正文内容与各种模块中。例如，设置“调查之窗”模块，通过老一辈革命家的动人故事、新时代领导人的高瞻远瞩、高屋建瓴的国家政策、辉煌夺目的大国成就等来引导学生树立高尚的理想信念；讲述我国国货的崛起、疫情的防控、博物馆文创产业的发展等，引导学生厚植爱国主义情怀，树立“四个自信”；围绕时事热点设置大量的课堂互动活动和实践训练活动，以培养学生的团结协作精神、职业道德、创新思维；等等。

校企合作，实践引领：本书的编写在一线双师型教师和企业专职人员的支持与参与下进行，其体例设计充分考虑了教学大纲要求与企业需求，内容紧密围绕岗位需求“量身定做”，在阐述理论知识的同时，选用了大量典型的、具有时代性的案例，以调动学生学习的积极性，提高学生分析问题和解决问题的能力。此外，为顺应市场调查机构及相关企业单位对人才素养的要求，书中特别介绍了利用 Excel 软件进行数据分析与预测的技巧。

全新形态，全新理念：本书融入活页式理念，真正做到以学生为中心，让学生在做中学，在学中做，化被动为主动。

平台支撑，资源丰富：本书提供了丰富的数字资源，包括视频、动画、课件等，以二维码形式呈现在教材中，以便学生随时随地学习相关知识。与此同时，为了方便学校管理、教师教学和学生自学，本书与一款集教学管理、教学支撑于一体的文旌综合教育平台“文旌课堂”（www.wenjingketang.com）开展了深度合作，学校可借助该平台管理校本课程，教师可通过微信或“文旌课堂”APP 扫描扉页二维码借助该平台管理各种教学资源（如教学课件、微课视频等）、布置作业、组织考试，学生可借助该平台阅读课外资源、提交作业、进行线上练习、参加考试等。师生在教与学的过程中有任何疑问，都可以登录该平台寻求帮助。

在编写过程中，我们参考了大量的文献资料。在此，我们向参考过的文献的作者表示诚挚的谢意。此外，本书在编写过程中引用了大量案例，其中部分案例来源于互联网和一些非正式出版物，在此，也对这些案例资源的作者表示衷心的感谢。另外，本书在正文中没有注明出处的案例均为自编或者根据真实事件改编。

由于编者水平有限，书中存在的疏漏与不当之处，敬请广大读者批评指正。

本书编委会

主　审　宋玉霞

主　编　辛　磊　王　倩　孙　膑

副主编　杨海源　于　爽

项目 1 初识市场调查/1

项目导读/1
任务清单/1
案例导入/2
知识课堂/3
1.1 明确市场调查的重要性/3
1.1.1 市场调查的重要性/3
1.1.2 企业在市场调查认知上存在的误区/5
1.2 了解市场调查的分类及步骤/6
1.2.1 市场调查的分类/6
1.2.2 市场调查的步骤/9
实地调查 实践出真知，探寻市场调查重要性/11
自我检测/14
调查之窗 善于开展社会调查研究/15

项目 2 确立市场调查目标/17

项目导读/17
任务清单/17
案例导入/18
知识课堂/19
2.1 确定市场调查问题/19
2.1.1 区分企业决策问题和调查问题/19
2.1.2 分析决策问题的背景/20
2.1.3 通过探索性调查把握决策问题/22
2.1.4 将决策问题转化为调查问题/23
2.2 确定调查目标、调查区域和调查对象/23
2.2.1 确定调查目标/23
2.2.2 确定调查区域/24
2.2.3 确定调查对象/25
实地调查 调查本地博物馆文创产品开发现状/25
自我检测/28
调查之窗 调查研究要在“四深”上下功夫/29

项目 3 确定市场调查内容/31

项目导读/31
任务清单/31
案例导入/32
知识课堂/33
3.1 调查社会环境/33
3.1.1 调查政治环境/33
3.1.2 调查法律环境/34
3.1.3 调查经济环境/34
3.1.4 调查文化环境/35

3.1.5 调查技术环境/35
3.1.6 调查地理环境/35
3.2 调查消费者/35
3.2.1 调查消费者基本情况/35
3.2.2 调查消费者购买动机/36
3.2.3 调查消费者购买行为/37
3.3 调查产品/39
3.3.1 调查产品生产能力/40
3.3.2 调查产品实体/40
3.3.3 调查产品包装/40
3.3.4 调查产品生命周期/41
3.3.5 调查产品价格/41
3.4 调查市场营销活动/41
3.4.1 调查竞争对手/41
3.4.2 调查销售渠道/42
3.4.3 调查服务/42
3.4.4 调查促销方式/43
实地调查 调查高校学生智能手机使用情况/45
自我检测/48
调查之窗 统计局走基层回应：CPI 数据是怎么得来的/49

项目 4 选择市场调查方式/51

项目导读/51
任务清单/51
案例导入/52
知识课堂/53
4.1 了解主要的市场调查方式/53
4.1.1 统计调查的相关概念/53
4.1.2 常见的市场调查方式/55
4.2 实施抽样调查/58
4.2.1 抽样调查的步骤/58
4.2.2 抽样方法的选择/59
4.2.3 抽样误差的计算/65
4.2.4 样本量的确定/69
实地调查 调查大一新生平板电脑使用情况/72
自我检测/75
调查之窗 为应对人口老龄化提供数据支撑——中国城乡老年人生活状况抽样调查启动入户调查/76

项目 5 选择市场调查方法/78

项目导读/78
任务清单/78
案例导入/79
知识课堂/80
5.1 掌握文案调查/80
5.1.1 文案调查的作用/80
5.1.2 文案调查的优缺点/81
5.1.3 文案调查的搜集渠道/82
5.1.4 文案调查的步骤/85
5.2 运用实地调查/88
5.2.1 访问调查/88
5.2.2 观察调查/96
5.2.3 实验调查/99
5.3 运用网络调查/104
5.3.1 网络调查的分类/104
5.3.2 网络调查的优缺点/105
实地调查 调查疫情影响下我国留学生回国就业情况/106
自我检测/109
调查之窗 胡瑛：入户调查的“苦”与“乐”——一个统计调查人的工作感悟/110

项目 6 设计调查问卷/112
项目导读/112
任务清单/112
案例导入/113
知识课堂/114
6.1 明确问卷的基本结构/114
6.1.1 问卷的分类/114
6.1.2 问卷的结构和内容/115
6.2 掌握问卷的设计步骤/118
6.2.1 问卷的设计原则/118
6.2.2 问卷的设计步骤/119
6.3 设计问卷问题/121
6.3.1 问题的设计形式/121
6.3.2 问题的设计用词/124
6.3.3 问题的设计顺序/126
实地调查 居安思危，调查国家安全认知/127
自我检测/129
调查之窗 一份调查问卷背后折射上海“十四五”规划编制新思路/131
项目 7 制订与评价市场调查方案/133
项目导读/133
任务清单/133
案例导入/134
知识课堂/135
7.1 制订市场调查方案/135
7.1.1 市场调查方案的基础知识/135
7.1.2 市场调查方案的制订/137
7.2 评价市场调查方案/142
7.2.1 市场调查方案的可行性分析/142
7.2.2 市场调查方案的评价标准/143
实地调查 调查“中国奇迹”，点赞辉煌成就/144
自我检测/147
调查之窗 掌握调查研究这个基本功/149
项目 8 实施市场调查/151
项目导读/151
任务清单/151
案例导入/152
知识课堂/152
8.1 组建市场调查项目组/153
8.1.1 市场调查项目组的组成及职责/153
8.1.2 招聘调查人员/155
8.2 培训调查人员/157
8.2.1 培训内容/157
8.2.2 培训形式/158
8.3 管理市场调查活动/159
8.3.1 实施市场调查前的准备工作/159
8.3.2 实施市场调查/161
8.3.3 监控市场调查活动/161
实地调查 感受时代印记，调查主旋律电视剧/163
自我检测/167
调查之窗 聚焦乡村振兴发展开展乡村调查/168
项目 9 整理与分析市场调查资料/170
项目导读/170
任务清单/170
案例导入/171
知识课堂/171
9.1 整理市场调查资料/172
9.1.1 审核市场调查资料/172

9.1.2 编码/175

9.1.3 录入市场调查资料/178

9.1.4 检查市场调查资料/179

9.1.5 绘制频数分布表与统计图/180

9.2 分析市场调查资料/193

9.2.1 市场调查资料的分析方法/193

9.2.2 数据的描述统计分析/194

实地调查 唤醒红色记忆，调查红色旅游消费市场/201

自我检测/204

调查之窗 扎实开展流调 从源头扼住病毒“咽喉”/206

项目 10 预测市场发展趋势/208

项目导读/208

任务清单/208

案例导入/209

知识课堂/210

10.1 了解市场预测的基本知识/210

10.1.1 市场预测的分类/211

10.1.2 市场预测的内容/213

10.2 掌握市场预测的基本方法/215

10.2.1 集合意见法/216

10.2.2 专家会议法/218

10.2.3 德尔菲法/219

10.2.4 时间序列预测法/221

10.2.5 回归预测法/236

实地调查 国潮崛起，调查国货品牌发展/241

自我检测/244

调查之窗 “十四五”规划如何布局谋篇？/246

项目 11 撰写市场调查报告/248

项目导读/248

任务清单/248

案例导入/249

知识课堂/249

11.1 明确市场调查报告的重要性/250

11.1.1 撰写市场调查报告的目的/250

11.1.2 市场调查报告的特点/250

11.1.3 市场调查报告的基本结构/251

11.2 掌握市场调查报告的撰写步骤与技巧/255

11.2.1 市场调查报告的撰写步骤/255

11.2.2 市场调查报告的撰写技巧/256

11.2.3 撰写调查报告应注意的问题/258

实地调查 健康中国，调查健身行业消费市场/259

自我检测/262

调查之窗 是搞“手榴弹炸跳蚤”，还是对症下药、精准滴灌、靶向治疗？/264

参考文献/266

项目 1

初识市场调查

项目导读

市场调查是运用科学的方法收集信息资料，并对信息资料进行记录、分析、整理与评估的活动。它可以帮助企业了解市场现状，为企业解决产品、价格、渠道、营销策略等方面的问题，还能为企业做出经营决策提供客观、正确的资料。本项目主要介绍市场调查的基础知识，包括市场调查的概念、市场调查的重要性、市场调查的分类及步骤。

任务清单

RENWU QINGDAN

完成一项学习任务后，请在对应的方框中打钩。

知识目标	□	了解市场调查的概念
	□	了解企业在市场调查认知上存在的问题
	□	知道市场调查的重要性
	□	熟悉市场调查的分类
	□	掌握市场调查的步骤
实训目标	□	了解文献检索的基本方法
	□	了解 PPT 的制作方法
	□	能通过具体事例说明市场调查的重要性
技能目标	□	树立市场调查的意识
	□	能够开展团队合作
素质目标	□	正确认识市场调查，具备求真务实的态度
	□	懂得“没有调查就没有发言权”的道理

案例导入
ANLI DAORU

“卖文艺”的江小白

“白酒文化”渗透在中华五千年的文明历史中，“酒”在中国人的生活中占有很重要的地位。国内白酒消费链的结构如同一个金字塔，其顶端位置由茅台、五粮液两大巨头所控制，低端位置则由二锅头牢牢占据，各层级壁垒分明，竞争激烈。

作为后来者要想在竞争激烈的白酒市场分一杯羹实属困难，但江小白这个品牌从2012年进入市场以来，就异军突起，很快在白酒市场站稳脚跟。江小白又是如何冲出重围，成为一匹“黑马”的呢？原来，江小白的创始人偶然发现传统的白酒太烈太呛口，一瓶要喝很久才能喝完。他就瞄准了其中的商机，想要以此为突破口，在传统白酒上进行创新。于是，他组织了一个专家小组对消费者及白酒销售厂家进行多次市场调查。

经调查了解，面向25～30岁年轻群体的白酒市场尚待开发。在对这个群体进行二次调查后发现，这部分年轻人并非不喜欢饮酒，而是对酒的味道、包装和价格较为挑剔。根据调查结果，江小白做出如下决定：① 将目标客户定位为“80后”和“90后”年轻群体；② 将白酒的配方进行调整，减少辣感、刺激感和苦感，强调口感上的“简单纯粹”；③ 定制小而巧的容器，以改善包装上的弊端；④ 所有营销文案和视频，都用第一人称“我是江小白”来诉说故事、表达情感，展现出年轻人在压力下拼搏、奋斗的青春故事。

一句“我是江小白，生活很简单”正式拉开了江小白走向成功的帷幕。

资料来源：https://www.sohu.com/a/310641610_100086285

思考：

（1）江小白为什么能够取得成功？

（2）试猜想江小白进行了哪些市场调查？

知识课堂

ZHISHI KETANG

问题导入

（1）你对市场调查与预测有何认识？

（2）市场调查有哪些种类？

（3）你参与过哪些市场调查？

（4）你有哪些疑问希望通过本项目的学习得到解决？

知识链接

1.1 明确市场调查的重要性

市场调查是根据一定的目的，运用科学的方法，有组织、有计划地向调查单位收集所需要的信息资料，并进行记录、分析、整理与评估，以了解市场现状，预测未来发展趋势的活动。

企业经营的成功，离不开正确的经营决策，而做出正确的经营决策，则需要市场调查提供客观、正确的资料。那么，为什么要进行市场调查？市场调查因何能成为企业决策的依据？为什么有些企业不重视市场调查？下面我们就来为大家一一解答。

1.1.1 市场调查的重要性

有人说："不进行市场调查就像盲人打仗，结果将不可预知。"这充分说明了市场调查的重要性。市场调查是企业的“眼睛”，是企业在激烈的市场竞争中看清方向，找准定位，做出正确决策从而取得胜利的关键。总体而言，市场调查对于企业来说具有以下几个方面的重要作用。

“没有调查，没有发言权”是一句流传广泛、影响深远的口号。这一口号是毛泽东在他的名作《反对本本主义》(原题《调查工作》)一文中，提出的一个著名论断。毛泽东在文中对当时存在的教条主义、本本主义，进行了尖锐的批评，强调离开实际调查，就要产生唯心的阶级估量和唯心的工作指导，其结果不是机会主义，便是盲动主义。因此，“没有调查，没有发言权”“注重调查!”“反对瞎说!”“中国革命斗争的胜利要靠中国同志了解中国情况”。这个论断后来成为中国共产党人一切从实际出发、深入群众、理论联系实际的行动口号。

1．为企业决策提供客观依据

企业通过市场调查可以及时准确地掌握市场情况，进而有针对性地做出切实可行的经营决策。例如，企业在确定某种产品的生产数量、定价及销售渠道时，必须调查清楚该种产品被消费者认可的程度、该种产品的市场容量大小、消费者可以接受的产品价格、经销商是否愿意经营等。只有在收集到真实可信的相关资料后，企业才能根据自身的实际情况和市场情况做出最佳的经营决策。

案例阅读

爱彼迎的成功决策

短租平台爱彼迎在最初进入市场时并未取得显著成绩。当时，租住房屋度假的方式还不能被大部分消费者所接受。出于对这种方式的不信任，平台存在的不足之处往往会被放大，这使得爱彼迎的负面新闻层出不穷，如退款不及时、用户隐私泄露、房东无理由取消订单等。

为了解决这些问题，爱彼迎针对目标用户进行了全面的调查。在通过调查、收集和分析负面预定体验方面的数据后，爱彼迎发现租房用户最糟糕的体验是发出预定申请后得不到房主的及时回应。于是爱彼迎大力推广了“即时预定”服务模式，这项服务允许租客无须等待房主同意，预定后便可以直接按时入住。同时，爱彼迎从安全和改善户主体验两个层面阐述“即时预定”功能的好处，以解决房主的后顾之忧。最终爱彼迎整体预定转化率提高了60%。

自此，爱彼迎改变了许多消费者的租住意识，颠覆了酒店行业的认知，成为名副其实的“共享经济”。

资料来源：https://www.sohu.com/a/322468900_763735

2. 有利于企业发现市场机会，开拓新市场

通过市场调查，企业可以了解产品的潜在市场需求，了解消费者对产品的意见、态度、购买意向等，可以据此寻找新的市场机会，开拓新的市场。

3. 有利于改善企业的经营管理水平

一方面，市场调查改变了企业凭直觉和经验做决策的情况，使企业的决策建立在科学的调查分析基础上，使企业的市场和经营活动更加规范、更加完善；另一方面，市场调查给消费者提供了表达意见的机会，通过市场调查，企业可以发现自身在产品、服务、营销等方面存在的问题，从而有针对性地引进国内外先进技术，总结经营管理经验，进而提高企业的生产效率和管理水平。

1.1.2 企业在市场调查认知上存在的误区

1. 市场调查所获得的信息一定都是真实的

事实上，市场调查所获得的信息不一定真实。例如，在对消费者进行调查时，大多数消费者是凭记忆回答过去的购买行为，而其记忆并不一定准确。此外，如果某些问题比较敏感或涉及个人隐私，消费者往往拒绝回答或随意回答，从而导致调查结果并非完全可信。

案例阅读

不说实话的消费者

在市场调查中，消费者有时不说真话，有时甚至想隐瞒真相。

曾有一家大型服装公司在销售男士休闲裤时，收到了异乎寻常的大量退货，消费者所反映的退货原因大多是裤子不合适。根据这些信息，这家公司认为可能是产品说

明存在问题。于是，他们请一家调查公司帮助查明退货的原因。

调查公司根据退回男士休闲裤的消费者名单，派调查人员去进行实地调查，但调查结果出乎意料。调查人员从消费者那里得到的信息大多是休闲裤非常合适。那么，退货的真实原因是什么呢？原来母亲们往往给她们十几岁的男孩订购3～4条裤子，让孩子从中挑选一条最合适的，然后将剩余的全部退掉。

这项调查表明，产品说明并没有问题，只是顾客在解释退货的原因时，没有比“不合适”更恰当的借口。

资料来源：袭宝仁、曾祥君. 市场调查与预测[M]. 北京：航空工业出版社，2012.

2. 可以完全依赖调查结果组织产品生产与销售

市场调查所收集的信息通常反映的是消费者现在或过去的购买行为，然而消费者的购买行为是不断变化的。因此，如果不加分析地直接利用调查结果确定未来的产品生产与销售，很可能会存在问题。有调查表明，75%～90%的新产品上市一年后就迅速从货架上消失。

此外，由于受抽样方法及人为因素（如调查人员的素质、敬业程度等）的影响，市场调查结果会存在一定程度的误差。

3. 市场调查一次足矣

有的企业把市场调查看成是“一竿子买卖”。不少企业到产品投产前，才意识到有必要做市场调查，于是忙着组织调查人员或联系调查机构，做街头访问、搞座谈、确定产品定位。可一旦产品投放市场，便把市场调查抛之脑后，以为一次调查足矣。

实际上，市场调查应贯穿于企业生产经营的每个环节，它不仅是企业确定短期“战术”的依据，更是企业进行战略决策的可靠信息来源。通过对行业和产品的长期追踪调查，有利于企业掌握行业和产品的发展趋势，做出正确的战略决策。

1.2 了解市场调查的分类及步骤

市场调查根据不同的分类标准，可以进行不同的分类。不同市场调查适用范围也不尽相同。在某种情况下采用何种市场调查？又将如何实施市场调查？这便是我们接下来需要探索的问题。

1.2.1 市场调查的分类

1. 按市场调查性质分类

按市场调查性质不同，市场调查可分为探索性调查、描述性调查、因果性调查与预测性调查。

1）探索性调查

探索性调查是指在调查问题尚不明确的情况下，为了进一步明确调查问题，确定调查方向和范围而进行的初步调查。其目的是通过调查获得资料，初步找到经营中的问题所在，以供进一步调查研究。通常情况下，调查所确定的问题以假设的形式出现。

例如，某化妆品公司某年主营产品的市场份额下降，公司无法查明原因。到底是经济衰退影响，或是广告支出减少，还是消费者消费习惯改变？显然，可能的原因很多，此时就可以采用探索性调查来寻求最可能的原因。调查人员通过收集一些用户的资料发现：绝大多数消费者目前倾向于使用纯植物的护肤品，而该公司的产品成分是从动物体内提取的，从而得出结论——消费者倾向于使用纯植物的护肤品可能是导致销售额下降的原因。这就是通过探索性调查得到的假设。当然，该假设还需要经过进一步的调查来验证。

探索性调查一般是通过使用二手资料（如公开发布的调查、公司的内部记录等），请教一些专家或参照过去的案例来进行的小范围的调查。

如果对调查的问题了解甚少，就需要从探索性调查开始。探索性调查是对一个问题的探测、摸索，因而不需要制订严格的调查方案且调查方式灵活多样。

2）描述性调查

描述性调查是指为描述市场因素的特征或变化趋势所做的调查。例如，调查消费者的购买力、销售渠道的可行性、消费者的基本情况、产品的价格、产品的销售情况等均属于描述性调查。

描述性调查的用途主要有以下三个：① 发现问题，如通过调查产品的销售情况，发现产品的销售额下降问题；② 为决策做参考，如某公司通过调查产品的消费人群，发现 67% 的消费者是年龄为 18～44 岁的妇女，因而决策者决定直接向妇女开展促销活动；③ 检验方案的实施效果，如决策实施一段时间后，通过调查产品的销售情况，来检验决策是否正确。

提 示

描述性调查的应用非常广泛，绝大多数的市场调查都属于描述性调查。在进行描述性调查前，需要制订严格的方案，且在方案中必须明确以下六个要素：调查谁、调查什么、何时调查、何处调查、为什么调查及调查的方法。只有这样，才能更准确地反映市场因素的特征及变化趋势。

3）因果性调查

因果性调查是指为验证市场因素之间的因果关系所做的调查。例如，调查产品的包装、广告费用等因素是否对销售额产生影响就属于因果性调查。

因果性调查与描述性调查有诸多相同之处，如两者都可以对探索性调查提出的假设进行验证，两者都需要对方案进行评估，两者的方案设计都非常严格。而两者的区别在于调查方法不同，因果性调查一般采用实验调查，描述性调查一般采用询问调查和观察调查。

4）预测性调查

预测性调查是指为验证在未来某一段时期内，某一市场因素的变动对企业市场营销活动的影响所做的调查。市场未来的情况决定着企业的命运和未来的发展，只有在对未来市场有一个比较清楚的了解时，企业才能避免更大的风险。因此，预测性调查具有重要意义。

课堂互动

是否所有的调查都必须从探索性调查开始，为什么？

2. 按调查对象的范围分类

按调查对象的范围不同，市场调查可分为全面调查与非全面调查。

全面调查与抽样调查

1）全面调查

全面调查，又称“普查”，要对调查对象逐个进行调查。其目的是对市场状况做出全面、准确的描述，从而为制订决策提供可靠的依据。全面调查的结果虽然全面可靠，但调查花费的人力、物力、财力较多，且调查时间较长，难以满足一般企业的要求。该调查通常适用于销售范围很窄或用户很少的产品，不适用于品种多、销售范围广的产品。

2）非全面调查

非全面调查是对调查对象的一部分进行调查，包括典型调查、重点调查和抽样调查。非全面调查的调查对象少，可以集中力量做深入、细致的调查，从而提高统计资料的准确性；还可以节省人力、物力和财力，缩短调查期限，从而提高调查的效率。

3. 按收集资料的方法分类

按收集资料的方法不同，市场调查可分为实地调查、文案调查和网络调查。

1）实地调查

实地调查，又称“一手资料调查”或“直接调查”，是指调查人员直接向调查对象收集第一手资料的调查。实地调查花费的时间、人力和费用较多。

2）文案调查

文案调查，又称“二手资料调查”或“间接调查”，是指调查人员从企业内部或外部收集现有文案资料的调查。文案调查具有简单、快速、节省调查经费等特点，它既可以独立运用，也可作为实地调查的补充。

3）网络调查

网络调查是利用便捷的互联网和自动统计分析等现代技术手段，对特定营销环境收集资料并进行初步分析的调查。网络调查可以规避地域上的不便，使调查结果更全面。

1.2.2 市场调查的步骤

一般说来，一个完整的市场调查需要依次经过如下步骤：调查前的准备、实施市场调查、整理与分析调查资料、预测市场发展趋势和撰写市场调查报告。如图 1-1 所示。

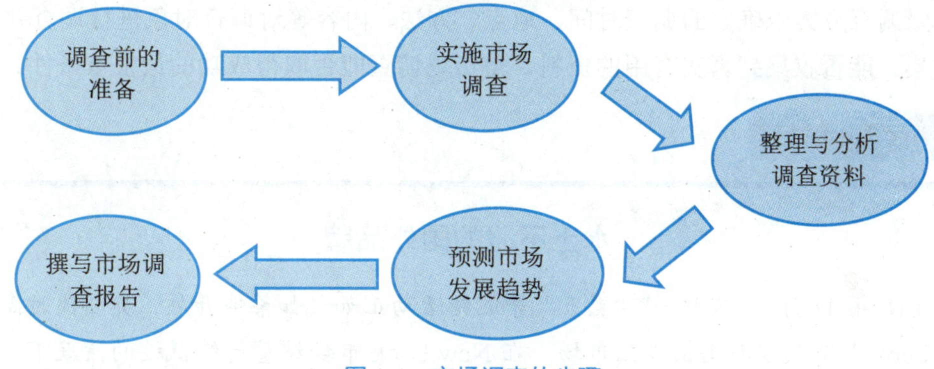

图 1-1 市场调查的步骤

1. 调查前的准备

1）明确调查目标

明确调查目标是市场调查的第一步，也是一项关键性的工作。明确调查目标，首先需要明确企业在经营管理中存在的决策问题并对此进行分析，然后根据分析结果确定应当调查的信息。例如，企业考虑是否应当推出新产品，调查人员通过对该问题分析，最终确定调查目标为“确认消费者对新产品的评价和购买意愿”。

2）确定调查内容

明确调查目标后，需要进一步确定调查内容，调查内容应当紧密围绕调查目标。一般来说，市场调查的内容主要包括社会环境、市场需求、产品的包装及价格、竞争对手等。

3）选定调查方式

确定调查内容后，需要根据调查的具体要求选定调查方式，即确定是进行全面调查还是非全面调查。

4）选择调查方法

选定调查对象的范围后，调查人员接下来需要选择收集资料的方法。具体采用何种方法进行调查，应当根据调查的实际情况和客观要求确定。

5）制订和评估调查方案

明确调查目标、调查内容、调查对象的范围和调查方法后，便可制订详尽的调查方案。

调查方案是指导整个调查项目实施的方针，它是对调查目标、调查对象、调查内容、调查方法、调查进度及有关经费预算开支等内容的阐述。

6）设计调查问卷

问卷是调查的工具，问卷设计的好坏直接影响到资料收集的效率及质量，因此，问卷设计应当作为一个重要环节受到特别的重视。

2．组织实施市场调查

市场调查的准备工作就绪后，便可以开始组织实施市场调查。要求经过培训的调查人员，按照调查方案中确定的调查时间、地点、方法、内容等对调查对象进行调查并对资料进行收集。能否收集到真实有用的资料，是市场调查能否取得成功的最根本条件。

案例阅读

水土不服的国外品牌

2018 年 11 月，“双十一”“黑五”等促销活动正如火如荼地开展，英国快时尚品牌 New Look 却突然宣布退出中国市场。在 New Look 市场销量持续低迷的情况下，这一消息并不令人意外。事实上，与 New look 一样，有很多外国品牌因不了解中国消费者而在中国市场遭遇滑铁卢，黯然离去。

1．“不勤快”的 Topshop

Topshop 创立于 1964 年，属于英国最大的服装零售商 Arcadia 集团。Topshop 有着极强的品牌个性，曾被称为是“女性的信仰”。但是，Topshop 在 2018 年 11 月 1 日宣布关闭天猫旗舰店。

Topshop 的失败与其缺乏市场调查、“不勤快”的作风是分不开的：Topshop 无视中国社交媒体的活跃流量，官方微博往往几个月才更新一次；无视亚洲女性与欧美女性的体型差异，直接照搬英国款式……不进行市场调查，不想办法拉近与消费者的距离，不根据本土用户的特色来设计、挑选产品，这样“不勤快”的品牌，自然很容易就被市场淘汰了。

2．水土不服的玛莎百货

玛莎百货成立于 1884 年，总部位于伦敦，是英国最大的跨国零售集团，从某种意义上来说，它是绝对的“实力派”。然而，玛莎百货 2008 年来到中国，只过了短短十年便草草收场。

中国市场研究集团总经理雷小山认为，玛莎百货失败的原因包括：玛莎百货未能迎合消费者的口味，提供的款式太“中产、郊区、英国家庭主妇”，也没有考虑亚洲人的体型；目标人群定位不准确，玛莎百货实体店所在的北京、上海等大城市，年轻消费者可以直接去购买那些更年轻、更时尚的款式，而对于更有经济实力的消费者，“玛莎百货的产品并不便宜，但它们的实际价值也不够高”。

资料来源：https://www.sohu.com/a/279805028_118065

3．整理与分析调查资料

通过市场调查收集到的资料是分散凌乱的，需要对其进行整理分析，具体包括以下工作：① 审核资料是否及时、完整和准确；② 根据市场调查目标对所获得的资料进行分类汇总；③ 运用数据分析工具将汇总的资料进行统计分析。

4．预测市场发展趋势

预测市场发展趋势是指企业在调查的基础上，运用已收集的资料进行预测，如预测消费者的消费趋势，预测未来市场的发展状况或预测竞争对手未来的经营决策等。

5．撰写调查报告

分析完资料并针对调查结果进行预测后，调查人员必须撰写调查报告。调查报告是市场调查的最终成果，其目的是为生产经营决策提供依据。

实地调查　实践出真知，探寻市场调查重要性

任务概述

利用多种方法查找通过市场调查做出成功决策和未经市场调查而导致经营失败的企业案例。以此来了解市场调查的重要性，树立市场调查意识；端正“没有调查，就没有发言权”的工作态度。

检索完毕后，每个小组筛选出最具有代表性的市场调查案例（成功案例与失败案例各一个）。各小组派出代表，以演示 PPT 的形式向全班同学介绍本组搜集的成功案例与失败案例，并进行讨论，以深化对市场调查重要性的认识。

任务分组

全班学生以 3～5 人为一组进行分组，各组选出组长并进行任务分工，将小组成员及分工情况填入表 1-1 中。

表 1-1 小组成员及分工情况

班级		组号		指导教师	
小组成员	姓名	学号	任务分工		
组长					
组员					

任务准备

（1）熟悉信息检索的方法。

（2）掌握 PPT 的制作方法。

工作计划

小组商议，制订出具体的工作计划，填入表 1-2 中。

表 1-2 工作计划

步骤	工作内容	时间安排	负责人
1			
2			
3			
4			
5			

任务实施

按照工作计划，开展案例搜集活动。将具体的实施情况记录在表 1-3 中。

表 1-3 实施步骤

时间安排	实施步骤
	1．确定本组使用的信息搜集方法，包括 （1）______ （2）______ （3）______ （4）______

（续表）

时间安排	实施步骤
	2. 确定本组要搜索的专业方向，包括 （1）__________ （2）__________ （3）__________ （4）__________
	3. 通过多种检索工具搜索资料，初步查找多个案例以供选择 正面案例（1）__________ 正面案例（2）__________ 正面案例（3）__________ 反面案例（1）__________ 反面案例（2）__________ 反面案例（3）__________
	4. 讨论初步筛选出的案例，确定最终案例 正面案例：__________ 反面案例：__________
	5. 制作演示 PPT
	6. PPT 试讲，讨论并改进
	7. 在全班同学面前进行讲解

评价反馈

各组派代表进行 PPT 展示，并配合指导老师完成如表 1-4 所示的考核评价表。

表 1-4 考核评价表

项目名称	评价内容	分值	评价分数		
			自评	互评	师评
素养评价 20%	仪容仪表得体	6 分			
	具备团队精神，能够积极与他人合作	6 分			
	积极、认真参加实践任务	8 分			
技能评价 30%	熟练应用各种信息检索方法	10 分			
	所选案例均具有较强代表性	10 分			
	按时完成实践任务	10 分			

（续表）

项目名称	评价内容	分值	评价分数		
			自评	互评	师评
成果评价 50%	演示文稿重点突出、详略得当，有效揭示市场调查是影响企业成败的关键因素	30 分			
	讲解口齿清晰、仪态大方	10 分			
	PPT 制作精美、图文并茂	10 分			
合计		100 分			
总评	自评（20%）+互评（20%）+师评（60%）=	综合等级：___	教师（签名）：		

自我检测

1. 单选题

（1）（　　）是指对产品从生产、流通到消费领域所做的调查，它除了包括消费者调查外，还包括产品的定价、包装、运输、销售环境、销售渠道、广告调查等。

A. 市场调查　B. 市场预测　C. 市场分析　D. 市场考察

（2）一般来说，下列调查方式中，属于初步调查的是（　　）。

A. 探索性调查　B. 描述性调查

C. 因果关系调查　D. 预测性调查

（3）（　　）是利用企业内部或外部的现有文案资料，对调查问题进行分析研究的一种调查方法。

A. 访问调查　B. 一手资料调查

C. 文案调查　D. 实地调查

（4）按调查对象范围的不同，市场调查可分为（　　）。

A. 全面调查与非全面调查　B. 重点调查与随机调查

C. 文案调查与实地调查　D. 实地调查与重点调查

2. 简答题

（1）简述市场调查的作用。

（2）简述企业在市场调查认知上存在的误区。

（3）简述市场调查的分类。

（4）简述市场调查的步骤。

3. 案例分析题

新型捕鼠器为何没市场

美国一家制造捕鼠器的公司，为了试制一种新型的捕鼠器，组织力量花了若干年时间研究老鼠的吃、活动和休息等各方面的特点，终于制造出了老鼠特别爱“光顾”的捕鼠器。新产品完成后，经过试验，捕鼠效果确实不错，捕鼠率高达百分之百，同时与老式捕鼠器相比，新型捕鼠器还有以下优点：

（1）外观大方，造型优美。

（2）捕鼠器顶端有按钮，捕到老鼠后只要一按按钮，死鼠就会掉落。

（3）可终日置于室内，绝对安全，也不会伤害儿童。

（4）可重复使用，一个新型捕鼠器可抵好几个老式捕鼠器。

新型捕鼠器刚上市就受到大量消费者的青睐，但好景不长，市场很快出现萎缩。是何原因致使捕鼠器没有达到预计的销售业绩呢？经过调查得知，其致命原因有：

第一，购买该新型捕鼠器的一般是家庭中的男性。他们每天在就寝前安装好捕鼠器，次日起床后因急于上班，便把清理捕鼠器的任务留给了家庭主妇。主妇们害怕见到死鼠，同时也担心捕鼠器不安全，会伤害到人。结果许多家庭主妇选择将死鼠连同捕鼠器一块儿丢弃，由此消费者感到代价太大，主妇们也不希望自己的丈夫再买这种捕鼠器。

第二，该捕鼠器造型美观，价格自然较高，所以中、低收入的家庭购买一个便可以重复多次使用，况且家中老鼠在捕捉几只后便会“消停”一段时间，这样降低了重复购买捕鼠器的概率，销量自然下降。高收入的家庭，虽然可以多买几个，但是用后处理也很伤脑筋。老式捕鼠器捉到一只老鼠后，可以与老鼠一起扔进垃圾箱，而新型捕鼠器可重复使用，但留下来又没有地方放置。另外捕鼠器的存在，很容易引起家庭成员有关老鼠的可怕回忆。

【问题】

分析案例中，美国这家制造新型捕鼠器的公司失败的原因是什么？

善于开展社会调查研究

毛泽东既是党内大兴调查研究之风的积极倡导者，又是开展调查研究的积极践行者。《关于农村调查》是毛泽东 1941 年 9 月在延安对中央妇女工作委员会和中共中央西北局联合组成的妇女生活调查团的讲话，于 1978 年在《中国妇女》杂志首次公开发表，人民出版社出版了单行本，1982 年收入《毛泽东农村调查文集》。《关于农村调查》是继《反对本本主义》和《〈农村调查〉的序言和跋》之后对农村社会调查工作作出的进一步论述，蕴含了关于调查研究的科学世界观和方法论。

调查研究的必要性："认识世界，不是一件容易的事"

调查研究是认识世界的基本方法。毛泽东在《关于农村调查》中指出："认识世界，不是一件容易的事。"在他看来，科学认识和了解中国革命的具体实际，要坚决摒弃主观主义和教条主义，善于开展社会调查。例如，毛泽东关于湖南农民运动的科学结论就是在社会调查研究的基础上总结得出的。毛泽东在《关于农村调查》中写道："我做了四个月的农民运动，得知了各阶级的一些情况，可是这种了解是异常肤浅的，一点不深刻。后来，中央要我管理农民运动。我下了一个决心，走了一个月零两天，调查了长沙、湘潭、湘乡、衡山、醴陵五县。"他还写道，"国民党骂我们'过火'，骂我们是'游民行动'"，"其实，以我调查后看来，也并不都是像他们所说的'过火'，而是必然的，必需的"。

毛泽东同时认为，调查研究之所以必要，还因为"事物是运动的，变化着的，进步着的""情况是逐渐了解的，需要继续不断的努力"。因此，"我们的调查，也是长期的"。调查研究不仅要立足当下，更要着眼未来。在毛泽东看来，"今天需要我们调查，将来我们的儿子、孙子，也要作调查"。只有耐心地、有步骤地做好调查研究，才能不断地认识新事物，获得新知识。

调查研究的关键点：澄清模糊认识

开展调查研究，关键要保持思想认识上的清醒。对于一些党员干部提出的思想认识疑惑，毛泽东作出了科学回答。

在"怎样开调查会"的问题上，毛泽东提出："一个调查会不仅提出问题，而且要有解决问题的方法。参加调查会最好有三五人。"在"怎样找调查的典型"的问题上，毛泽东把调查的典型分为先进的、中间的、落后的三种类型，并提出"如果能依据这种分类，每类调查两三个，即可知一般的情形了"。在"如何收集和整理材料"的问题上，毛泽东要求广大党员干部"都必须自己亲身去做"，在做的过程中找出经验来，再用这些经验去改进以后的调查和整理材料的工作。在"怎样使对方说真话"的问题上，毛泽东认为，"群众不讲真话，是因为他们不知道你的来意究竟是否于他们有利"。因此，要把调查研究与群众路线相统一，牢固树立群众立场、坚持群众观点，充分肯定密切联系群众对于做好调查研究的极端重要性，"要在谈话过程中和做朋友的过程中，给他们一些时间摸索你的心"，使人民群众真正了解我们开展调查研究的真意。

资料来源：http://dangshi.people.com.cn/n1/2021/0210/c85037-32027669.html

项目 2

确立市场调查目标

项目导读

“凡事预则立，不预则废”，市场调查也是如此。在进行市场调查之前，调查人员应当预先明确调查目标和范围，切不可盲目行动。企业的需求不同，调查目标也应有所不同。本项目主要介绍如何将企业决策问题转化为调查问题，如何确定调查目标、调查区域和调查对象。

任务清单

完成一项学习任务后，请在对应的方框中打钩。

知识目标	□	了解企业决策问题和调查问题的区别
	□	了解确定市场调查问题的步骤
	□	熟悉调查目标的确定过程
	□	熟悉选择调查区域的注意事项
	□	掌握确定调查对象的方法
实训目标	□	了解博物馆文创市场的情况
	□	了解本地博物馆文创产品开发现状
	□	能提出本地博物馆在开发理念、营销理念和开发方式方面存在的问题
技能目标	□	能够将具体的决策问题转化为调查问题
	□	能够针对具体情况确定调查目标、调查区域和调查对象
素质目标	□	培养探究精神，具备将理论转化为实践的能力
	□	学会抓主要矛盾，能够具体问题具体分析

案例导入

ANLI DAORU

"中国李宁"诞生之路

2018 年，李宁品牌在纽约时装周大放异彩后，打算趁热打铁，在其销售模式上进行创新——打造主要瞄准年轻化群体的新品牌"中国李宁"。为了更好地了解市场需求和整个运动品牌行业发展现状，"中国李宁"上市前，委托一家市场调查公司进行市场调查。该调查公司接受任务后，从如下几个方面进行研究与分析。

分析问题产生背景

在开始调查前，调查公司首先了解了整个运动品牌行业的特点和面临的形势，并对其做出进一步分析，得出以下结论：

① 整个运动品牌行业发展迅速，流行趋势更替较快。② 许多外国运动品牌纷纷涌入中国市场，给予消费者更多的选择空间。③ 运动品牌公司的主要收入来源于鞋类、服装类商品的销售。④ 传统运动鞋、运动服装款式选择有限，不能赢得年轻化群体的喜爱。

把握企业的决策问题

在了解相关背景后，调查公司进一步确认李宁品牌的要求：李宁品牌希望凭借"中国李宁"开拓年轻化群体的市场并制订有市场竞争力的营销计划，由此将"中国李宁"推向世界，以继续保持其在运动品牌市场的渗透力。李宁品牌高管认为，需要进一步的市场调查来寻找和分析市场机会。

调查公司制订了详细的调查方案，开展了一段时间的市场调查。根据调查结果，李宁品牌提出了决策的目标和方案：

① 李宁品牌的目标是在 2 年内将其销售额提高 20%。② 李宁品牌的决策方案如下：一是为"中国李宁"打造独具特色的线下门店，强化顾客体验；二是将"中国李宁"的设计理念融入时尚新元素；三是开拓"中国李宁"的海外市场。

借助本次市场调查的分析结果，"中国李宁"有针对性地完善了品牌策略。该品牌一经打造便走向国际，为李宁品牌赢得再一次的辉煌。

资料来源：https://www.docin.com/p-213756204.html

思考：

如何科学合理地确定调查目标和调查对象？尝试拟出李宁品牌此次市场调查的调查目标和调查对象。

知识课堂
ZHISHI KETANG

问题导入

（1）企业要解决的问题就是要调查的问题吗？为什么？

（2）如何确定调查目标？

（3）调查区域会影响调查结果吗？

（4）你有哪些疑问希望通过本项目的学习得到解决？

知识链接

2.1 确定市场调查问题

确定调查问题是整个市场调查过程中非常重要的环节，只有清楚地界定了调查问题，调查人员才能围绕该问题准确、系统地阐述调查目标，从而为市场信息的搜集指明方向，以避免企业的管理决策发生重大失误。

2.1.1 区分企业决策问题和调查问题

企业的决策问题是指决策者需要做什么的问题，它关心的是“决策者可以采取什么样的行动”。例如，怎样做才能收回丢失的市场份额、市场是否可以进行二次细分、是否可以投放某种新产品，以及是否应当增加促销预算等。调查问题是以信息为中心的，关心的是“哪些信息既能够为决策问题提供帮助，又能够为具体调查内容的确定指明方向”。

一般来说，调查人员可以通过探索性调查理解和把握企业所面临的决策问题，然后，围绕该问题确定相应的调查问题，再进一步开展具体的调查。

2.1.2 分析决策问题的背景

一般情况下，企业会提出问题的大体方向，如“如何推广产品”“是否开发新产品”等，并希望调查人员提供详细、准确的调查信息以供参考，这就需要调查人员深入分析问题的背景及影响决策的各种因素。调查人员可以从以下几个方面着手分析。

1. 分析历史资料

通过分析企业及所属行业相关的各种历史资料，研究未来的发展趋势，调查人员可以发现企业面临的潜在问题或机会。这些资料包括企业以往的销售额、市场份额、盈利状况、技术水平，消费者的数量、生活方式和偏好类型等。例如，某企业第三季度的销售额下降，而其所处行业的销售额上升，那么，调查人员就需要分析确定该企业存在哪些问题。又如，通过分析整个餐饮行业的点餐模式，调查人员了解到部分消费者习惯扫码点餐，可建议餐饮企业顺应趋势，增设自助点餐渠道，进而节约人力成本。

2. 分析企业拥有的资源和面临的制约因素

企业的决策会受公司现有资金、人力、技术等资源，时间、成本等因素的制约。例如，某企业希望将其产品由地方推广至全国，但由于技术落后，产品不足以满足其他地区消费者的需求，开拓新市场的决策受到市场条件的制约。

3. 分析决策者的目标

调查人员必须了解决策者的目标，并将这种目标具体化和清晰化。一般情况下，决策者很少能够精确地陈述其决策目标，往往采用诸如“改进公司的形象”“增强企业的竞争力”等表述性语言，此时，调查人员应当充分运用自身的专业知识和技能进一步将决策者的目标具体化。

案例阅读

热销全国的王老吉

王老吉凉茶曾经只在广东一带热销，并不被全国消费者认识和接受，管理者遂向一家调查公司寻求解决的办法。调查人员通过对汽水饮品市场进行分析，发现汽水在广大消费者的印象中是可以经常饮用的饮料，故其是日常消费品；而王老吉是一种凉茶，很多消费者将其当作药饮，不敢长期饮用。

王老吉的定位

调查人员将这一结果与企业的决策者沟通，王老吉最终确定并向调查人员清楚传达企业的决策问题——如何给王老吉重新定位以消除消费者的误解。

调查人员再次分析了王老吉凉茶的特征，建议王老吉将定位从“清热解毒祛暑湿的药饮产品”转变为“预防上火的饮料”，从而消除大多数人心目中“是药三分毒”的顾虑。决策者采纳了调查人员的建议，营销重点变成“王老吉既是饮料又具有清火的功效”。此后，王老吉很快就被全国消费者接受，成为主流饮料之一。

资料来源：https://wenku.baidu.com/view/a78797960242a8956aece41f.html

4. 分析消费者

调查人员通过分析消费者的购买动机、消费习惯、对价格的敏感程度、对产品的喜爱程度等，进一步明确企业所面临的决策问题。例如，一家健身中心近几年会员人数呈下降趋势，调查人员通过对会员和非会员进行调查，对调查资料进行分析，发现“年轻化群体大多选择办理其他竞争对手的会员卡”，从而确定企业的决策问题是“如何吸引年轻人以增加健身中心的会员人数”。

5. 分析竞争者

调查人员通过分析竞争者的数量、生产规模、经营管理水平、技术水平，以及竞争产品的种类、质量、价格、特色、促销策略、广告策略等，帮助企业发现自身的竞争优势和劣势，以扬长避短，更好地开展经营活动。

6. 分析社会环境

由于企业的经营管理受社会环境因素的制约，因此，任何企业在做出管理决策之前，都必须调查社会环境对企业决策的影响，具体调查内容包括政治环境、法律环境、经济环境、文化环境和地理环境。

例如，从经济环境出发，当一个地区的经济呈现低增长的发展趋势，该地区消费者的购买力往往会下降。此时，企业可以采取降低产品的价格或减少产品的生产等措施，来应对经济环境的影响。

2.1.3 通过探索性调查把握决策问题

为了更科学、准确地把握决策问题，前期进行探索性调查是必要的。通过探索性调查，可以将模糊的问题转变为条理清晰的问题，以更好地把握决策问题。一般来说，探索性调查常使用如下方法。

1. 二手资料分析

通常情况下，获取二手资料是确定调查问题的开始，二手资料一般可以在公司内部、公共图书馆、大学图书馆或互联网上获得。分析二手资料对于了解企业调查意图、界定调查目标有重要作用，通过分析二手资料，调查人员可以发现企业决策问题的背景，为进一步确定调查问题提供帮助。

例如，某钢铁企业第一季度产品销售不畅，调查人员通过查阅中国钢铁工业协会发布的钢铁行业运行情况发现，全国第一季度大中型钢铁企业的销售收入同比下降 14.48%，整个钢铁行业处于低迷的经营环境下。

2. 与决策者交流

通常情况下，企业的决策者掌握的企业情况比较全面、完整，对企业经营管理中遇到的问题也比较了解。调查人员可以在收集、分析二手资料的基础上与决策者交流，其作用体现在两个方面：一方面，决策者需要了解市场调查的功能和局限；另一方面，调查人员需要了解决策者所面临的问题，决策者的目标及决策者希望从调查中获取的信息。

3. 向专家咨询

专家是指有理论造诣、精通业务、富有实践经验、有分析研究和判断能力的专门人才。他们可以是学者，也可以是部门内各层次的管理者，还可以是在销售第一线上富有经验、精通业务的经营者。选择经验丰富的专家进行咨询，将有助于调查人员获得更有价值的参考信息和建议。例如，向资深的销售专员咨询，了解是否存在新的消费需求和消费模式，从而确定企业是否开发新产品。

4. 定性调查

定性调查是指以小样本为基础，从性质角度进行探索性的调查。这种调查强调弄清楚调查对象的主观感受和评价。例如，某品牌巧克力对其包装效果进行调查，调查结果表明大部分高校学生认为该包装很高级，而大多数白领认为该包装很普通，这就属于定性调查。

当从二手资料、决策者和有关专家来源获得的信息仍不足以确定决策的问题时，就有必要进行定性调查。定性调查可以采用的具体调查方法是灵活多样的，可根据实际情况选择。

2.1.4 将决策问题转化为调查问题

通过对问题的背景进行分析，运用探索性调查理解决策问题后，调查人员的下一步工作就是准确地将企业决策问题转化为调查问题。一般来说，决策问题向调查问题转化需遵循以下几个步骤：① 提出问题的轮廓或征兆；② 分析引发问题的原因；③ 寻找解决问题的途径；④ 建立实施某种解决途径的假设；⑤ 找准信息的需求；⑥ 确定调查问题。例如，表 2-1 是一些常见的决策问题转化而成的调查问题。

表 2-1 企业决策问题转化为调查问题

企业决策问题	调查问题
是否引进新的产品	确定消费者的偏好及对产品的购买倾向
是否需要更换广告	确定目前广告的有效性
是否提高产品的定价	确定产品的价格弹性及产品价格变动对销售量的影响
如何为新产品设计包装	对不同包装设计的有效性进行测试
如何增加企业的客流量	对企业目前的形象进行测评 分析影响顾客选择卖家的因素

课堂互动

表 2-1 所涉及的决策问题具有一定的概括性，不够具体。请你结合实际案例，对表 2-1 进行补充（至少补充 3 点）。

2.2 确定调查目标、调查区域和调查对象

2.2.1 确定调查目标

调查问题确认后，接下来便可以确定调查目标。调查目标以可衡量的标准，系统地解释决策者所需要的有关信息。也就是说，调查目标的确定是一个从抽象到具体的过程。

1. 正确定位调查目标

1）调查目标不能模糊不清

调查人员不明白自己要做什么、要了解什么、调查要解决什么问题，会导致调查目标模糊，使市场调查无的放矢。当出现上述情况时，调查人员应当再次明确调查问题，这样才能对调查目标进行正确定位。

2）调查目标不能过于空泛

调查目标过于空泛会导致调查缺乏可操作性，不能为整体调查方案提供清晰的指导。例如，调查目标确定为“改善公司形象”“提高公司的竞争地位”，这种目标过于宏观、不够具体，因而无法确定方案设计的途径。

3）调查目标不能过于狭窄

调查目标过于狭窄会限制调查人员的视角，也会使得决策者根据调查结果做出的决策缺乏对市场情况的全盘把握，导致决策失败。例如，调查目标确定为“相应降价是否可以应对竞争对手的降价行为”，这种目标过于具体，无法综合其他因素进行考量，因而只能作为方案设计的途径。

4）调查目标不能锁定过多

调查人员往往希望一次调查能解决多个问题，但这样调查目标锁定太多，如在确立调查目标时，将消费者的消费习惯、特性，产品的需求、价格、购买渠道等因素不经选择地全部列入，结果顾此失彼，导致任何一个目标都不能很好地完成，使市场调查最终不能解决任何问题。

2. 正确描述调查目标

为了避免对调查目标定义错误，调查人员可以先用比较宽泛的术语描述调查目标，然后确定具体的研究提纲，分析其组成部分。例如，若将决策问题确定为“如何应对竞争对手的降价问题”，调查人员可以先确定调查目标的方向“如何改善企业的竞争地位”，然后进一步细化为调查目标“分析影响企业市场占有率的主要因素”。

课堂互动

调查目标存在哪些显著特点？

2.2.2 确定调查区域

调查区域的选择在很大程度上决定着调查结果的代表性，影响着经营决策的准确性，所以必须慎重考虑。一般来说，在选择调查区域时需注意以下几点：

（1）可以考虑在企业产品的销售范围内选择。

（2）可以参考产品在各地区的销售状况。例如，可以选择销售状况比较稳定的地区，也可以选择销售状况非常严峻的地区。

（3）可以综合考虑区域经济，消费者文化程度、消费特点等因素的影响。

（4）区域的选择不宜过广，应当选择若干个有代表性的城市，或者在少数城市划定几个小范围的典型调查区域，这样可以在保证选择区域典型性的同时缩小调查范围，减少实地访问工作量，提高调查效率，节约费用。

2.2.3　确定调查对象

简单来说，确定调查对象即对谁进行市场调查，它不仅关系到调查方法的确定，很大程度上也影响着市场调查的成败。

调查对象一般根据调查目标和产品的消费市场范围而定。在以消费者为调查对象时，需要注意某些产品的购买者和使用者可能不一致，如对婴儿食品的调查，其调查对象应当为婴儿的母亲。还需要注意一些产品的消费对象是某一特定消费群体或侧重于某一消费群体，这时调查对象应注意选择产品的主要消费群体。例如，对于化妆品，调查对象应主要选择女性；对于酒类产品，调查对象应主要选择男性。

确定调查对象后，需要进一步确定调查对象的规模范围，并在此基础上选择适用的抽样技术。一般来说，调查对象规模越大，调查结果就越全面、准确。

课堂互动

2021 年 3 月 24 日，周黑鸭公布了 2020 年年度财报，财报显示其 2020 年公司总收入为 21.82 亿元，同比下降 31.5%。若要你对周黑鸭收入下降的原因进行调查，你会选择哪些人作为调查对象？说明你的理由。

实地调查　调查本地博物馆文创产品开发现状

任务概述

近年来，我国博物馆文创市场呈现高速增长态势。2019 年整体规模相比 2017 年增长了 3 倍。有数据显示，过去一年，仅在淘宝天猫逛博物馆旗舰店的累计访问量就达到 16 亿人次，是全国博物馆接待人次的 1.5 倍，其中有 1 亿用户是“90 后”。据阿里零售平台数据，2019 年实际购买过博物馆文创产品的消费者数量已近 900 万，是 2017 年的数倍。购买力水平较高的都市年轻女性为消费的主力人群。

请分小组调查本地博物馆文创产品开发现状，提出本地博物馆在开发理念、营销理念和开发方式方面存在的问题。

任务分组

全班学生以 3～5 人为一组进行分组，各组选出组长并进行任务分工，将小组成员及分工情况填入表 2-2 中。

表 2-2　小组成员及分工情况

班级		组号		指导教师	
小组成员	姓名	学号	任务分工		
组长					
组员					

任务准备

（1）对博物馆文创市场有一定的了解。

（2）有一定的市场营销知识。

工作计划

小组商议，制订出具体的工作计划，填入表 2-3 中。

表 2-3　工作计划

步骤	工作内容	时间安排	负责人
1			
2			
3			
4			
5			

任务实施

按照工作计划，开展本地博物馆文创产品开发现状调查活动。将具体的实施情况记录在表 2-4 中。

表 2-4　实施步骤

时间安排	实施步骤
	1. 了解文创产品开发与运营的相关方法与案例，列举优秀的博物馆文创产品 （1）________ （2）________ （3）________ （4）________ （5）________ （6）________

（续表）

时间安排	实施步骤
	2. 选定本组要调查的本地博物馆：________________
	3. 小组讨论，确定本组所要调查的内容 （1）调查问题：________________ （2）调查目标：________________ （3）调查区域：________________ （4）调查对象：________________
	4. 制订调查方案并实施调查，记录调查中存在的问题 （1）________________ （2）________________ （3）________________ （4）________________ （5）________________ （6）________________
	5. 小组讨论，对调查结果进行汇总、整理
	6. 提出本地博物馆在开发理念、营销理念和开发方式方面存在的问题 （1）________________ （2）________________ （3）________________ （4）________________ （5）________________ （6）________________
	7. 撰写调查报告

评价反馈

各组提交调查报告，并配合指导老师完成如表 2-5 所示的考核评价表。

表 2-5 考核评价表

项目名称	评价内容	分值	评价分数		
			自评	互评	师评
素养评价 20%	仪容仪表得体	6 分			
	具备团队精神，能够积极与他人合作	6 分			
	积极、认真参加实践任务	8 分			
技能评价 30%	对博物馆文创市场能进行较为深入的调查	10 分			
	能采用多种方法对本地博物馆文创产品开发现状进行调查	10 分			
	能够全面、细致地制订调查方案	10 分			

（续表）

<table>
<tr><th rowspan="2">项目名称</th><th rowspan="2">评价内容</th><th rowspan="2">分值</th><th colspan="3">评价分数</th></tr>
<tr><th>自评</th><th>互评</th><th>师评</th></tr>
<tr><td rowspan="3">成果评价
50%</td><td>对本地博物馆文创产品开发现状有较为深入的了解</td><td>10 分</td><td></td><td></td><td></td></tr>
<tr><td>能提出本地博物馆在开发理念、营销理念和开发方式方面存在的问题</td><td>20 分</td><td></td><td></td><td></td></tr>
<tr><td>调查报告逻辑清晰、言之有物</td><td>20 分</td><td></td><td></td><td></td></tr>
<tr><td colspan="2">合计</td><td>100 分</td><td></td><td></td><td></td></tr>
<tr><td>总评</td><td>自评（20%）+互评（20%）+师评（60%）=</td><td>综合等级：___</td><td colspan="3">教师（签名）：</td></tr>
</table>

自我检测

1. 单选题

（1）进行市场调查，首先要明确的是市场调查的（　　）。

A. 目标　B. 计划　C. 战略　D. 策略

（2）下列各项中，不属于确定调查区域应考虑的因素的是（　　）。

A. 企业产品的销售范围　B. 产品在各地区的销售状况

C. 消费者文化程度、消费特点　D. 产品原料来源

（3）探索性调查的常用方法不包括（　　）。

A. 与决策者交流　B. 全面调查　C. 二手资料分析　D. 定性调查

（4）当对技术性较强的产品或企业进行市场调查时，可以选择的探索性调查方法是（　　）。

A. 与决策者交流　B. 向专家咨询　C. 二手资料分析　D. 定性调查

2. 简答题

（1）如何分析决策问题的背景？

（2）确定调查目标需要注意哪些问题？

（3）确定调查区域需要注意哪些问题？

（4）简述如何确定调查对象。

3. 案例分析题

百年品牌百雀羚的逆袭

百雀羚创立于 1931 年，是国内历史悠久的著名化妆品厂商。品牌曾多次被评选为“上海市著名商标”，并荣获“中国驰名商标”等称号。但是，进入新时代，百雀羚日渐式微，

被认为是中老年人才会使用的低端国货。

为了解最新市场情况，改变百雀羚在消费者心目中的形象，百雀羚花大力气组织了一次全国性的调查。

这次调查得出了两个结论：一是消费者觉得百雀羚的产品品质值得信赖；二是消费者普遍觉得百雀羚已经过时了。如何打开年轻人的市场，让消费者觉得百雀羚“年轻有活力”，成了百雀羚当前阶段最大的难题。

当时，在国内化妆品界，“天然配方”的理念风头正盛，而百雀羚的草本护肤定位，刚好吻合这一理念。于是，百雀羚将新产品定位为“为年轻女性做草本类天然配方的护肤品，产品功能专注于保湿”。与此同时，百雀羚在配方上发力，将油腻的膏体变得清爽，香味上以清淡为主，以迎合年轻消费者的需求。

但是，对于年轻消费者来说，仅仅有好配方是远远不够的，产品包装也要足够亮眼。于是，百雀羚花费重金，邀请知名设计师，融合“天圆地方”的理念，设计出系列方形带圆弧的新包装，加入“天圆地方”的概念，并采用亚克力的复合双层盖，使包装从“老土”变成“时尚”。

经过一系列的改变，百雀羚的新草本护肤品系列年增长率达 70%，2012 年，百雀羚总销售额约为 18 亿元，2015 年则达到 108 亿元。2020 年，百雀羚更是入选全球最有价值化妆品品牌，位列第 19 位。

【问题】

（1）百雀羚的决策问题和调查问题是什么？

（2）百雀羚的调查目标是什么？

调查研究要在“四深”上下功夫

“调查研究是谋事之基、成事之道。”调查研究是共产党人的重要思想方法和工作方法，是做好各项工作的基本功。纵观我们党的发展历史，都是在不断的调查研究中发现问题、发现真理，在运用调查研究的成果中不断增强领导发展的本领和水平。中国特色社会主义进入新时代，面对新形势、新问题、新机遇、新挑战，须臾离不开调查研究。提高调查研究实效，就要力避“经典路线”“景点路线”，而是要走好“群众路线”，实事求是、求真务实搞调研。重点在做好“四深”上下功夫。

在“深入”上下功夫，增强调查研究“脚力”。“涉深水者得蛟龙”。要有所“研究”，就必须有所“调查”，要想调查到“一手资料”“真实情况”，就必须“深入”，深入实际、深入基层、深入群众、深入问题，才能更好更有效的把调查研究做深、做实、做细。

“耳闻之不如目见之，目见之不如足践之”。习近平同志强调，“当县委书记一定要跑遍所有的村，当地（市）委书记一定要跑遍所有的乡镇，当省委书记一定要跑遍所有的县市区。”他是这样说的，也是这样做的。习近平总书记在河北、福建、浙江等地任职时，通过“踏遍山山水水”，深入企业、农村、社区调查研究，提出并实施了“半城郊型”经济、“八八战略”等引领地方经济社会发展的科学方案，群众受益匪浅。

在“深察”上下功夫，增强调查研究“眼力”。察者，观也。搞好调查研究就要学会“察言观色”，学会洞察细节、明察秋毫，就要提升“看功”，增强“眼力”。

葡萄甜不甜，只有亲口尝一尝才有体味；事情真不真，只有亲眼看一看、亲耳听一听才有明辨。我们常说“耳听为虚，眼见为实”，更何况眼见的也不一定为实，更不用说“道听途说”。孔子的学生颜回在煮米饭时，发现有炭灰飘进锅里了，就连忙用手抓出来连米带灰吃了，此景恰巧被孔子看见。吃饭时，孔子含沙射影地说：“刚刚梦见我的先人，我自己先吃干净的饭然后才给他们吃。”颜回心知肚明，回答道：“刚才有灰飘进了锅里，丢掉太可惜，就抓来吃了。”孔子叹息道：“有时眼睛也不一定可信，应该相信自己的心，自己的心也不可以相信。要了解人本来就不容易啊。”由此可见，凡事不能只相信“亲耳”“亲眼”，还应“实际查”“仔细察”，谨防被假象所迷惑甚至被蛊惑，由此造成错误的判断和选择，于人于己有害无利。

在“深思”上下功夫，增强调查研究“脑力”。“不深思则不能造于道，不深思而得者，其得易失。”敢于思考，勤于思考，善于思考是领导干部的基本能力和素养。“调查”的过程是了解事实真相、收集事实资料，倾听民急民盼、民情民意的过程。而“研究”则是分析论证、决断判定，认真思考，锻炼“脑力”的过程。

在“深用”上下功夫，增强调查研究“效力”。调查研究既要防止“调”而不“研”，又要防止“研”而不“用”。求真务实搞调研，就要在深化成果运用上下功夫。只有践行一致、知行合一才能行之有效，行有所成。

调查研究的目的就是为了解决问题，推动发展。调查研究搞得再好，如不把调研成果运用到工作中，就是徒劳无功，就会流于形式、走了过场，甚至劳民伤财，无形中又成了“形式主义”。

“文以载道，以用为贵”。调研不是目的，形成调研报告也不是调研的“终点”，而解决问题，办好实事，为民谋福，才是调研的价值和意义所在。将调查研究的成果转化为具体的工作举措，才是确保调查研究生命力、战斗力的根本举措。只有将调研成果充分运用好，做实做深做细调研“后半篇文章”，才能凝聚干事创业的正能量，才能更好地倒逼各级各部门更加注重调研的针对性、实效性，才能让调查研究走向“良性循环”，赢得人民群众的支持和赞许。

资料来源：http://dangjian.people.com.cn/n1/2020/0421/c117092-31682283.html

确定市场调查内容

由于影响市场变化的因素很多，因此市场调查的内容也十分广泛。一般情况下，市场调查贯穿于市场营销的整个过程，即从识别市场机会、选择目标市场、制订营销策略到评价营销效果都离不开市场调查，那么市场调查也就涵盖了外部环境、企业自身和消费者等多个内容。本项目主要介绍市场调查的内容，包括调查市场环境、调查消费者、调查产品和调查市场营销活动。

完成一项学习任务后，请在对应的方框中打钩。

知识目标	□	熟悉社会环境调查的内容
	□	熟悉消费者调查的内容
	□	熟悉产品调查的内容
	□	熟悉市场营销活动调查的内容
实训目标	□	能对各个调查维度展开较为深入的调查
	□	能采用多种方法开展调查
	□	能较为合理地预测调查对象在本校的市场容量
技能目标	□	能够根据具体情况确定调查内容
	□	清楚不同的调查内容应该如何进行调查
素质目标	□	具备总体意识，能够全面看待问题
	□	认识到事物的联系是普遍的，影响市场变化的各要素之间是相互影响、相互制约的，在确定市场调查内容时要全面、深入

案例导入
ANLI DAORU

颠覆传统的“盒马鲜生”

盒马鲜生的布局模型颠覆了传统线下门店的布局逻辑，它将互联网基因深深地植入线下实体门店，构建了多渠道的新型门店模型。它是超市，是餐饮店，也是菜市场。消费者可以到店购买，也可以在盒马 APP 下单。盒马鲜生将单纯的线下实体门店转型为线上线下无缝衔接的新零售。

盒马鲜生在创立之前，先通过市场调查了解到传统的菜市场规划布局不合理且卫生条件差，大部分职场人士没有时间在下班后去菜市场选购。盒马鲜生的出现恰到好处地规避了传统菜市场的弊端，营造了一种全新的生活方式——消费者可以通过线上线下自由地在一个门店搞定所有食材，可以轻松实现“在家买菜”的愿景。

盒马鲜生对消费者进行市场调查后，将主要目标人群定位为新生代的“80 后”和“90 后”群体，其原因主要包括以下两个：① 新生代的“80 后”和“90 后”群体是互联网的主要用户，具有巨大的消费潜力；② 新生代的“80 后”和“90 后”群体的消费能力与消费意愿均超越了上一代，他们更关注产品的品质，对价格的敏感度不高。

本次市场调查的结果还反映出大部分消费者工作较忙，没有太多时间和精力自己做饭，买回家的蔬菜经常由于吃不完而变质。为此，盒马鲜生在产品和包装上做足了功夫：① 生产大量经加热便可以食用的半成品和成品食物，让“吃”这个品类的结构更加完善、丰富；② 把所有的商品都做成小包装，顾客需要什么就买什么，今天吃今天买，一顿饭正好吃完，让顾客每天吃的商品都是新鲜的。

通过大量且广泛的市场调查，盒马鲜生迅速打开市场，截至 2020 年 6 月，盒马鲜生门店已经超过 200 家。

资料来源：https://wenku.baidu.com/tag/833dd836a32d7375a4178019.html

思考：

（1）试猜想盒马鲜生针对哪些方面开展了市场调查，主要调查了哪些内容。

（2）假如你想要开一家生鲜超市，你会从哪些方面着手进行调查？

知识课堂

ZHISHI KETANG

问题导入

（1）如何对社会环境进行调查？

（2）调查消费者要调查哪些方面？

（3）调查产品就是调查产品的销量吗？

（4）调查市场营销活动的目的是为了了解竞争对手的劣势吗？

（5）你有哪些疑问希望通过本项目的学习得到解决？

知识链接

3.1 调查社会环境

调查社会环境即调查企业所处的宏观环境。每一个企业都应当对主要的社会环境及其发展趋势进行深入、细致的调查。

3.1.1 调查政治环境

政治环境是指企业面临的外部政治形势、政治状况和相关制度。它规定了国民经济的发展方向，影响着企业的经营活动。对企业来说，经济政策是政治环境中影响较大的因素。由于各地区生产力水平、经济发展程度不同，政府对各个地区的经济政策也不尽相同，有的地区经济政策宽松，有的则较为严格。

例如，我国西部地区有政府的西部大开发政策的扶持；再如，政府为了保护国内的企业，可能采取进口限制、增加关税等措施来约束外来企业。因此，企业应详细了解所处的政治环境，以便更好地开展生产经营活动。

3.1.2 调查法律环境

法律环境是指国家或地方政府颁布的各项法律、法规。我国在经济领域制定的法律法规有《经济合同法》《商标法》《专利法》《广告法》《环境保护法》等，企业在生产经营活动中必须严格遵守。此外，企业面向国际市场时，必须了解并遵循进出口国政府颁布的有关经营、贸易、投资等方面的法律、法规，以及各种国际贸易条约，如进口限制、税收管制及有关外汇管理制度等。

3.1.3 调查经济环境

经济环境是指当地的经济发展水平，包括生产和消费两个方面。生产方面主要包括能源和资源状况、交通运输条件、经济增长速度及趋势、产业发展状况、国民生产总值、通货膨胀率、失业率、税收等。消费方面主要包括国民收入、消费水平、消费结构、消费者储蓄和信贷、物价水平等。

其中，消费结构是指消费者将其货币收入用于不同产品的比例。影响消费结构的因素主要包括社会生产力发展水平、社会经济制度、消费者的收入水平、消费者心理和消费行为、消费品价格等。例如，根据恩格尔定律，家庭收入越高，家庭收入中用于购买食品的支出占比越低，而用于交通、娱乐、旅游等其他方面的支出占比越高。

知识拓展

恩格尔定律

19世纪中期，德国统计学家和经济学家恩格尔通过对比利时、德国、英国等国家不同收入的家庭消费情况展开调查后发现：一个家庭收入越少，用于购买生存性食物的支出在家庭收入中所占的比重（即“恩格尔系数”）就越大。这是因为吃是人类生存的第一需要，当收入水平较低时，购买生存性食物支出必然占总支出的比例较高。而随着收入的增加，在食物需求基本满足的情况下，消费的重心逐渐向穿、用等其他方面转移。这一定律被称为“恩格尔定律”。恩格尔系数越高，生活水平越低；恩格尔系数越低，生活水平越高。

资料来源：https://wenku.baidu.com/view/a3120dffa21614791611281c.html

3.1.4 调查文化环境

文化环境通常包括社会阶层、民族、宗教、风俗习惯、受教育程度、价值观念等因素。文化环境在很大程度上决定着购买行为，影响着消费者购买产品的动机、方式和地点。因此，企业的经营活动必须适应所涉及国家的文化和传统习惯，才能被当地的消费者所接受。例如，在销往中东地区的各种用品中不能含有酒精，这是因为该地区绝大多数的人民笃信伊斯兰教，禁止一切与酒有关的致醉物品。

3.1.5 调查技术环境

科学技术的发展会影响产品的生命周期，进而影响企业的经营决策。因此，企业必须对技术环境进行调查，密切关注新技术的发展。但是，需要注意的是，新兴科技的发展及新兴产业的出现既可能会给某些企业带来新的市场机会，也可能会给某些企业带来新的威胁。例如，电子商务的发展给快递行业带来了勃勃生机，却使传统零售业面临巨大的挑战。

3.1.6 调查地理环境

地理环境包括地理位置、气候及自然条件、运输条件、自然资源状况、生态条件等，其中，气候对人们消费行为的影响尤为明显，同样的产品在不同的气候条件下，会有截然相反的需求情况。例如，冬天加湿器在北方十分畅销，但在南方则很少有人购买，其主要原因是冬天北方的室内暖气充足，空气十分干燥，加湿器有较大的市场需求；而南方室内空气湿润，加湿器并没有使用价值。

3.2 调查消费者

调查消费者即调查市场需求，其目的是了解和熟悉消费者，掌握消费者需求的变化规律，从而指导企业调整产品策略，以满足不同的消费需求。

3.2.1 调查消费者基本情况

消费者基本情况主要包括：① 现有消费者和潜在消费者的数量及区域分布情况；② 消费者的年龄、性别、职业、民族、文化程度等；③ 消费者的个人收入和家庭平均收入水平、购买力大小、购买产品的数量等。通过对上述内容的调查与分析，企业可以了解消费者的消费需求，从而有针对性地开发和完善产品。

3.2.2 调查消费者购买动机

购买动机是指消费者为了满足一定的需要而产生购买产品的欲望。调查购买动机的目的是为了分析消费者购买商品的原因，以便为企业决策提供依据。消费者的购买动机主要分为生理动机和心理动机。

1. 生理动机

生理动机是指基于消费者最基本的生活需要而产生的购买动机，主要表现为人们购买吃、穿、住、行等生活必需品。

2. 心理动机

心理动机是指消费者受情感、意志和认知等因素影响而产生的购买动机，主要包括感情动机、理智动机和惠顾动机。

感情动机是建立在主观需要基础上的，由人的情绪和感情所引起的购买动机。例如，基于好奇而对新颖、奇特的产品产生购买欲望；为满足虚荣心而挑选名牌产品；因追求美而选择包装精美的产品；等等。

理智动机是建立在人的理性认识基础上的购买动机。其购买行为不是盲目、冲动的，而是经过对比、分析后产生的购买动机。因此，这类消费者比较重视产品的品质、性能、质量和价格。

提 示

感情动机和理智动机并不相矛盾，消费者在实际购买时往往同时具有两种或两种以上的动机。例如，消费者因爱好音乐而产生购买吉他的动机，这属于感情动机。但是，吉他的规格、型号很多，消费者需要经过对音质、外观、价格、售后服务等多方面的考虑，最终确定购买吉他的品牌，这属于理智动机。

惠顾动机，又称“信任动机”，是指消费者对特定厂商、品牌或商标存在特殊的信任与偏好，以至于产生重复或习惯性购买行为。例如，优质产品加上优质服务会给消费者留下深刻的印象，从而使得消费者产生经常购买的意愿。惠顾动机要求企业决策者全面提升企业自身，将消费者变为企业的“忠实粉丝”。要做到这一点，企业不仅要注重产品的质量、企业品牌的塑造，更要注重产品服务的提升，以吸引广大消费者。

案例阅读

海底捞——五星级火锅店

海底捞火锅店为大众津津乐道的不仅是其火锅的味道，更是其远超消费者期待的服务。多年来，海底捞始终秉承着“消费者至上”的服务理念，全身心地为消费者服务。

因优质服务而“走红”的海底捞常常需要排队等位，餐厅便为等待的消费者提供免费的饮料、零食和水果，还有免费的美甲、擦鞋和护手服务。在就餐期间，服务人员会帮顾客添茶倒水、调蘸料等，甚至有即兴表演和互动小游戏。海底捞多角度倾听消费者的呼声，在保障消费者权益的同时，也为自己培养了大批忠实的“粉丝”。

资料来源：https://wenku.baidu.com/view/d52cde41e2bd960591c67728.html

3.2.3 调查消费者购买行为

消费者购买行为是消费者的购买动机在实际购买过程中的具体表现，其本质是调查消费者的购买模式和习惯，即了解消费者的购买对象、购买时间、购买地点、购买方式等情况，以及谁负责家庭购买。

1. 购买对象

调查消费者购买对象主要包括调查消费者购买产品的品牌、性能、质量、款式和规格等。例如，如果消费者购买产品时比较重视产品的品牌、质量，那么企业应当争创名牌，加强产品研发和广告宣传以扩大企业影响力。

2. 购买时间

消费者购买产品的时间往往受产品性质、季节、节假日等因素的影响。产品的性质不同，购买的时间也不同。例如，对于高档耐用消费品，消费者大都选择在节假日打折促销时购买，而对于日用消费品，消费者则会选择在日常购买。此外，某些产品带有明显的节日性，如在中国每逢春节几乎家家户户都会购买年货、礼品，每逢中秋节会购买月饼等。因此，企业应当研究和掌握消费者购买产品的时间和习惯，以便在适当的时间推出适当的产品。

3. 购买地点

消费者购买产品的地点往往受购买时间、产品的性质、消费人群等因素的影响。例如，对于购买频繁的日常生活用品（粮食、蔬菜、调味品等），消费者通常选择在住所附近的商店购买；对于衣着类、家庭装饰类消费品，消费者通常选择在品种较多的大中型商场购买。因此，调查消费者购买地点，可以帮助企业合理地选择产品的销售渠道和服务网点。

4．购买方式

消费者的购买方式也会影响零售企业的经营和服务方式，不同消费者对于不同产品会选择不同的购买方式。例如，有些消费者喜欢电视购物或网购，而有些消费者喜欢就近实地购买；有些消费者习惯于一次性付清货款，而有些消费者习惯于分期付款等。企业可以根据消费者购买方式的不同特点，调整其经营方式。

5．谁负责家庭购买

调查谁负责家庭购买主要包括调查谁是决策者、谁是购买者和谁是使用者。例如，饰品的决策者和购买者主要是女性，营销人员可以根据女性消费者的审美习惯，注意产品的摆放和包装，以吸引女性消费者惠顾。

下面一则问卷调查了消费者的基本情况、购买动机、购买地点和购买方式等，该调查的目的是了解北京华联超市的主要消费群体及其消费特征，为该超市做出相应的经营决策提供依据。例如，假定调查结果显示，北京华联超市的主要消费群体为中老年人群，且更关注商品的价格，那么，该超市可以多做打折促销活动。

案例阅读

北京华联超市调查问卷

1. 您的家庭日常所需商品通常由谁购买：

□ 本人 □ 父母 □ 妻子/丈夫 □ 儿子/女儿

2. 您及您的家人最近一周曾在哪家超市购物（可多选）：

□ 沃尔玛超市 □ 家乐福超市 □ 物美超市

□ 菜市场 □ 其他便利店

3. 您及您的家人选择它的原因有（可多选）：

□ 便利 □ 品种齐全 □ 价格低 □ 购物环境好

□ 可以网购 □ 服务好 □ 商品质量好

4. 您在北京华联超市购物的频率为：

□ 几乎不 □ 一月一次 □ 半月一次 □ 一周一次 □ 每天

5. 您家距离最近的北京华联超市有多远：

□ 500 米以内 □ 500～1 000 米

□ 1 000～1 500 米 □ 1 500 米以上

6. 您购物常使用的交通方式有（可多选）：

□ 步行 □ 出租车 □ 自行车 □ 地铁

□ 自驾车 □ 公交 □ 其他

7. 您在购物的时候，最希望我们提供何种服务：

□ 价格合理便宜　　□ 质量有保证
□ 商品品种齐全　　□ 交通便利
□ 服务好　　□ 购物环境好
□ 售后服务好　　□ 其他，＿＿＿＿＿＿＿＿

8. 您一般在北京华联超市一次性购物消费的金额为：

□ 100 元以下　　□ 100～200 元
□ 200～300 元　　□ 300～400 元
□ 400～500 元　　□ 500 元以上

9. 您的性别：

□ 男性　　□ 女性

10. 您的年龄：

□ 20 岁以下　□ 20～30 岁　□ 30～40 岁　□ 40～50 岁　□ 50 岁以上

11. 您的工作性质：

□ 公务员　□ 企业职工　□ 私营/个体　□ 待业
□ 家庭主妇　□ 学生　□ 退休　□ 其他

12. 您的家庭成员人数（指同住的家庭成员）：

□ 1　□ 2　□ 3　□ 4　□ 5 及以上

13. 您的家庭平均月收入：

□ 5 000 元以下　　□ 5 000～10 000 元
□ 10 000～15 000 元　　□ 15 000～20 000 元
□ 20 000 元以上

14. 您的家庭平均每月在所有超市和菜市场及其他类型购物场所的消费总金额为：

□ 500 元以内　　□ 500～1 000 元
□ 1 000～1 500 元　　□ 1 500～2 000 元
□ 2 000～2 500 元　　□ 2 500 元以上

3.3 调查产品

调查产品的目的是为企业的产品决策提供依据，其内容主要包括调查产品生产能力、产品实体、产品包装、产品生命周期和产品价格。

3.3.1 调查产品生产能力

调查产品生产能力是指对产品的原材料来源、生产设施、技术水平、资金状况和人员素质等所做的调查。通过调查产品生产能力，可以了解企业的生产规模及未来的发展潜力。

3.3.2 调查产品实体

调查产品实体是指对产品本身各种性能的好坏程度所做的调查，主要包括以下内容。

1. 调查产品性能

调查产品性能主要包括调查消费者对产品耐用性、安全性、方便性等方面的需求。例如，某企业在对高压锅产品进行调查时，了解到高压锅的使用寿命是影响消费者购买的重要因素，因此，该企业在设计和生产高压锅时应当特别注重选材，确保高压锅的耐用性。

2. 调查产品的规格、型号、样式等

企业通过调查消费者对产品的规格、型号、样式等方面的特殊需求，可以设计出更符合消费者需求的产品。例如，某服装企业通过市场调查了解到社会肥胖率逐步提升，消费者对加肥加大服装的需求增加，然而服装市场上最大码一般为“L”码，此时企业可以根据消费者需求，开发大码服装市场。

3. 调查产品制作材料

调查产品制作材料主要包括调查消费者对原料或材料的各种特殊要求。由于消费者的爱好、要求或当地的流行风尚不同，消费者对产品制作材料的要求也不同。

3.3.3 调查产品包装

调查产品包装主要包括调查消费者喜欢的包装外形、包装传递的信息、竞争者包装的样式和规格、包装是否经济实惠、包装在运输途中能否适应各种不利的气候条件等。企业通过调查产品包装，可以了解各种产品包装的利弊，从而设计出更有实用价值的产品包装。

案例阅读

“不沾酸奶”的酸奶盖

某厂商经市场调查发现，市场上售卖的酸奶总会有沾盖的问题，这一问题给消费者带来了许多困扰：第一，盖子上的酸奶很难喝到，会造成极大的浪费；第二，由于

酸奶盖的材料较薄，接触到外界高温后容易造成沾盖部分的酸奶变质腐坏。为了解决这些问题，该厂商模拟莲叶表面不沾水的原理，研究开发出了一种“绝对不沾酸奶”的酸奶盖，不仅使得每一滴酸奶都不浪费，还能够延长酸奶的最佳赏味期。由于该酸奶盖“出酸奶而不染”，真正实现了网友戏称的“有一种‘壕’的生活方式叫‘喝酸奶不舔盖’”，一经上市便广受好评。

资料来源：https://www.guancha.cn/life/2015_09_19_334857.shtml

3.3.4 调查产品生命周期

调查产品生命周期是指对产品从进入市场开始，直至退出市场为止所经历的市场生命循环过程进行调查，即调查产品的导入期、成长期、成熟期和衰退期四个阶段。

一般来说，产品的销售增长率是判断产品处于生命周期哪个阶段的重要依据，销售增长率在投入期是不稳定的，在成长期维持在 10%以上，在成熟期大致稳定在 0.1%～10%，而在衰退期一般为负数。因此，企业调查产品的销售增长率，可以判断经营的产品所处的生命周期阶段，进而做出相应的经营决策。例如，企业的某种产品进入衰退期时，应当开发其他新产品，或对现有产品进行改良。

3.3.5 调查产品价格

调查产品价格主要包括调查市场中各竞争品牌的定价、消费者对产品价格的接受程度、价格在品牌中的重要性及定价对产品销售的影响等，其目的是寻找可以促进产品销售的价格策略。

课堂互动

假如作为大学生创业者的你打算开一家服装店，此时你最关心的问题有哪些？

3.4 调查市场营销活动

3.4.1 调查竞争对手

调查竞争对手的目的是了解竞争对手的优势和劣势，以制订强有力的竞争策略。一般来说，对竞争对手的调查主要包括以下几点：

（1）了解全国范围内或一个地区内存在的同类型企业有哪些及其企业实力。所谓企业实力是指企业满足市场要求的能力，主要包括生产能力、技术能力和销售能力等因素。在这些企业中，应当关注谁是最主要的竞争者，谁是潜在的竞争者。

（2）确定主要竞争者产品的市场分布情况、市场占有率的大小，以及它对本企业产品销售的影响。所谓市场占有率是指本企业的某种产品在市场销售的同类产品中所占的比重，它反映一个企业的竞争能力和经营成果。

（3）确定主要竞争者采取的市场营销组合策略及这些营销组合策略发生作用后对本企业的生产经营产生的影响。

3.4.2 调查销售渠道

销售渠道是指某种产品从生产者向消费者转移过程中所经过的通道或路径，主要包括以下三种：一是直接销售给消费者；二是通过产品经销商（如批发商、零售商）销售给消费者；三是委托代理商进行推销。要从上述三种销售渠道中确定最有效的销售渠道，则需要从如下几个方面进行调查：

（1）了解同类产品的销售渠道，确定企业现有的销售渠道能否满足销售产品的需要。

（2）确定市场上是否存在销售同类产品的权威性机构，如果存在，确定其经销产品在市场上的占有份额。

（3）了解产品经销商经销某种产品的要求和条件、承接新货源的意愿和能力。

3.4.3 调查服务

服务是指通过取得消费者满意度和忠诚度来促进产品销售的营销方式，如免费运送产品、免费对产品进行维修、为消费者购买提供便利等。调查服务有助于企业了解消费者对服务的要求及满意度，从而指导企业调整其服务策略，其调查内容主要包括以下几方面：

（1）调查消费者的服务需求及对服务的满意度。要想为消费者提供优质的服务，必然要先了解消费者需要的服务方式，以及消费者对企业现在服务的评价。

（2）调查服务的质量。服务质量的高低影响着消费者的满意度，只有对服务质量进行有效的管理，企业才能更好地提供满足消费者需求的服务，才能在竞争中处于优势地位。调查服务质量主要包括调查服务标准的设立、服务内容的制订、服务结果的反馈和服务质量的评估等。

（3）调查企业对服务人员的管理。服务人员的素质、技能及对工作的态度会影响消费者对整个企业的印象，因此，企业应当严格挑选员工，并对其进行培训和激励。

案例阅读

卡西欧的明信片式调查

卡西欧公司自成立起便一直以新颖、优质的产品而闻名世界，这与其一直坚持的善用市场调查分不开。卡西欧公司的市场调查主要通过明信片式的销售调查卡进行，该卡片考虑周密、设计细致，调查内容包括购买者信息、消费者知道该产品的途径、选择该产品的原因、使用后的感受、反馈意见等。通过这些细致全面的问题，卡西欧公司收集到了许多详细的信息，为企业提高产品质量、改进经营策略、开拓新的市场提供了可靠依据。

资料来源：https://www.docin.com/p-1808964914.html

3.4.4 调查促销方式

促销是指企业向消费者传递有关本企业及产品的各种信息，以说服消费者购买其产品的商业活动。常用的促销方式主要有以下四种：人员推销、营业推广、公关活动和广告活动。在营销过程中，企业需要对上述几种促销方式进行调查，从而做出最优选择。

1. 调查人员推销

人员推销是指销售人员说服消费者购买某种产品或劳务的过程，包括上门推销、柜台推销、会议推销等。调查人员推销本质上是调查各种推销方式下的推销效果，其目的是了解不同的产品适用的人员推销方式。

知识拓展

会议推销是指企业以会议的形式介绍和宣传产品，开展促销活动，如推销会、展销会、物资交流会等。这种推销形式具有接触面广、成交额大的特点。

2. 调查营业推广

营业推广是指企业为迅速刺激需求和鼓励消费而采取的策略，包括赠送样品、发放优惠券、有奖销售等。调查营业推广主要包括调查营业推广策略、营业推广效果等，其目的是了解不同营业推广活动的优缺点，为不同产品寻找最佳的营业推广方式。

3. 调查公关活动

公关活动是指企业为获取社会公众的支持，达到树立良好的企业形象、促进产品销售的目的而策划实施的一系列促销活动。公关活动主要包括以下几种：

（1）通过赞助艺术、慈善、体育运动、社区服务等活动来改善企业的形象。

（2）通过举办形式多样的活动，对外宣传企业的理念。

（3）通过媒体发布有利于强化企业形象的信息，减少负面信息对企业的影响。

（4）加强与主要供货商和消费者的沟通，增强企业的影响力和知名度。

（5）加强股东与投资方的沟通，增强信任和理解，从而促进企业目标的实现。

（6）加强企业内部信息沟通，充分调动员工的积极性，增强企业凝聚力。

调查公关活动主要包括调查公关活动的主要内容、策略，公关活动与宣传措施对产品销售、企业形象的影响等。

4. 调查广告活动

广告是指企业为推广其产品而通过媒体向公众传递信息的宣传手段。调查广告活动主要包括调查广告媒体和广告效果，目的是为企业找出成本低、效果好的广告方案。

1）调查广告媒体

调查广告媒体包括调查报刊媒体、广播电视媒体、互联网媒体和其他媒体。

（1）调查报刊媒体主要从以下几个方面着手：

第一，报刊性质。了解报刊是早报、日报还是晚报，是机关报、行业报还是专业期刊，是知识性报刊、专业性报刊还是娱乐性报刊，是零售、直接送达还是邮寄送达等。

第二，发行份数。一般情况下，报刊发行量越大覆盖面也就越广，相对应的广告效应越显著。

第三，读者层次。了解读者的年龄、性别、职业、收入、阅读报刊所花费的时间等。

第四，发行周期。了解报刊发行日期的间隔。按照发行周期分类，报纸可分为日报、周报、旬报，杂志可分为周刊、旬刊、月刊、双月刊、季刊等。

（2）调查广播电视媒体主要包括调查其传播范围、节目的编排与组成、收听或收视率等。

（3）调查互联网媒体主要包括调查其用户数量及构成、内容契合度、技术力量（如服务器的稳定性、数据库的数据处理能力等）、是否有广告监测系统等。

（4）调查其他媒体主要包括调查户外广告、交通工具广告、霓虹灯广告、路牌广告等，重点关注它们的功能、影响范围、广告费用等。

课堂互动

谈谈你接收广告的方式有哪些？哪些广告曾给你留下深刻印象？

2）调查广告效果

调查广告效果主要是判断广告能否有效地传播信息，包括事前调查和事后调查。

（1）事前调查。事前调查是指广告在实施前，对目标对象进行的小范围调查，其目的是了解消费者对该广告的反应，以此来改进广告策划，提高广告效果。

（2）事后调查。事后调查是指在广告实施一段时间后，对目标对象进行的较大规模调查，其内容主要包括调查广告覆盖率、知名度和理解度，目的是测定广告效果。

- 调查覆盖率是调查接触广告的人数占被调查人数的百分比。例如，广告发布后，确定的被测定人数为 10 000 人，其中看过广告的人数为 5 000 人，那么，该广告覆盖率大致为 50%。
- 调查知名度是调查了解广告的人数占测定人数的百分比。通常以目标对象对企业名称、广告品牌等的记忆程度为调查内容，通过诸如“你看过×××广告吗？”这样的问题进行调查。
- 调查理解度是调查理解广告的人数占测定人数的百分比。通常以目标对象对广告内容、产品作用等的理解程度为调查内容。

实地调查　调查高校学生智能手机使用情况

任务概述

华为公司计划面向大学生推出一款新型智能手机，需要对高等院校学生的智能手机使用情况进行市场调查。为配合该公司的研发计划，请对本校学生进行市场调查，并撰写调查报告。

任务分组

全班学生以 3～5 人为一组进行分组，各组选出组长并进行任务分工，将小组成员及分工情况填入表 3-1 中。

表 3-1　小组成员及分工情况

<table>
<tr><td>班级</td><td></td><td>组号</td><td></td><td>指导教师</td><td></td></tr>
<tr><td>小组成员</td><td>姓名</td><td>学号</td><td colspan="3">任务分工</td></tr>
<tr><td>组长</td><td></td><td></td><td colspan="3"></td></tr>
<tr><td rowspan="6">组员</td><td></td><td></td><td colspan="3"></td></tr>
<tr><td></td><td></td><td colspan="3"></td></tr>
<tr><td></td><td></td><td colspan="3"></td></tr>
<tr><td></td><td></td><td colspan="3"></td></tr>
<tr><td></td><td></td><td colspan="3"></td></tr>
<tr><td></td><td></td><td colspan="3"></td></tr>
</table>

任务准备

（1）对智能手机市场有一定的了解。
（2）有一定的市场营销知识。
（3）了解本校学生情况。

工作计划

小组商议，制订出具体的工作计划，填入表 3-2 中。

表 3-2　工作计划

步骤	工作内容	时间安排	负责人
1			
2			
3			
4			
5			

任务实施

按照工作计划，开展对本校学生使用智能手机情况的调查。将具体的实施情况记录在表 3-3 中。

表 3-3　实施步骤

时间安排	实施步骤
	1．调查各手机品牌在本校学生心目中的知名度、美誉度和忠诚度 （1）______ （2）______ （3）______ （4）______ （5）______ （6）______
	2．了解华为品牌手机在本校的使用数量及使用原因 （1）______ （2）______ （3）______

（续表）

时间安排	实施步骤
	3．了解本校学生对智能手机的消费观念、习惯，以及对智能手机的功能期望、建议 （1）________ （2）________ （3）________ （4）________
	4．了解主要竞争品牌在产品、价格、分销、促销等方面的营销策略 （1）________ （2）________ （3）________ （4）________ （5）________ （6）________
	5．了解当地手机市场的相关政策 （1）________ （2）________ （3）________
	6．了解本校学生人数，预测该新型智能手机在本校的市场容量 ________
	7．其他需要调查的事项 ________ ________ ________ ________
	8．小组讨论，对调查结果进行汇总、整理
	9．撰写调查报告

评价反馈

各组提交调查报告，并配合指导老师完成如表 3-4 所示的考核评价表。

表 3-4　考核评价表

项目名称	评价内容	分值	评价分数		
			自评	互评	师评
素养评价 20%	仪容仪表得体	6 分			
	具备团队精神，能够积极与他人合作	6 分			
	积极、认真参加实践任务	8 分			
技能评价 30%	对各个调查维度能展开较为深入的调查	10 分			
	能采用多种方法开展调查	10 分			
	能够全面、细致地制订调查方案	10 分			
成果评价 50%	对本校学生使用智能手机情况有较为深入的了解	10 分			
	能较为合理地预测该新型智能手机在本校的市场容量，并有令人信服的推测依据	20 分			
	调查报告逻辑清晰、言之有物	20 分			
合计		100 分			
总评	自评（20%）+互评（20%）+师评（60%）=	综合等级：____	教师（签名）：		

自我检测

1. 单选题

（1）（　　）是指一个国家或地区的经济发展水平、产业结构、劳动力结构、物资资源状况、消费水平、消费结构等方面的环境。

A. 物质环境　　B. 文化环境　　C. 经济环境　　D. 政治环境

（2）在产品调查中，应当了解消费者对该产品和同类产品（　　）的意见。

A. 价格、渠道、包装等　　B. 样式、口味、包装等

C. 经营、管理、销售等　　D. 形象、渠道、包装等

（3）（　　）是指生产或营销企业的产品数量在市场同类产品总数量中占的比例。

A. 企业产值　　B. 产品占有率

C. 市场容量　　D. 市场占有率

2. 简答题

（1）简述市场调查的主要内容。

（2）如何对社会环境进行调查？

（3）如何对消费者进行调查？

（4）简述调查市场营销活动的内容。

3. 案例分析题

“专星送”打开星巴克的新大门

随着瑞幸咖啡、连咖啡等外卖咖啡的涌入，星巴克在中国的销售业绩受到严重冲击。星巴克公司总部派员调查后认为，其销售业绩下滑的主要原因是外卖行业在中国的兴起，而星巴克仅提供线下服务。于是，星巴克决定与饿了么合作开展“专星送”外卖服务，短短一年的时间，该项合作就实现了100城、3 000店“专星送”覆盖的目标，并创造了全球咖啡及生活服务市场的多个“第一次”：星巴克第一次上线外卖平台、第一次为外送业务创新产品包装设计、第一次实现单均配送耗时仅18分钟……

【问题】

试猜想星巴克公司总部市场调查的调查内容，为其设计调查问卷。

统计局走基层回应：CPI数据是怎么得来的

每年国家统计局都会发布反映物价水平的CPI（消费者物价指数，又名居民消费价格指数，是反映一定时期内城乡居民所购买的生活消费品和服务项目价格变动趋势和程度的相对数），不少人会有疑惑：“CPI为何与我们的感受不符？CPI是怎么来的？”

以下是国家统计局到河北、河南两省的六个地市了解当地CPI、工业生产者价格、城乡居民可支配收入等诸多基础数据的采集过程，相信可以解开大家的疑惑。

第一手资料采集

“规格名称：天津产××牌红烧牛肉面110克，单位：千克，上月第一次采价是22.33元，第二次采价22.33元，本月第一次采价23.30元，涨价原因：原材料上涨、包装规格改为103克，12元/5包，商品编码是……”，在河南开封千盛购物广场，采价员一边核对商品，一边记录着最新的价格。

这就是获取CPI基础数据的第一步——采价。

据了解，CPI的数据采集包括八大类680多个调查项目，方便面只是其中一项，千盛购物广场也只是开封280多个采价点中的一个。

采价并不是到菜市场随便来个“你问我答”就能完成的，而是个很繁琐的过程。为了保证数据的质量，一般规格品至少要选2种类型（或品牌）。例如，要采食品类中大米的价格，就要选卖得最好的一种东北粳米，再选一种当地大米，然后在农贸市场采价点询问至少 3 家商户的价格。

据介绍，在基础数据中，蔬菜、肉蛋等鲜活产品的价格每月要采价 6 次，每 5 天采价一次。采价采取“定时、定点、定人”的原则，即每月在固定时间、到固定采价点进行采价，以保证数据的同质可比。“早上的鲜菜跟晚上的价格肯定不一样，不能进行直接比较。”因此，不论是假期还是刮风下雨，都必须准时准点。此外，每次采价都需要两个人一起，一是有利于互相监督防止作假，二是能在一人采价遭拒后可以“补位”。

这就是基础数据的采集过程，看似容易却不简单。在第一手价格资料完成后，还要通过审核、汇总、录入、计算、评估等一系列工作流程，才能编制成 CPI。

为何 CPI 与感受不一致

之所以统计局公布的数字与个人感受不同，第一，是因为普通人只会关注与自身相关的涨价厉害的商品，如猪肉等食品，对与自身关系不密切的商品则不会重视，即使降价也不一定会留意到。但采价员统计调查的是 8 大类商品的价格。第二，不同的人对价格的感觉也不一样，天天吃猪肉的人对价格的感觉肯定比不怎么吃猪肉的人要敏感。第三，普通人一般是对某个时点物价上涨比较敏感，但统计局的数据是跟去年同月或者跟上个月平均价格的比较，这就带来感受上的差异。”

项目4

选择市场调查方式

项目导读

市场调查的方式多种多样，适用范围、适用条件各不相同，调查人员应当根据调查需求，选择恰当的调查方式。本项目主要介绍常见的市场调查方式，包括普查、典型调查、重点调查和抽样调查，其中，重点介绍了抽样调查。

任务清单

完成一项学习任务后，请在对应的方框中打钩。

知识目标	□	了解各种调查方式的概念、优缺点及适用范围
	□	掌握抽样调查的步骤
	□	掌握抽样方法的应用
	□	能够准确计算抽样误差
实训目标	□	能根据实训要求选择适合的市场调查方法
	□	能根据实训要求选择适合的抽样方法
	□	能较为准确地对大一新生平板电脑使用情况进行调查
	□	抽样误差计算准确且控制在较小的范围内
技能目标	□	能够根据具体情况选择恰当的调查方式
	□	能够通过计算确定抽样误差及样本量
素质目标	□	具备严谨的工作态度，尽量避免非抽样误差
	□	诚实守信，能够如实实施抽样调查，具有良好的责任心

案例导入

ANLI DAORU

失败的抽样调查

准确地定义调查总体是保证抽样调查成功的前提，如果调查总体定义错误，将会影响数据收集的准确性，不利于企业做出正确的经营决策。

上海某狗粮制造企业希望通过改良狗粮产品的配方来增加销售量。为了获取更为准确的市场信息，该企业打算实施一次市场调查。基于调查效率和成本的考虑，其最终选择实施抽样调查。该抽样调查设计的过程如下：

（1）将最近一个月内进入A超市购买狗粮产品的全部消费者定义为总体。

（2）选择方便抽样的方式进行样本的选取。

（3）确定的样本量为1 000人。

按照上述设计方案，他们对产品的价格、包装、规格、口味、配料等方面进行调查，并根据消费者的建议改进产品的配方。产品在投入市场初期，销售量飞速增长。但数月后，销售额却停滞不前。于是，这家企业在讨论研究后，邀请了十多位新产品的购买者前来座谈，他们大多拒绝再次购买，原因是宠物不喜欢吃。狗粮的最终消费者并不是“人”，人只是购买者，该企业错误地定义了市场调查方向，最终导致调查结论错误。

这次失败使该企业认识到市场调查的两面性：正确的市场调查可以增加商战的胜算，但错误的市场调查对企业来说就是一场噩梦。

思考：

（1）该市场调查为什么会失败？

（2）该狗粮制造企业应如何进行这次市场调查？

知识课堂

ZHISHI KETANG

问题导入

（1）你知道哪些市场调查的方式？生活中你见过那些应用这些市场调查方式开展的调查？

（2）你对抽样调查了解多少？

（3）市场调查都会产生误差吗？你觉得误差可能会产生在哪些环节？

（4）你有哪些疑问希望通过本项目的学习得到解决？

知识链接

4.1 了解主要的市场调查方式

在选择调查方式之前，首先需要对主要的调查方式有充分的认识，这样才能有针对性地选择恰当的市场调查方式。

4.1.1 统计调查的相关概念

1. 总体与个体

总体是指所有调查对象的全体，个体是指总体中的每一个调查对象。例如，调查某市有多少家庭拥有笔记本电脑，这里的总体即为该市的所有家庭，个体则为该市的每个家庭。

2. 样本与样本量

样本是总体的一部分，它是由总体中抽取的部分个体组成的集合，是调查的实际调查对象；样本量是指样本中个体的数量。例如，某市有13万名大学生，从中抽取1 000名来进行某项调查，这里的样本即为抽取的1 000名大学生，样本量为1 000。

3. 标志和指标

1）标志

每个个体都有许多独有的特征和属性，而标志就是说明个体特征和属性的名称。标志可分为品质标志和数量标志。例如，A市一家民营企业作为个体，其企业性质、企业类型、年产值、销售收入、职工人数、工资总额等都是标志。其中，企业性质、企业类型是品质标志，年产值、销售收入、职工人数、工资总额是数量标志。

标志表现是指在标志名称后面所表明的属性或数值。标志表现可分为品质标志表现和数量标志表现。因为数量标志表现都是用数值表示的，所以又称为标志值。例如，某职工的性别是“女”，婚姻状况是“已婚”，这里的“女”和“已婚”分别是品质标志“性别”和“婚姻状况”的属性。又如，某职工的年龄是20岁，则“20岁”就是数量标志“年龄”的数值表现。

2）指标

指标是反映统计总体数量特征的科学概念和具体数值。指标由指标名称和指标数值所构成。指标名称是指标质的规定，它反映了一定的社会经济范畴；指标数值是指标量的规定，它是根据指标的内容所计算出来的具体数值。

3）标志与指标的区别

（1）标志是说明个体特征的，而指标是说明总体特征的。

（2）标志中的数量标志可以用数值表示，品质标志不能用数值表示；而所有的指标都是用数值表示的，不存在不能用数值表示的指标。

（3）标志中的数量标志不一定经过汇总，可以直接取得；而指标是由数量标志汇总得来的。

（4）标志一般不具备时间、地点等条件；而一个完整的统计指标一定要有时间、地点、范围。

4. 变异与变量

统计中的变异是普遍存在的，一般意义上的变异是指标志（包括品质标志和数量标志）在总体单位之间的不同具体表现，但严格地说，变异仅指品质标志的不同具体表现，如性别表现为男、女，民族表现为汉、满、蒙、回、苗等。而数量标志的不同表现则称为变量，如某职工年龄42岁，工龄22年，月工资5 200元等。品质标志的变异最后表现为综合性的数量时，如按职工的性别，汇总计算出男、女各多少人，才构成统计研究的对象。观察、登记总体各单位的品质标志和数量标志的变异和变量，是统计研究的起点。

4.1.2 常见的市场调查方式

1. 普查

普查是一种大规模的全面调查，其调查对象为总体中的所有个体。普查具有全面、准确的优点。但是，由于普查工作量大、耗时长、费用高，通常情况下，在一定的时间周期内只做一次，用于摸清调查对象的基本情况。例如，人口普查，经济普查，企业对产品的供应量、销售量及库存量的全面调查等。

知识拓展

2019年10月，国务院下发《关于开展第七次全国人口普查的通知》，决定于2020年开展第七次全国人口普查。开展第七次全国人口普查，对于查清我国人口数量、结构、分布等方面情况，把握人口变化趋势性特征，为完善人口发展战略和政策体系、制定经济社会发展规划、推动高质量发展具有重大而深远的意义。

了解第七次全国人口普查

普查标准时点是2020年11月1日零时，彻查人口出生变动情况以及房屋情况。普查对象是普查标准时点在中华人民共和国境内的自然人以及在中华人民共和国境外但未定居的中国公民，不包括在中华人民共和国境内短期停留的境外人员。

普查主要调查人口和住户的基本情况，内容包括姓名、公民身份证号码、性别、年龄、民族、受教育程度、行业、职业、迁移流动、婚姻生育、死亡、住房情况等。

资料来源：http://www.gov.cn/zhengce/content/2019-11/08/content_5450146.htm

2. 典型调查

典型调查是指从众多的调查对象中，有意识地选取部分具有代表性的对象进行深入调查的一种非全面调查。其目的是通过对个别典型对象进行直接、深入的调查，来认识同类事物的一般属性和规律。例如，要对宠物食品的销售情况进行市场调查，应选择宠物店、售卖宠物食品的超市等作为典型对象。

1）选取典型对象

典型对象是最充分、最集中地体现总体某方面共性的单位，选择时应考虑以下三个方面：

（1）根据调查目的选取对象。如果研究目的在于探讨事物发展的一般规律，应该选择各方面发展较全面、较完善的对象作为典型对象；如果研究目的是要表彰先进、树立榜样，则应选择先进典型作为典型对象。

（2）选取具有代表性的对象。如果是先进典型，应优先选择那些最有特色、最突出、最有借鉴意义的对象；如果是中间水平的典型，可以选择最普通、最一般、最有共性的对象作为典型对象；如果是后进典型，可以选择最值得改进或最需要吸取教训的单位。

（3）根据调查对象的数量、差异进行选取。对于调查对象很少、差异又小的调查，选取一两个典型对象即可；反之，则应当多选取几个典型对象。

2）典型调查的优缺点

典型调查的优点主要包括以下三个：① 调查对象少，可以进行深入细致的调查，便于深刻揭示事物的本质和规律；② 可以节省调查的人力、物力和财力；③ 可以节约时间，迅速获取调查结果，从而快速了解市场情况。

典型调查的缺点主要包括以下两个：① 典型对象的选取依赖于调查人员的主观判断，具有一定的主观随意性；② 如果样本的代表性不强，用样本数据推断对象总体特征时可能会产生较大误差。

3）典型调查的适用范围

典型调查适用于调查对象总体差异不明显的情形，同时它要求调查人员对调查总体比较了解，可以做到准确地选取典型样本。

3. 重点调查

重点调查是指在调查对象总体中选取部分重点对象进行调查，以了解总体基本情况的一种非全面调查。重点对象是指在调查对象总体中具有举足轻重地位的样本，其在数量上可能不具有代表性，但在结构上具有重要意义，能够代表对象总体的情况和特征。

1）选取重点对象

选取重点对象时要确保重点对象在调查对象总体中具有举足轻重的地位。例如，要掌握全国钢铁产量的增长情况，只要对全国几家大型钢铁企业的生产情况进行调查即可。

2）重点调查的优缺点

重点调查的优点在于投入较少、调查速度快、所反映的主要情况或基本趋势比较准确。其缺点在于所选取的重点对象并非能够代表调查总体，调查结果难免存在一定误差。

3）重点调查的适用范围

一般来说，当市场调查只要求掌握调查对象的基本情况，而部分对象又能比较集中地反映调查结果全貌时，就可以采用重点调查。例如，为了掌握“三废”排放情况，可选择冶金、电力、化工、石油、轻工、纺织等重点排污行业进行调查。

拓展阅读

重点调查与典型调查的比较

重点调查与典型调查都是非全面调查，二者的区别如下：

（1）重点对象与典型对象的性质不同。重点对象在总体中具有举足轻重的地位；而典型对象在同类社会经济现象中具有代表性、典型性。

（2）侧重点不同。重点调查的主要目的是掌握总体的数量状况，着眼于普遍情况，注重量的调查；而典型调查的主要目的是认识事物的本质特征及其发展规律，调查深入细致，同时也注重定性调查。

资料来源：

https://wenku.baidu.com/view/fd4dc22e900ef12d2af90242a8956bec0875a5f1.html

4. 抽样调查

抽样调查是指从调查对象总体中，按照随机原则抽取一部分对象作为样本进行调查，并用样本结果来推断对象总体的一种非全面调查。

1）抽样调查的优缺点

抽样调查的优点主要包括以下三个。

（1）可以节省人力、物力、财力和时间。与普查相比，抽样调查只对总体的少数对象进行调查，不仅可以节省大量人力、物力和财力，还可以缩短调查的时间，便于调查人员在短时间内完成数据收集、处理和分析。

（2）样本的选取受调查人员主观影响较小。与重点调查和典型调查不同，抽样调查抽取的对象不由调查人员的意志决定，而是随机抽取。

（3）调查可以更加深入、细致。与普查相比，抽样调查受其自身规模的影响较小，调查对象更集中，调查持续时间更短，调查管理工作更简单，因而调查可以更加深入、细致，得到的调查结果精度也更高。

抽样调查的缺点在于对调查方案的设计要求较高，一般人员难以胜任。并且，如果抽样调查的方案设计存在严重缺陷，往往会导致整个抽样调查的失败。

2）抽样调查的适用范围

抽样调查是应用最为广泛的市场调查方式，其最适合使用的情形包括以下几种。

（1）在调查具有破坏性或调查对象众多，不可能进行全面调查的情况下，可以使用抽样调查的方法。例如，要检验玻璃杯的耐震度，每一批次抽取几个进行检测即可，而不需要全部检测。否则，可能会造成较大损失。

（2）在调查对象之间存在较大相似性的情况下，没有必要进行全面调查，用抽样调查即可。

（3）在全面调查之后进行抽样调查来复查。由于全面调查涉及面广、工作量大，调查结果容易出现差错。因此，在全面调查完成之后还要使用抽样调查进行复查，以确保调查资料的质量，提高调查的准确性。

（4）在企业的决策人员希望及时掌握市场信息的情况下，应当采用抽样调查。这是由于与全面调查相比，抽样调查省时省力，能够快速地收集数据并分析出结果。

课堂互动

如果需要调查本校大三学生的考证情况，你认为哪种调查方式最实用？请说明你的理由。

4.2 实施抽样调查

4.2.1 抽样调查的步骤

1. 界定总体

界定总体是实施抽样调查的第一步。在界定总体时，要明确总体的界限，划清调查的范围，以防在调查工作中产生重复或遗漏。例如，若调查目的是收集某地区国有工业企业生产情况的资料，则总体就是该地区所有国有工业企业；又如，若调查目的是收集某地区国有工业企业中高精尖设备使用情况的资料，则总体就是该地区所有国有工业企业的高精尖设备。

2. 确定抽样框

抽样调查的第二步是确定抽样框。抽样框是指供抽样使用的所有调查对象的排序编号，它是由调查对象总体的资料形成。常见的抽样框包括企业名录（用以抽选企业）、学生名册（用以抽选学生）或住房门牌号（用以抽选住房）等。例如，要从 10 000 名职工中抽出 200 名组成一个样本，这里的抽样框即为 10 000 名职工的名册。

在市场调查中，有些抽样框是现成的。例如，针对北京市居民进行家庭消费情况调查时，可以将当地户籍管理部门提供的户籍资料作为抽样框。在没有现成抽样框的情况下，调查人员也可以自己编制。一般来说，一份完整的抽样框应满足以下几个条件：

（1）完整的抽样框应当包括全部调查个体。如果抽样框遗漏了某些个体，就会导致抽样总体不完整，遗漏个体没有机会接受调查；如果抽样框包含了不属于抽样总体的个体，就会导致抽样效率降低。上述两种情况均会引起调查结果的偏差。因此，当抽样框资料与总体调查对象不一致时，调查人员应当及时完善或重新建构抽样框。

（2）每个调查对象只能出现一次，不能重复。重复往往会导致总体数量被高估，从而产生调查偏差。调查人员应当想尽办法消除抽样框中重复的对象。

（3）分类应当正确。调查人员应当按照调查对象的性质进行分类，否则会导致样本取值的错误。例如，在对零售商进行抽样调查时，若将某些零售商错误地划分为批发商，那么这些零售商就不可能被抽取。

3. 确定抽样方法

抽样方法是指从抽样框中选取样本的方法。调查人员采用什么样的抽样方法，要综合各种主客观因素来考虑，如根据调查对象总体的规模、调查的性质、调查的经费、调查的精度要求等条件来选择不同的抽样方法。

4. 确定样本量的大小

确定抽样方法后，下一步就要确定样本量的大小。一般来说，样本量的大小主要取决于调查对象的规模大小、调查精度要求的高低、调查对象个体之间的差异性大小等因素。

5. 执行抽样

抽样人员在完全熟悉总体、抽样框、抽样方法等内容后，便可以执行具体的抽样。在抽样过程中，抽样人员需要把样本的详细情况清楚地记录下来，便于调查人员使用。

4.2.2 抽样方法的选择

调查人员应当熟悉各种抽样方法，这样才能根据具体情况恰当地进行选择。目前，常用的抽样方法有随机抽样和非随机抽样。

1. 随机抽样

随机抽样，又称“概率抽样”，是指按照随机原则抽取样本，使总体中的每个个体都有同等的机会被选取的抽样方法。它包括简单随机抽样、分层抽样、系统抽样和整群抽样。

1）简单随机抽样

简单随机抽样，又称“完全随机抽样”，是指按照随机原则，从总体中不进行任何分组、排序等处理，直接抽取调查样本的抽样方法。这种方法适用于个体差异较小或总体数量较少的情况。常用的简单随机抽样方法包括直接抽取法、抽签法和随机数表法。

（1）直接抽取法。直接抽取法是从总体中直接随机抽取样本，如从货架商品中随机抽取若干商品进行检测，又如从农贸市场摊位中随意选择若干摊位进行调查。

（2）抽签法。抽签法是把总体中的每个个体都编上号码，如 1、2、3、4……，然后把号码写在号签上，将号签放在一个容器中，搅拌均匀后，每次从中抽取一个号签，连续但不重复地抽取 n 次，就得到 个容量为 n 的样本。这种方法简单易行，适用于总体数量较少的情况。例如，可以利用学生的学号、座位号等从全班学生中抽取样本。

（3）随机数表法。随机数表，又称“乱数表”，是利用特别的摇码设备对 0～9 这 10 个数字进行重复摇取，然后按照编码位数要求将每次摇出的数拼成一个编码。如此循环往复，便可得到一组没有任何规律的随机数。例如，在表 4-1 中，编码为 3 位数，如果前 3 次摇出的号分别为 2、3、5，则第一个随机数为 235；接下来摇出的 3 个数分别为 1、2、5，则第二个随机数就是 125，这些数字之间并没有任何规律。由于计算机的出现，这种方法已很少使用，利用计算机可以非常方便地生成任意区间的随机数。

表 4-1 随机数表举例

行数	第 1 列	第 2 列	第 3 列	第 4 列	第 5 列	第 6 列	第 7 列	第 8 列	第 9 列
1	235	125	587	675	254	005	056	579	354
2	876	765	721	990	034	771	103	812	865
3	561	564	368	863	802	630	446	961	467
4	320	290	678	713	806	009	975	230	321
5	877	783	336	502	705	222	352	710	658
6	759	102	304	008	699	907	079	413	983

2）分层抽样

分层抽样是指将总体按照一定的特征分成若干层，然后从各层中随机抽取所需数量的个体，组成一个调查样本的抽样方法。一般来说，可以按照人口特征、消费者类型、企业规模大小或行业类型等进行分层。分层的目的是使样本单位在各层中均匀分布，体现出较强的代表性。例如，某地大多数家庭的年收入在 100 000 元以下，少数家庭年收入为 200 000 元以上。如果采用随机抽样，收入在 200 000 元以上的家庭可能得不到充分的体现，而分层抽样可以保证样本中包含一定数量的这类家庭。

在具体操作上，分层抽样可分为等比例分层抽样和非等比例分层抽样。

（1）等比例分层抽样。等比例分层抽样是指按各层单位数占总体单位数的比例分配各层样本量的抽样方法。这种方法的优点是简便易行、分配合理、方便计算、误差较小，适用于个体差异不大的抽样调查。计算各层样本量的公式如下：

$$n_i=n(N_i /N) \tag{4.1}$$

式中：n_i 为第 i 层样本量，n 为要抽取的样本总数，N_i 为第 i 层单位数，N 为总体单位数。

例如，现有居民 20 000 户，从中抽选 200 户家庭进行购买力水平调查。假定高收入层、中收入层和低收入层家庭分别有 4 000 户、12 000 户和 4 000 户，则根据上述公式计算的样本量如表 4-2 所列。

表 4-2 等比例分层抽样例表

收入层次	各层单位数/户	比例/%	样本量/户
高	4 000	20	40
中	12 000	60	120
低	4 000	20	40
合计	20 000	100	200

（2）非等比例分层抽样。非等比例分层抽样不是简单按照各层单位数占总体单位数的比例分配样本量，而是结合各层的变异数大小、抽取样本的工作量和费用多少等因素调整各层的样本单位数的抽样方法。这种方法的优点在于：① 可以保证占总体比例小的层有足够的样本量，以使样本能够比较清楚地反映各层的属性和特征；② 可以保证重要层级的样本量。

非等比例分层抽样可以按照分层标准差的大小，调整各层的样本量。计算各层样本量的公式如下：

$$n_i = n(N_i S_i / \sum N_i S_i) \tag{4.2}$$

式中：n_i 为第 i 层样本量，n 为要抽取的样本总数，N_i 为第 i 层对象数，S_i 为各层样本的标准差。

例如，使用非等比例分层抽样对上例进行调查，假定高收入层、中收入层和低收入层样本的标准差分别为 300 元、200 元和 100 元，则根据样本标准差计算调整的样本量如表 4-3 所列。

表 4-3　非等比例分层抽样例表

收入层次	各层对象数/户	标准差/元	$N_i S_i$	样本量/户
高	4 000	300	1 200 000	60
中	12 000	200	2 400 000	120
低	4 000	100	400 000	20
合计	20 000	—	4 000 000	200

对比两种不同的分层抽样（表 4-3 与表 4-2）可知，使用非等比例分层抽样方法时，高收入层的样本量增加了 20 个，中收入层的样本量仍然为 120 个，而低收入层的样本量减少了 20 个。这是因为高收入层的标准差大（300 元），从中抽取的样本量就要多一些；低收入层的标准差小（100 元），从中抽取的样本量就要少一些。可以看出，采用非等比例分层抽样抽取的样本更具代表性，自然其调查结果的准确度也就更高。

知识拓展

什么是标准差

标准差，又称“均方差”，是指一组数据中，各个数据与平均值之间的差异程度。假设有一组数值 $x_1, x_2, x_3, \cdots\cdots, x_n$（皆为实数），其平均值为 $\bar{x}$。

样本的标准差计算公式如下：

$$S=\sqrt{\frac{\sum_{i=1}^{n}(x_i-\overline{x})^2}{n-1}} \tag{4.3}$$

从上述公式可以看出，标准差的值越大，代表大部分数值与其平均值之间差异越大；标准差的值越小，代表大部分数值越接近平均值。因此，当标准差较大时，适当多抽取一些样本才合理；当标准差较小时，较少的样本即可反映该层的大致情况。

3）系统抽样

系统抽样，又称“等距抽样”，是指将总体中的个体按一定顺序排列，然后随机确定起点，根据固定的抽样距离从总体中抽取一定数量的个体组成样本的抽样方法。抽样距离的计算公式如下：

$$\text{抽样距离}(k)=\text{总体单位数}(N)/\text{样本单位数}(n) \tag{4.4}$$

例如，总体中有 10 000 人，采用系统抽样抽取其中 200 人作为样本进行调查，那么，抽样距离应为 50。假定从 1～50 之间选取的随机数为 09，则样本的号码依次为 09、59、109、159、209……直到抽满 200 个样本为止。

与简单随机抽样相比，系统抽样操作更简单、成本更低且更容易实现。除此之外，它还可以使样本均匀分散在调查总体中，不会集中在某个层次，从而使样本更具代表性。

4）整群抽样

整群抽样是指首先将调查总体划分为若干个群组，然后采用简单随机抽样的方法从中抽取一部分群组作为样本，最后对群组中的所有个体进行全面调查的抽样方法。

选择整群抽样时，要求群组之间的差异要小，群内个体之间的差异要大，这样抽取的样本才具有代表性，由此产生的调查误差也较小。如果不同群组之间的差异较大，而样本单位又集中在某些群内，就会导致抽样误差增大。整群抽样主要适用于两种情况：① 调查人员对总体组成不了解；② 调查人员为了节约时间和金钱将调查范围局限在某一地理区域内。

例如，调查某市大学生消费支出情况，拟抽取 9 000 个样本。假定某市有 15 所高等院校，每所院校大约有 3 000 名学生。实施整群抽样的步骤如下：首先，将全部院校作为抽样对象，从 15 所中随机抽取 3 所，然后对这 3 所院校的所有学生进行调查，这 3 所院校的全部 9 000 名学生即为此次抽样的样本。

2．非随机抽样

非随机抽样，又称“非概率抽样”，是指调查人员根据自己的认识或判断有意识地抽取样本的抽样方法，包括方便抽样、判断抽样、配额抽样和滚雪球抽样。

1）方便抽样

方便抽样是指调查过程中由调查人员依据方便的原则，自行确定抽选样本的的抽样方法。例如，调查者在街头、公园、商店等公共场所进行拦截调查；厂家在出售产品的柜台前对路过顾客进行调查等。通常情况下，调查对象由于碰巧在适当的时间出现在适当的地点而被选中。

方便抽样的优点包括以下三个：① 调查成本低、简便易行；② 抽样的成功率较高，容易得到调查对象的配合；③ 省时省力，能够灵活控制抽样的进度。其缺点在于样本单位的确定具有随意性，样本单位的代表性差、偶然性强，可能导致无法推断总体的情况发生。

2）判断抽样

判断抽样是指调查人员根据自身的经验和对研究对象的了解，有目的地选取调查对象作为样本的一种抽样方法。例如，某市统计局调查居民家庭收支情况，调查人员可以根据自己的经验，选取一些具有代表性的家庭作为样本进行调查。判断抽样广泛应用于商业市场调查中，特别是在样本量小且不易分类时，更具优势。它方便快捷、成本低，只是需要调查人员具有一定的知识、经验和判断能力，但其结果的可靠性不易控制。

在采用判断抽样时，通常可采用以下两种方法选择样本。

（1）选取最能代表普遍情况的调查对象，即选取“多数型”和“平均型”。选取“多数型”是指选取在调查总体中占多数的对象作为样本；选取“平均型”是指选取能够代表平均水平的对象作样本。

（2）选取异乎寻常的个体作为样本。一般情况下，调查造成异常的原因会采用这种方法选取样本。

3）配额抽样

配额抽样是指先将调查对象总体依某种标准分类，然后按一定比例在各类单位中依主观判断抽取样本的抽样方法。配额抽样与分层抽样很相似，两者最大的区别在于分层抽样按随机原则在各层选取样本，配额抽样则是根据调查人员的主观判断在配额内选取样本。

4）滚雪球抽样

滚雪球抽样是指调查人员先随机选取一部分调查对象并实施访问，再请他们提供另外一些属于调查目标总体的调查对象，如此反复进行，从而形成“滚雪球”效应的抽样方法。例如，将调查对象确认为家政服务市场中的月嫂，计划抽取的样本量为 100 名，但由于总体处于不断流动中，难以建立抽样框，调查人员可以先通过各种方法选取 5 名月嫂进行调查，然后请她们提供其他月嫂的姓名及联系方式。

知识拓展

抽样方法的适用标准

选择抽样方法时可参考以下几条标准（如表 4-4 所列）：

（1）探索性调查适合采用非随机抽样，而描述性调查和因果性调查适合采用随机抽样。这是由于探索性调查的结论往往只是初步的，调查人员需要根据调查问题的特征有针对性地选取样本总体；在描述性调查和因果性调查中，调查人员需要利用抽样结果推断总体。

（2）当非抽样误差是影响调查准确度的重要因素时，非随机抽样可能更适用，这是因为调查人员的主观判断可能会更好地控制抽样过程。

（3）当个体之间差异较小时，非随机抽样更适用。反之，随机抽样更适用。

（4）当需要对调查的数据进行统计分析时，随机抽样可能更适用，这是由于随机抽样更能客观地反映调查问题。

上述标准可总结为表 4-4。

表 4-4　选择抽样方法的标准

	随机抽样	非随机抽样
调查性质	描述性调查和因果性调查	探索性调查
主要误差	抽样误差	非抽样误差
总体特点	差异性大	差异性小
统计分析	适用	不适用

3. 熟悉抽样方式

抽样方式决定如何从总体中抽取样本，包括重复抽样和不重复抽样两种。

1）重复抽样

重复抽样又称回置抽样，是指从总体的 N 个单位中，随机抽取容量为 n 的样本时，每抽取样本单位后再放回，重新抽样，直到抽够为止。

也就是说，重复抽样的样本是由 n 次相互独立的连续试验所组成的，每次试验是在完全相同的条件下进行的。每个单位中选或不中选的机会在每次都完全一样，且某一单位可能被重复抽中。

2）不重复抽样

不重复抽样也称为不回置抽样，是指从 N 个单位中随机抽取容量为 n 的样本时，每抽取一个样本单位后，不再放回，下一次从剩下的总体单位中继续抽取，直到抽够为止。

不重复抽样有以下这些特点：① 样本由 n 次连续抽选的结果组成，实质上等于一次同时从总体中抽 n 个单位组成抽样样本；② 连续 n 次抽选的结果不是相互独立的，每一次抽选的结果都会影响下一次抽样，每抽一次总体的单位数就少一个，因此，每个单位的中选或不中选机会在各次是不同的。

4.2.3 抽样误差的计算

抽样误差

1. 抽样误差的概念

抽样误差是指由于随机抽样中的偶然因素使样本不足以代表总体所引起的误差，它是所有抽样调查固有的误差。影响抽样误差的因素主要包括以下三个：

（1）样本量。当样本量增加时，抽样误差会减小；当样本足够大时，抽样误差的影响可以忽略。

（2）个体特征的差异程度。个体特征的差异越大，抽样误差越大。

（3）抽样方法。抽样方法不同，抽样误差也不相同。一般来说，重复抽样误差大于不重复抽样误差。

知识拓展

非抽样误差

非抽样误差是指除抽样误差以外所有误差的总和，它贯穿于市场调查的每一个环节，主要包括设计误差、调查人员误差、现场应答者误差和数据处理误差。

（1）设计误差包括总体定义误差、抽样框误差、调查方法误差等。

（2）调查人员误差包括现场选样误差、提问误差和记录误差等。

（3）现场应答者误差包括误解误差、无能力回答误差、不愿意回答误差和无回答误差。

（4）数据处理误差包括数据编码误差、录入误差、审核误差及插补误差等。

2. 抽样误差的意义

在对某一总体进行抽样调查时，在总体中可以抽取一个样本进行综合观察，也可以连续抽取几个乃至一系列的样本进行综合观察，每个样本都可以计算出相应的抽样指标。由于每一个样本所包含的具体样本单位不同，它们的综合指标也是各不相同的，因而它们与全部综合指标之间的差数也是各不相同的。所以，这些抽样误差也是一个随机变量。

抽样误差能够反映抽样指标对总体参数的代表程度，而就抽样调查整体来说，可以有许多个样本和许多个抽样误差，我们可否任取某一次抽样所得的抽样误差作为衡量抽样指标对于总体参数的代表程度呢？这显然是不恰当的。某一次抽样结果的抽样误差只是一系列抽样结果可能出现的误差数值之一，它不能概括一系列抽样可能产生的所有抽样误差。

平均指标对总体参数的代表程度用各单位的标志值对平均指标离差平方的平均数方根——标准差来衡量。它概括了所有单位标志值与平均指标离差的所有结果。那么，测定抽样指标的代表程度的抽样误差，也可以用同样的原理求得。把各个可能的抽样指标存在的抽样误差的所有结果都考虑进去，用平方平均数的方法便可求得标准差，即抽样平均误差。也就是说，抽样平均误差是一系列抽样指标（平均指标或成数）的标准差。

在进行抽样调查时，所得的抽样指标都与总体参数之间存在差异，即抽样指标可能比总体参数大一些，也可能小一些，但用抽样平均误差来表示的抽样误差，它概括地反映了这些所有可能的结果，也就是平均来说会有这么大的误差。因此，抽样平均误差既是可以实际用于衡量抽样指标对于总体参数得代表程度的尺度，也是计算抽样指标与总体参数之间变异范围的根据，同时，在组织抽样调查中，它也是确定抽样单位数多少的计算依据之一。总之，抽样平均误差具有很重要的意义。

3．计算抽样误差

对于随机抽样调查，抽样误差是无法避免的，但其误差值是可以通过计算确定的。抽样误差可以用样本指标值与被推断的总体指标值之差来估算，即样本平均数与总体平均数之差$|\bar{x}-\bar{X}|$或样本成数与总体成数之差$|p-P|$。所谓成数是指总体（或样本）中具有某种属性的对象与全部对象总数之比，如合格产品占全部产品得 60%，这个百分数就是成数。

1）样本平均数的抽样平均误差

以μ_x表示样本平均数的平均误差，σ表示总体的标准差，M表示样本个数。根据定义可得：

$$\mu_x^2=\frac{\sum(\bar{x}-\bar{X})^2}{M} \tag{4.5}$$

现在分别考虑重复抽样和不重复抽样两种情况。

（1）重复抽样样本平均数的抽样平均误差

在重复抽样的情况下，样本变量 x_1，x_2，x_3，…，x_n 是相互独立的，样本变量 x 与总体变量 X 同分布，所以有：

$$\mu_x^2=\frac{\sigma^2}{n}, \quad \mu_x=\frac{\sigma}{\sqrt{n}} \tag{4.6}$$

上式表明在重复抽样的情况下，抽样平均误差与总体标准差成正比，与样本容量的平方根成反比。

（2）不重复抽样样本平均数的抽样平均误差

在不重复抽样的情况下，样本标志值x_1，x_2，x_3，…，x_n不是相互独立的。此时μ_x可按下列公式进行计算：

$$\mu_x=\sqrt{\frac{\sigma^2}{n}\left(\frac{N-n}{N-1}\right)} \tag{4.7}$$

在总体单位数 N 很大的情况下，可以近似地表示为：

$$\mu_x=\sqrt{\frac{\sigma^2}{n}(1-\frac{n}{N})} \tag{4.8}$$

从上述公式可以看出，不重复抽样平均方差等于重复抽样平均方差乘以校正因子 $(1-\frac{n}{N})$，而 $\sqrt{1-\frac{n}{N}}$ 一定是大于 0 而小于 1 的正数，故同一种情况不重复抽样平均误差的数值一定小于重复抽样的抽样平均误差。在一般情况下，总体单位数 N 很大，抽样比例 $\frac{n}{N}$ 很小，则 $\sqrt{1-\frac{n}{N}}$ 接近于 1，因此，$\mu_x=\sqrt{\frac{\sigma^2}{n}(1-\frac{n}{N})}$ 与 $\mu_x=\sqrt{\frac{\sigma^2}{n}}$ 的数值是接近的。

在实际工作中，在没有掌握总体单位数的情况下或者总体单位数 N 很大时，一般均用重复抽样平均误差公式来计算不重复抽样的平均误差。

【例 4-1】 有 5 个工人的日产零件数（单位：件）分别为 6，8，10，12，14，用重复抽样的方法，从中随机抽取 2 个工人的产量，用以代表这 5 个工人的总体水平。求重复抽样的抽样平均误差和不重复抽样的抽样平均误差。

【解】 $\bar{X}=\frac{6+8+10+12+14}{5}=10$ 件

总体标准差 $\sigma=\sqrt{\frac{\sum(X_i-\bar{X})^2}{N}}=\sqrt{\frac{40}{5}}=\sqrt{8}$ 件

抽样平均误差 $\mu_x=\frac{\sigma}{\sqrt{n}}=\frac{\sqrt{8}}{\sqrt{2}}=2$ 件

若改用不重复抽样方法，则抽样平均误差为：

$$\mu_x=\sqrt{\frac{\sigma^2}{n}(\frac{N-n}{N-1})}=\sqrt{\frac{8}{2}(\frac{5-2}{5-1})}=1.732 \text{ 件}$$

在计算抽样平均误差时，通常得不到总体标准差的数值，此时一般用样本标准差 S 来代替总体标准差 σ 。

2）抽样成数的抽样平均误差

在掌握抽样平均数的平均误差公式的基础上，再来探求抽样成数的平均误差公式是比较简便的。只需将全部成数的标准差平方代替公式中的全部平均数的标准差的平方，就可以得到抽样成数的平均误差公式。

因为成数方差 $\sigma_p=\sqrt{P(1-P)}$ ，所以：

（1）在重复抽样的情况下：

$$\mu_p=\frac{\sigma_{\mathrm{p}}}{\sqrt{n}}=\sqrt{\frac{P(1-P)}{n}} \tag{4.9}$$

（2）在不重复抽样的情况下：

$$\mu_p=\sqrt{\frac{\sigma_{\mathrm{p}}^2}{n}(\frac{N-n}{N-1})}=\sqrt{\frac{P(1-P)}{n}(\frac{N-n}{N-1})} \tag{4.10}$$

当总体单位数 N 很大时，可近似地写成：

$$\mu_p=\sqrt{\frac{P(1-P)}{n}(1-\frac{n}{N})} \tag{4.11}$$

当总体成数未知时，可以用样本成数来代替总体成数。

【例 4-2】 某灯泡厂对 10 000 个产品进行使用寿命检验，随机抽取 2%样本进行测试，抽样数量如表 4-5 所列。测试表明电灯泡平均使用时间为 1 057 小时，电灯泡平均使用时间标准差 S_x 为 53.76 小时。

表 4-5 抽样产品数量表

使用时间/小时	抽样灯泡数/个	使用时间/小时	抽样灯泡数/个
900 以下	2	1 050～1 100	84
900～950	4	1 100～1 150	18
950～1 000	11	1 150～1 200	7
1 000～1 050	71	1 200 以上	3

【解】 按照质量规定，电灯泡使用寿命在 1 000 小时以上者为合格品，可按以上资料计算抽样平均误差。

电灯泡合格率 $P=\frac{71+84+18+7+3}{200}=91.5\%$。

灯泡使用时间抽样平均误差（σ 用 S_x 代替）：

重复抽样：$\mu_{\bar{x}}=\sqrt{S_x^2/n}=\sqrt{53.76^2/200}=3.801\,40$ 小时

不重复抽样：$\mu_{\bar{x}}=\sqrt{\frac{S_x^2}{n}(1-\frac{n}{N})}=\sqrt{\frac{53.76^2}{200}(1-\frac{200}{10\,000})}=3.763\,2$ 小时

灯泡合格率的抽样平均误差：

重复抽样：$\mu_p = \frac{\sigma_p}{\sqrt{n}} = \sqrt{\frac{P(1-P)}{n}} = \sqrt{\frac{0.915(1-0.915)}{200}} = 0.019\ 72 = 1.972\%$

不重复抽样：$\mu_p = \sqrt{\frac{P(1-P)}{n}(1-\frac{n}{N})} = \sqrt{\frac{0.915 \times 0.081\ 5}{200}(1-\frac{200}{10\ 000})} = 1.952\%$

4.2.4 样本量的确定

科学地确定合适的样本量是抽样调查中非常重要的一个环节。样本量过大，会造成人力、物力和财力的浪费；样本量过小，则样本对总体缺乏足够的代表性，会造成抽样误差增大，影响抽样推断的可靠程度。

1．影响样本量的定性因素

一般情况下，影响样本量的定性因素主要包括以下几个：

（1）决策的重要程度。一般来说，决策越重要，需要的信息资料就越多，样本量也就越大。

（2）调查的性质。不同性质的调查，所需的样本量也不同。对于探索性调查，数量较少的样本即可满足调查要求；而描述性调查和因果性调查要求的样本量通常较大。

（3）变量数。如果需要调查的变量较多，要求的样本量通常较大。

（4）数据分析的性质。如果需要对数据进行详细分析，要求的样本量通常较大。

（5）资源约束。确定样本量时，应当考虑到人力、物力和财力等资源约束。

上述定性因素只能从原则上确定样本量的规模，确定具体的样本量还需从统计学的角度考虑。

2．利用统计方法计算样本量

利用统计方法计算样本量主要适用于随机抽样，非随机抽样的样本量主要是根据主观判断来确定。

传统的统计理论给出了在简单随机抽样条件下样本量的确定方法。其他复杂抽样的样本量在简单随机抽样的样本量基础上进行修正。本书主要介绍在简单随机抽样条件下样本量的计算方法。

1）测定的指标是平均数时

当测定的指标是平均数时，确定样本量的步骤如下：

（1）指定置信度。置信度是指可靠程度或可信赖程度，与抽样风险互补。即抽样风险+置信度=1，如抽样风险为 10%，置信度为 90%。

（2）确定与置信度相对应的系数 t，通常可以通过查正态分布表获得。常用的置信度有 90%、95%和 99%等，其对应的系数为 1.65、1.96 和 2.58。

（3）指定允许误差的大小。允许误差，又称“最大可能误差”，是指抽样误差的范围。其计算公式如下：

$$\Delta = t \times \mu \tag{4.12}$$

式中：Δ 为允许误差；t 为置信度系数，μ 为抽样误差。

（4）确定总体的标准差。总体的标准差即总体中各对象之间的差异程度，用 σ 来表示。

（5）用 $\Delta = t \times \mu$ 和抽样误差 $\mu = \sqrt{\frac{\sigma^2}{n}}$ 可推导出重复抽样的样本量，计算公式如下：

$$n = \frac{\sigma^2 t^2}{\Delta^2} \tag{4.13}$$

同样，用 $\Delta = t \times \mu$ 和抽样误差 $\mu = \sqrt{\frac{\sigma^2}{n}(1 - \frac{n}{N})}$ 可推导出不重复抽样的样本量，计算公式如下：

$$n = \frac{Nt^2\sigma^2}{N\Delta^2 + t^2\sigma^2} \tag{4.14}$$

【例 4-3】 某食品厂要检验本月生产的 10 000 袋某产品的重量，根据以往的资料，这种产品每袋重量的标准差为 25 克。如果要求在 95.45%的置信度下，平均每袋重量的误差不超过 5 克，应抽查多少袋产品？

【解】 由题意可知，$N = 10\,000$，$\sigma = 25$ 克，$\Delta_x = 5$ 克，根据置信度 $1 - \alpha = 95.45\%$，有 $t = 2$。

在重复抽样的条件下：$n = \frac{t^2\sigma^2}{\Delta_x^2} = \frac{2^2 \times 25^2}{5^2} = 100$ 袋

在不重复抽样的条件下：$n = \frac{Nt^2\sigma^2}{N\Delta_x^2 + t^2\sigma^2} = \frac{10\,000 \times 2^2 \times 25^2}{10\,000 \times 5^2 + 2^2 \times 25^2} = 99$ 袋

由上述计算结果可知：在其他条件相同的情况下，重复抽样所需的样本容量大于不重复抽样所需要的样本容量。

上述计算样本容量的方法中，必须已知总体标准差 σ，而在实际抽样调查前，往往总

体标准差是未知的。这时可以参考过去的资料，若过去曾有若干个标准差，则应该选择最大的，以保证抽样估计的精确度；也可以先进行一次小规模的调查，用调查所得的样本标准差来代替总体标准差。

2）测定的指标是成数时

当测定的指标是成数时，确定样本量的步骤与确定平均数样本量类似，即：

（1）指定置信度。

（2）确定与置信度相对应的系数 t。

（3）指定允许误差 Δ 的大小。

（4）估计总体成数即总体比例 p。

（5）用公式 $\Delta = t \times \mu$ 和抽样误差 $\mu = \sqrt{\frac{p(1-p)}{n}}$ 可推导出重复抽样的样本量，计算公式如下：

$$n = \frac{t^2 p(1-p)}{\Delta^2} \tag{4.15}$$

同样，用 $\Delta = t \times \mu$ 和抽样误差 $\mu = \sqrt{\frac{p(1-p)}{n}(1-\frac{n}{N})}$ 可推导出不重复抽样的样本量，计算公式如下：

$$n = \frac{Nt^2 p(1-p)}{N\Delta^2 + t^2 p(1-p)} \tag{4.16}$$

【例 4-4】 为了检测某企业生产的 10 000 台显示器的合格率，需要确定样本的容量。过去检测的合格率为 90%和 91.7%。如果要求估计的允许误差不超过 2.75%，置信水平为 95.45%。应该选取多少台显示器作为样本？

【解】 由题意可知，此处应取 P=0.9，N=10 000，Δ_p=0.027 5，根据置信度 1-α=95.45%，有 t=2，所以在重复抽样的条件下：

$$n = \frac{t^2 P(1-P)}{\Delta_p^2} = \frac{2^2 \times 0.9(1-0.9)}{0.027\,5^2} = 476.03 \approx 477 \text{ 台}$$

在不重复抽样的条件下：

$$n = \frac{Nt^2 P(1-P)}{N\Delta_p^2 + t^2 P(1-P)} = \frac{10\,000 \times 2^2 \times 0.9(1-0.9)}{10\,000 \times 0.027\,5^2 + 2^2 \times 0.9(1-0.9)} = 454.40 \approx 455 \text{ 台}$$

由上述计算结果可知：如果采用重复抽样的方式应该抽 477 台进行检验，采用不重复抽样的方式应该抽 454 台进行检验。可见，在相同的条件下，重复抽样需要的样本容量较大。

3. 其他限制性因素对样本量的影响

在运用统计方法计算了样本量之后，还需要进一步调整，以保证样本量与时间、预算经费等相匹配。如果计算出来的样本量大于现有经费所能支持的样本量，或者调查时间不充裕，无法全部调查计算出的样本量，就得削减样本量，降低对精确度的要求。

除此之外，其他一些因素也会对样本量产生影响，如数据收集的方法，有无合适的现场调查人员、数据编码人员和审核人员等。因而最终样本量的确定需要在精确度、费用、时限和操作的可行性等相互冲突的限制条件之间进行协调，并做出必要的调整。

实地调查　调查大一新生平板电脑使用情况

任务概述

本校需要了解大一新生使用平板电脑的情况，请选择一种抽样调查的方式实施调查活动。

任务分组

全班学生以 3～5 人为一组进行分组，各组选出组长并进行任务分工，将小组成员及分工情况填入表 4-6 中。

表 4-6　小组成员及分工情况

<table>
<tr><td>班级</td><td></td><td>组号</td><td></td><td>指导教师</td><td></td></tr>
<tr><td>小组成员</td><td>姓名</td><td>学号</td><td colspan="3">任务分工</td></tr>
<tr><td>组长</td><td></td><td></td><td colspan="3"></td></tr>
<tr><td rowspan="6">组员</td><td></td><td></td><td colspan="3"></td></tr>
<tr><td></td><td></td><td colspan="3"></td></tr>
<tr><td></td><td></td><td colspan="3"></td></tr>
<tr><td></td><td></td><td colspan="3"></td></tr>
<tr><td></td><td></td><td colspan="3"></td></tr>
<tr><td></td><td></td><td colspan="3"></td></tr>
</table>

任务准备

（1）对平板电脑市场有一定的了解。

（2）有一定的市场营销知识。

（3）了解本校学生情况。

工作计划

小组商议，制订出具体的工作计划，填入表 4-7 中。

表 4-7　工作计划

步骤	工作内容	时间安排	负责人
1			
2			
3			
4			
5			

任务实施

按照工作计划，开展对本校大一学生使用平板电脑情况的调查。将具体的实施情况记录在表 4-8 中。

表 4-8　实施步骤

时间安排	实施步骤
	1．选择一种抽样调查的方式：________
	2．合理界定总体、样本框 总体：________ 样本框：________
	3．选择恰当的抽样方法：________
	4．运用统计方法计算样本量，并考虑影响样本量的定性因素 （1）样本量的计算： （2）影响样本量的定性因素： ________ ________

（续表）

时间安排	实施步骤
	5．执行抽样调查。写出调查中遇到的问题及解决方法 （1）________ （2）________ （3）________ （4）________ （5）________ （6）________
	6．计算抽样误差
	7．小组讨论，对调查结果进行汇总、整理
	8．撰写调查报告

评价反馈

各组提交调查报告，并配合指导老师完成如表 4-9 所示的考核评价表。

表 4-9　考核评价表

项目名称	评价内容	分值	评价分数		
			自评	互评	师评
素养评价 20%	仪容仪表得体	6 分			
	具备团队精神，能够积极与他人合作	6 分			
	积极、认真参加实践任务	8 分			
技能评价 40%	能选择较为合适的调查方式和抽样方法	10 分			
	能够全面、细致地制订调查方案，并实施调查	20 分			
	能准确计算抽样误差	10 分			
成果评价 40%	能较为准确地估算大一新生平板电脑的使用情况	10 分			
	调查报告逻辑清晰、言之有物	30 分			
合计		100 分			
总评	自评（20%）+互评（20%）+师评（60%）=	综合等级：___	教师（签名）：		

自我检测

1. 单选题

（1）采用纯粹偶然的方法从总体中选取样本的抽样方法是（　　）。

A．简单随机抽样　　B．分层随机抽样

C．系统抽样　　D．任意抽样

（2）可以获得全面、系统的信息资料的调查方式是（　　）。

A．普查　　B．抽样调查

C．重点调查　　D．典型调查

（3）某市有书店 500 家，其中大型书店 50 家，中型书店 150 家，小型书店 300 家。为了调查该市图书销售情况，拟采用等比例分层抽样抽取 30 家书店进行调查。那么，应从大型书店中抽取（　　）家书店进行调查。

A．3　　B．9

C．10　　D．18

（4）调查某市居民收入状况，先按职业把居民分为工人、干部等若干组，然后再在各组中运用单纯随机抽样抽取预定数目的样本进行调查的抽样方法是（　　）。

A．单纯抽样　　B．分群抽样

C．分层抽样　　D．配额抽样

2. 简答题

（1）简述抽样调查的优缺点。

（2）简述抽样调查的步骤。

（3）如何运用简单随机抽样方法？

（4）什么是抽样误差？影响抽样误差的因素有哪些？

3. 案例分析题

错误的抽样

市场营销老师要求某班学生对某女士化妆品的使用反馈进行市场调查。该班学生反馈的市场调查情况如下：

（1）我们在本周六对万博购物中心的消费者进行了随机抽样。

（2）为了收集年轻群体的观点，我们对本校的 23 名志愿者进行了访问（其中男性 10 名，女性 13 名）。

（3）我们在该化妆品专柜对 10 名消费者进行了调查，询问了 35 岁以下的女性和

35 岁以上的女性各 5 名，调查结果显示 35 岁以下的女性更喜欢该产品，因此我们得出的结论是该化妆品更受年轻女性的喜爱。

（4）我们直接从该品牌的 2 000 名会员中抽取 50 名会员，对其消费记录进行了调查，其中 30 名会员在最近一年内仅有一笔消费。因此，我们认为该化妆品的销量不佳。

【问题】

你认为上述市场调查在抽样中存在哪些错误？应该如何改正？

4. 计算题

新光节能灯具厂生产节能灯 40 000 只，现随机抽取 100 只进行检验，有 2 只不合格。根据长期小规模实验观察，已知其平均耐用时数为 2 000 小时，平均耐用时数的标准差为 16 小时。试根据重复抽样和不重复抽样的方法，分别计算其灯具平均耐用时数和合格品率的抽样平均误差。

为应对人口老龄化提供数据支撑
——中国城乡老年人生活状况抽样调查启动入户调查

为给应对人口老龄化提供数据支撑，由国家卫生健康委（全国老龄办）、民政部、财政部、中国老龄协会和中国计划生育协会共同组织开展了第五次中国城乡老年人生活状况抽样调查，并于 2021 年 8 月开展了入户调查工作。

入户调查工作将持续一个月，随后会开展数据清理、审查和校验等相关工作，并于 2021 年底对外发布主要数据公报。此次抽样调查的调查对象为居住在中华人民共和国境内（不包括港澳台地区）的 60 周岁及以上的中国公民。调查内容主要包括老年人口基本情况、家庭状况、健康状况、照料护理服务状况、经济状况、宜居环境状况、社会参与状况、维权意识与行动状况、精神文化生活状况等。

此次抽样调查的调查范围为全国 31 个省、自治区、直辖市和新疆生产建设兵团，涉及 315 个县（市、区），3 320 个乡镇（街道），6 300 个村（居）委会；涉及新疆生产建设兵团 5 个师，40 个团场。调查样本规模为 12.76 万，抽样比约为 0.5‰。

与前四次抽样调查相比，第五次抽样调查内容更加丰富，调查问卷题目不仅涵盖了养、医、住、行、用、娱等九大方面，还同步聚焦家庭扶养负担、老年数字鸿沟、后疫情时代养老等社会热点问题，增强了调查数据的现实意义和参考价值。

同时，此次抽样调查首次全面采用电子化问卷高效采集数据，依靠调查软件实现了在线培训、测试评估和督导，有效控制数据安全和质量；后期还将通过数据共享云服务平台提供数据咨询、开发与共享等服务。

第七次全国人口普查数据显示，我国 60 岁及以上人口已达 2.64 亿，占总人口的 18.70%，人口老龄化程度进一步加深。自我国进入老龄社会以来，有关部门已组织完成四次“中国城乡老年人生活状况抽样调查”，持续为统筹制定应对人口老龄化的政策提供科学数据支撑。这一抽样调查也逐步发展成为我国规模最大、影响力最广的老年民生国情调查。

资料来源：http://society.people.com.cn/n1/2021/0730/c1008-32176571.html.

项目 5

选择市场调查方法

项目导读

XIANGMU DAODU

俗话说，“工欲善其事，必先利其器”，想要做好市场调查，科学的方法非常重要。调查人员若能选择恰当的调查方法进行调查，将会取得事半功倍的效果。本项目主要介绍市场调查的方法，包括文案调查、实地调查和网络调查。

任务清单

RENWU QINGDAN

完成一项学习任务后，请在对应的方框中打钩。

知识目标	□	了解文案资料的来源
	□	了解各种调查方法的优缺点
	□	理解文案调查的作用
	□	熟悉各种调查方法的步骤
实训目标	□	能选择较为合适的市场调查方法开展调查
	□	对 2020 年我国留学生回国就业情况有较为深入的了解
	□	能为“海归留学生”就业指导课程的开设提出建设性意见
技能目标	□	能够根据具体情况选择正确的调查方法
	□	能熟练应用各种调查方法
素质目标	□	培养协作意识，能够合力完成市场调查
	□	重视技术的力量，领会网络调查的优点

案例导入

ANLI DAORU

疫情过后的消费反弹

始料未及的疫情拉开了 2020 年的序幕——新冠肺炎疫情的爆发，使中国人度过了一个难忘的春节。在春节结束后，经历了超长假期与隔离模式的中国消费者会以怎样的态度迎接新的生活呢？哪些方面的消费会逐步回暖，又有哪些将继续处在“冰河期”？是否有新的行业机会正在“萌芽”？上述问题的答案应该如何获得呢？

某咨询公司通过在线调查访问了 1 000 位消费者，从疫情防控期间、疫情结束后短期内和疫情结束后长期内 3 个阶段及重点关注的 12 个行业（医疗保健、保险、教育文化、日常食品/烟酒、数码产品、健身运动、美妆护肤、服饰鞋包、电影娱乐、交通出行、旅游和外出就餐）出发来研究疫情的影响，主要得到如下结论。

疫情防控期间影响

由于消费者出行受限，本次调查的 12 个重点行业均受到负面影响，其中医疗保健、保险、教育文化、日常食品/烟酒等行业受影响相对较小，而外出就餐、旅游、交通出行等行业遭遇重创。

疫情结束后影响（预计）

（1）疫情过后“忧收入”，该买还是不买？短期来看，疫情未造成大面积失业的情况，但近 60%的消费者担忧今年家庭年收入会减少。由于收入的“不安全感”使消费者的消费习惯发生变化，46%的消费者表示会正常消费；34%的消费者表示会减少消费；20%的消费者表示会增加消费。

（2）旅游、健身运动、外出就餐、电影娱乐等行业或出现短期“报复性”消费现象。随着生活限制逐渐解除，商场店面恢复营业，部分“宅”在家中一个月的消费者，早已按捺不住消费热情，开始蠢蠢欲动。“杭州购物城 5 小时销售额突破 1 100 万元”“广州餐饮店大排长龙”等新闻不绝于耳。

（3）约 20%的消费者第一次尝试室内运动、线上教育，以及用 APP 买菜、学做菜。疫情将大家的身体“困”在了家中，却“困”不住热爱生活的灵魂。疫情防控期间“凉皮大师”“抢菜高手”被迫营业，不少消费者开启了新的居家生活消费。

（资料来源：http://report.iresearch.cn/content/2020/03/317080.shtml）

思考：

（1）该咨询公司是如何收获上述信息资料的？其预测是否准确？

（2）若由你来开展这项调查，你会使用哪些方法？

知识课堂

ZHISHI KETANG

问题导入

（1）在前面的实践活动中你是否运用过文案调查、实地调查和网络调查的方法？是如何应用的？

（2）文案调查、实地调查和网络调查各有何优缺点？

（3）你有哪些疑问希望通过本项目的学习得到解决？

知识链接

5.1 掌握文案调查

文案调查法又称资料查阅寻找法、间接调查法、资料分析法或室内研究法，它是企业围绕特定的调查目的，搜集、整理、分析、研究公开发表的各种文献、资料、信息的一种调查方法。

5.1.1 文案调查的作用

1. 为企业制订营销决策提供依据

企业在做出决策前，可以通过文案调查收集诸如人口、消费结构、居民收入、习俗文化、经济政策等方面的资料，这些资料反映了企业所处的环境、服务对象的基本情况等，能为企业制定决策指明正确的方向，提供可靠的依据。

2. 可用于研究某种现象发生的原因

在导致某种现象发生的原因尚不明确的情况下，调查人员可以利用文案调查初步推断原因。例如，某企业出现不明原因的销售额下降，调查人员通过调查该企业的销售资料及其所属行业的相关资料，发现市场上其他企业的同类产品降价 20%，因此，推断该企业产品的定价偏高可能是导致企业销售额下降的原因。

3. 为实地调查创造条件

首先，调查人员通过文案调查可以获取大部分所需资料，从而减少了实地调查的工作量；其次，文案调查可以初步提供调查对象的性质、范围等特征，方便调查人员进一步确定实地调查对象，提高实地调查的效率。

案例阅读

市场调查成就“康师傅”

20 世纪 90 年代初，我国有 400 多条方便面生产线，企业之间的竞争十分激烈，当时的“康师傅”也只是我国台湾地区一家很不起眼的小企业。然而，“康师傅”通过对我国公开媒体上的广告进行调查发现，方便面市场存在一个“需求空档”——大多数厂家生产的是低档方便面，但随着经济的发展和人民生活水平的提高，越来越多的消费者开始注重方便面的口感和营养价值，市场对中高档方便面的需求越来越大。同时，“康师傅”还发现现有市场上售卖的方便面并未能达到真正的方便。

基于这次调查，“康师傅”决定改善方便面的调料配方，并设计桶装包装，以此为拳头产品打入方便面市场，这一决策使“康师傅”迅速发展起来。

资料来源：刘仁杰．“康师傅”带来的启示［J］．特区与港澳经济，1996，Z1：59-6

5.1.2 文案调查的优缺点

1. 文案调查的优点

1）信息获取成本低廉

很多文案资料可以直接通过网络、图书馆、企业、研究机构和政府相关部门获取，而无须再进行实地调查，能够节约信息获取的成本。

2）不受时空限制

从时间上看，文案调查不仅可以掌握现时资料，还可以获得实地调查无法取得的历史资料；从空间上看，文案调查既可以收集企业的内部资料，也可以收集一个国家的经济、文化等资料。

3）具有较强的灵活性

文案调查获取信息资料的途径灵活多样，特别是从不同途径获取的资料可以相互印证。此外，当需要对实地调查获取的一手资料进行评价时，还可以利用文案调查的灵活性，将获取的二手资料与一手资料进行对比和检验。

2. 文案调查的缺点

1）收集的资料与调查问题不一定能完全吻合

采用文案调查收集的资料有时很难与调查问题完全一致。例如，在查找去年国产电冰箱的销售数据时，却只能找到某家电冰箱企业五年前的销售数据。

2）资料存在一定的滞后性

最新的调查资料往往源于企业或属于国家机密，文案调查通常难以及时获得，从而导致文案调查获取的资料存在一定的时间滞后性。

3）需要专业性强的调查人员收集资料

一般情况下，调查资料以不同的形式分散呈现，这要求调查人员具有很强的信息收集、辨别和分析能力，具备广泛和深厚的专业理论知识。

根据文案调查的优缺点，试想该方法的适用情况有哪些。

5.1.3 文案调查的搜集渠道

调查过程中收集的资料可分为一手资料和二手资料。一手资料是指直接向调查单位收集的未经加工、整理的资料，主要包括调查资料和实验资料。其中，调查资料是通过统计调查方法获得的资料，通常是针对社会现象而言的，一般取自有限总体；实验资料是通过实验方法获得的资料，通常是对自然现象而言的，也被广泛运用于社会科学领域中。

二手资料是指根据研究目的，收集经初步加工和整理过的、能够在一定程度上说明总体现象的资料。文案调查所搜集的资料为二手资料。

1. 企业内部资料

企业内部资料是指企业在经营活动中产生的各种形式的记录，包括业务资料、统计资料、会计资料、生产技术资料和企业积累的其他资料。

（1）业务资料是指与企业经营活动相关的各种资料，如订货单、进货单、发货单、合同文本、发票、销售记录等。

（2）统计资料主要包括各类统计报表和统计分析资料等。

（3）会计资料是指反映企业财务状况、经营成果、现金流量等情况的资料，主要包括企业财会部门提供的各种财务资料、会计核算和分析资料等。

（4）生产技术资料主要包括技术文件资料、设备情况及设备维修资料、产品检验报告、实验数据、新产品的开发与市场潜力报告等。

（5）企业积累的其他资料主要包括日常报告、工作总结、会议记录、顾客建议与意见、营销活动的照片与录像等。

收集和分析企业内部资料可以帮助企业或调查人员发现企业尚待解决的决策问题，或者预测企业未来的发展方向。例如，调查人员分析某餐厅过去 3 年的销售数据后发现：高卡路里食物的销售额在逐年下降，而低卡路里食物的销售额在逐年上升。该调查结果表明，消费者的饮食习惯很可能在发生变化，餐厅供应的产品种类应相应调整。

2. 企业外部资料

企业外部资料是指由企业以外的机构记录或收集的资料，其主要来源于以下几种途径。

1）互联网

目前，互联网已成为文案调查中重要的外部信息来源。通过网络，企业或调查人员足不出户就可以快速搜集世界各地各方面的资料。与其他信息来源相比，互联网具有快捷、方便、经济等特点。例如，调查人员可以直接利用搜索引擎查找有关资料，如图 5-1 所示；又如，调查人员可以使用专业数据库（见图 5-2），搜索网站发布的数据。

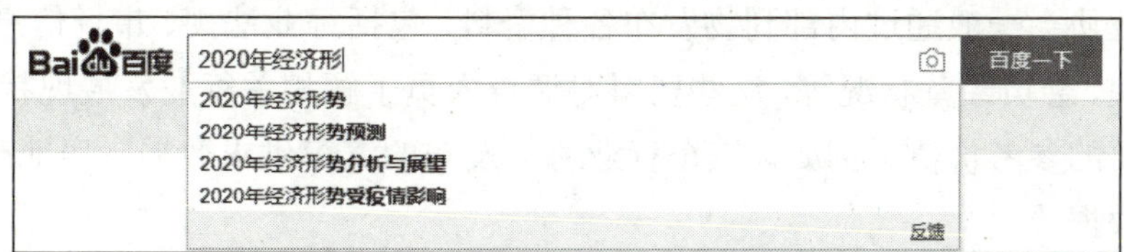

图 5-1 利用搜索引擎查找资料

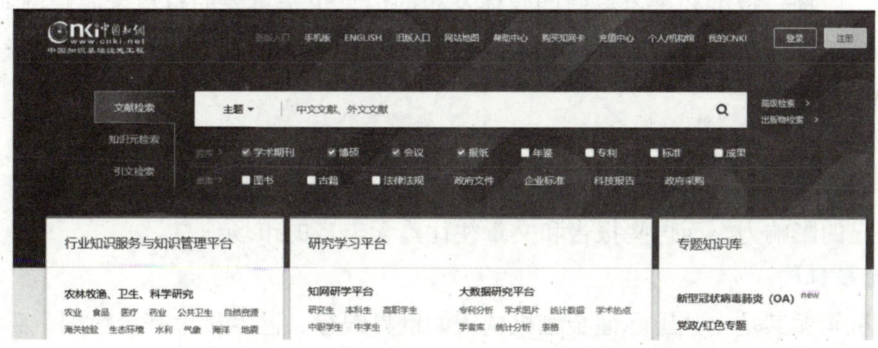

图 5-2 专业数据库——中国知网首页

2）图书馆

图书馆是各种文献资料汇集的地方，所拥有的资料一般广泛且全面。除了前往当地图书馆查阅资料外，还可以通过数字图书馆（见图 5-3），方便快捷地查询到所需要的信息。

图 5-3　中国国家图书馆官网

3）政府机构

政府机构主管的各种统计调查部门，会发布大量的数据资料。这些数据资料大部分具有较强的权威性，涵盖面广泛，便于宏观信息的收集，是非常重要的市场调查资料。例如，相关政府部门颁布的人口普查数据、经济普查数据、第三产业普查数据等。

4）行业协会和联合会

各种行业协会一般通过内部刊物发布各种资料，包括行业法规、市场信息、经验总结、统计资料汇编、会员经营状况等，这些资料对调查人员了解相关行业发展现状和发展趋势，具有十分重要的参考价值。例如，汽车行业协会发布的汽车供求数据、房地产协会发布的房地产供求数据等。

5）新闻媒体

电视、广播、报纸和杂志等新闻媒体发布的信息也是重要的资料来源。例如，《经济日报》《信息时报》《中国商报》等报纸，经常刊载一些市场调查报告，以及一些产品的市场供求分析文章等。

6）研究机构和调查公司

很多研究机构和市场调查咨询公司经常发表一些相关市场调查报告和专题评论文章，以扩大自己的影响力，而这些报告和文章往往蕴含丰富的市场信息。

7）金融机构

金融机构尤其是一些国际性金融机构，如世界银行、世界货币基金组织、亚洲开发银行等，都会定期或不定期地发布有关预测世界经济趋势及前景、重要产业发展及外贸发展等方面的金融信息。

8）各类国际组织或会议

国内外各种国际组织、博览会、展销会、交易会、订货会，以及各种学术性经验交流会都会在会议现场发放大量的文件和材料，为调查人员了解国内外市场情况提供资料来源。例如，有关与会企业的产品目录、价格单、经销商名单、年度报告等，会提供大量的企业与产品信息。

5.1.4　文案调查的步骤

一般来说，开展文案调查应遵循如下步骤：明确资料需求、寻找信息源、收集二手资料、评估资料、整理信息资料和撰写调查报告，如图 5-4 所示。

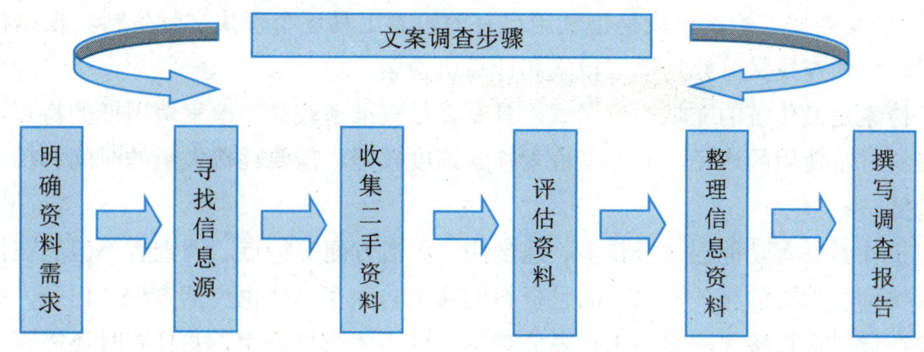

图 5-4　文案调查的步骤

1. 明确资料需求

调查人员在明确资料需求时，应当首先知晓本次市场调查的目的是现实需求还是长远需求，避免调查方向上的错误。现实需求是考虑市场调查工作如何为解决企业当前的决策问题提供支持；长远需求则是考虑市场调查工作如何为企业经常性的经营决策提供参考。

2. 寻找信息源

调查人员在明确资料需求后，便可以执行具体的收集工作，首先便要寻找信息源。一般情况下，应当假设企业所需要的资料都是存在的，然后有效地利用索引、目录或其他检索工具来确定资料的来源范围。

3. 收集二手资料

调查人员在资料来源、渠道逐渐清晰后，便可以着手收集资料。二手资料主要通过查找、索讨或接受、购买和交换等方式获取。在收集资料时，调查人员需要注意以下两点：

（1）保证资料的数量。在资料收集的范围内，要尽可能多地收集资料，以保证资料的全面、充分。

（2）保证资料的质量。收集到的资料，一定要详细地记录其来源（如作者、文献名称、刊号或出版时间、页码等），以防止资料遗失。除此以外，还应当对使用资料的限制条件、资料产生程序等其他相关事项进行仔细考量，以防止因资料本身存在的问题而导致资料的整体质量下降，进而影响市场调查的客观性。

1）查找

查找是获得二手资料的基本方法。一般情况下，调查人员首先应在企业内部查找，这是因为内部资料的收集成本较小，并且可以为外部资料的查找提供方向性引导。当内部资料收集受阻时，如资料不完整、利用价值低等，或收集完成后仍不能满足调查需求时，调查人员便可以从企业外部来查找资料。外部资料一般通过参考文献查找和检索查找来获取。

（1）参考文献查找。参考文献查找是指以有关著作列举的参考文献目录，或者是正文中提到的某些文献资料为线索，查找有关资料。

（2）检索查找。检索查找是指利用已有的检索工具逐个查找文献资料。根据检索工具的不同，检索查找又可分为手工检索和计算机检索。

手工检索是最传统的文献检索形式，具有文献查准率较高、检索费用低的特点，是查阅相关资料时常使用的途径。但手工检索检索速度较慢，需要耗费大量的时间和精力，检索效率较低。

计算机检索具有功能强、资料多、速度快、灵活方便等特点。调查者不但能在很短的时间内查找到所需要的相关资料，而且资料的输出与保存方式也灵活方便。但是，计算机检索需要在计算机设备和网络技术设备完善的条件下才可以使用，并且有时还需要支付较高的检索费用才可以获取全文，因此对调查者有一定的使用限制。

知识拓展

常用的文献检索工具

1．手工检索工具

（1）书目。书目是指将各种图书按内容或学科等条件分类所编制的目录，反映了图书的名称、作者、价格、卷册等外部信息。

（2）索引。索引是指将书籍、报纸、期刊中的内容或项目分别摘录，编成简括的条目，并注明该文献的出处、时间、期数、页码等信息，然后按一定次序排列起来的检索工具。

（3）文摘。文摘是指对文献的主要内容进行简单且准确的概括，不进行评价和解释的短文。

2．计算机检索工具

计算机检索工具主要有搜索引擎和网络数据库。

（1）搜索引擎。搜索引擎是指根据一定的策略、运用特定的计算机程序收集互联网上的信息，在对信息进行整理与组织后，将检索相关结果展示给用户的信息系统。

（2）网络数据库。网络数据库是指可通过网络访问的，可储存在计算机中的，有一定结构和规则的数据集合。

2）索讨或接受

索讨是指向拥有信息资料的单位或个人无代价索要资料的方法，这种方法的使用效果在很大程度上取决于对方的态度。接受是指接纳外界主动提供的免费信息资料。随着商品经济的发展和现代营销观念的确立，越来越多的企业或单位为宣传自身及其产品和服务，扩大其知名度，愿意无偿向社会广泛传递各种信息，如广告、产品说明书、宣传材料等。调查人员应当有效利用这种渠道，以节省人力、物力。

3）购买

购买是指有偿购买信息资料。随着信息的商品化，许多专业的信息公司专门从事各种信息的收集与整理工作，并对其保存的信息实行有价转让。此外，企业订阅的杂志、报刊等从本质上看也属于购买。

4）交换

交换是指与一些信息机构或单位进行对等的信息交流。这种交换不同于商品买卖之间的以物易物，而是一种信息共享的协作关系，交换的双方都有向对方无代价提供资料的义务和获得对方无代价提供资料的权利。

4. 评估资料

调查人员可以从以下两个方面对二手资料进行评估：

（1）通过资料的获取渠道来判断获取资料的权威性和可信性。一般情况下，来自政府机关、统计部门、著名企业、大型网站的资料可信度要高一些。

（2）从时间、范围等多方面考虑，确定调查资料与调查目标的相关程度。例如，调查人员需调查家庭年收入超过 30 万元的高收入消费者，那么，获取家庭年收入低于 30 万元的消费者资料就没有意义。

5. 整理信息资料

通过对信息资料进行整理，调查人员可以从中选取有价值的资料，剔除与项目无关的资料和不完整、不准确的资料。对于资料的残缺、遗漏，资料之间的互补或互斥，需要调查人员利用自己的学识和能力加以补充、调整或筛选。

6. 撰写调查报告

调查报告是对调查工作的总结，撰写调查报告时应当注意以下几点：① 突出调查重点，尽量用统计图表来反映问题，以便于读者阅读；② 报告的分析要有理有据，数据确凿，图表精确；③ 结论要明确，要客观公正。

5.2 运用实地调查

采用文案调查收集到的二手资料往往不够全面，缺乏针对性，还需要开展实地调查收集一手资料来对信息资料进行完善。实地调查主要包括访问调查、观察调查和实验调查。

5.2.1 访问调查

访问调查是指以询问调查对象的方式了解市场情况的调查。采用访问调查时，调查人员一般会向调查对象发放调查问卷，询问各种有关行为、意向、态度、动机等方面的问题。这些问题的设计必须合理、严谨，否则会影响调查结果的准确性。访问调查的形式有入户访问、街头拦截访问、电话访问和邮寄访问。

1. 入户访问

入户访问是指调查人员到受访者家中，根据问卷或调查提纲与受访者进行面对面的交谈。为了提高入户访问的成功率，调查人员在入户访问过程中需要遵循一定的程序，如图 5-5 所示。

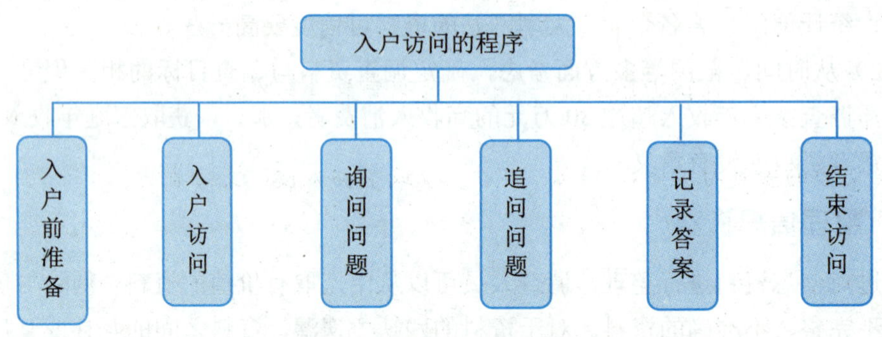

图 5-5 入户访问的程序

1）入户前准备

调查人员在入户访问前，首先，应对受访者的基本情况进行了解，如了解受访者的生活环境、工作性质等，以此制订调查计划；其次，要准备好所需要的工具，如问卷、签字笔、受访者名单、自己的身份证明、礼品等；最后，提前与有关管理部门做好协调和沟通工作，如与居委会或物业管理人员建立联系，争取他们的配合，以减少入户阻力。

提 示

为了给受访者留下较好的印象，调查人员需要注意以下细节：

（1）端正的仪容能给人以亲切感，调查人员应当注重个人形象，做到仪表干净、衣着得体。

（2）访问时间应当以方便受访者为原则，尽量不干扰受访者的正常生活。例如，双休日一般选在上午 9:00～11:30、下午 3:00～6:00、晚上 7:00～8:30，工作日一般选择在晚上 7:00～9:00。

2）入户访问

入户访问通常遵循以下流程：

（1）表明身份。进行自我介绍时要简明扼要、重点突出、亲和力强，并主动出示身份证明，使受访者尽快了解调查人员的身份并认为访问是善意的。例如，“您好，我是××学校的学生，这是我的学生证，我们正在为××公司做一项有关牙膏的市场调查，您是被抽选的受访者之一，我能占用您一点儿时间吗？”

（2）说明来意。在向受访者表明调查目的时要言简意赅，尽快说明调查目的及范围，初步建立与受访者之间的信任关系，并使对方认为自己的回答是有意义的。例如，“我们这次调查的主要目的是了解消费者使用牙膏的一些情况，您的回答将为我们提供重要的参考。”

（3）告之保密纪律。正式访问前调查人员应当告知受访者相关保密纪律，以消除受访者的疑虑，获得较为真实的信息。例如，“请您放心，我们对您提供的信息有保密的义务。”

提　示

为了使受访者愉快地接受访问，调查人员需要注意以下细节问题：

（1）在敲门时，调查人员要做到声音和节奏适中，敲门声音太大或节奏太紧促会引起受访者的警觉与反感，而敲门声音太小或节奏太慢，受访者可能听不到。

（2）善意赞美。善意赞美的语言，可以拉近与受访者之间的距离。例如，在被允许进入房间之后对受访者家里的陈设、清洁度、小孩等进行适度赞美，有利于调查工作顺利展开。

（3）示意礼品。如备有礼品，调查人员可以告知访问结束后会有小礼品赠送以示谢意。

3）询问问题

在询问问题时，调查人员应当遵循以下要求：

（1）问题用词不能随意改变。问卷上的提问用词往往都是经过仔细推敲的，调查人员要始终按照问卷上的用词进行提问，用词有误，可能影响整个调查的结果。

（2）问题的顺序不能随意调换。问题的先后顺序往往存在一定的逻辑关系，对问卷整体的准确性有重要影响，调查人员要严格按照问题的顺序进行提问。

（3）严格按要求询问。当受访者不理解题意时，调查人员可以重复提问，但不能随意解释，以避免影响受访者的独立思考。

（4）问卷上的每个必要的问题都应问到。调查人员不能因为访问次数多、同样的问题重复遍数多或认为某些提问不重要而自作主张放弃询问。

为了使受访者清晰地接收并理解问题，调查人员在提问时语速应不急不缓，音量大小适中，语气平和，并且要根据受访者的情况适当调节和控制。

4）追问问题

在访问中，如果受访者的回答较为模糊，调查人员可采用追问的方式继续提问。但需要注意，追问问题要以受访者不感到厌烦为限度。在实际调查中，常用的追问语一般有“您的意思是什么？”“还有另外原因吗？”“为什么您会这么认为？”“您能告诉我您的想法吗？”，等等。例如，受访者对某品牌产品的评价是“很好”，此时，调查人员可追问：“您说的很好是指哪方面，可以具体说一下吗？”

农业普查入户访问技巧

5）记录答案

调查人员应当在访问的同时完成记录工作，不能在访问结束后靠记忆补填问卷。如果来不及记录，可以放慢提问速度，并有意重复对方的话。

对于提供可选答案的问题记录，要在所选答案上明确标记，如划“○”或打“√”，而对于主观回答的问题记录，要使用受访者的原话，切忌使用自己的语言重新表述或掺杂自己的观点。

在征得受访者同意的情况下，也可以采取录音或录像手段来保证访问记录的准确性。

6）结束访问

在所有问题都提问完毕后，调查人员不能立即离场，还需进行以下收尾工作：

（1）迅速检查问卷：看问题的答案是否存在空缺，是否存在前后不一致的地方，是否存在需要受访者进一步说明的含糊答案等。若有上述情况，则需向受访者补充提问。

（2）确定问卷无遗漏后，调查人员应告知受访者调查完毕，并向受访者表示感谢。例如，“这次调查占用了您的宝贵时间，感谢您的配合和支持，如果有需要，我们会再和您联系。再见！”

（3）在离开时，注意随手关门等礼仪细节。

特殊情况的处理

在实际访问过程中，受访者可能会基于种种原因拒绝访问，此时，调查人员要查清楚原因，并想办法解决。下面列举了几个实例以供参考。

（1）受访者将调查人员误认为商品推销员：调查人员要及时做出解释，出示相关证件以表明自己的身份。

（2）受访者家中正好有事：调查人员可以与受访者商量，约定一个受访者认为合适的时间，再次上门访问。

（3）受访者家里只有老人和小孩，不宜调查：调查人员可以记录受访者的联系方式，等受访者回来后，再预约时间进行访问。

（4）受访者在访问中途表现出不耐烦：受访者在访问中途抱怨时间太久或内容太多时，调查人员态度要谦和，表示出适当的歉意，并告知受访者大概的结束时间，以安抚其情绪，使其配合完成调查。例如，“很感谢您的支持，耽误您时间了。还有三个问题调查就结束了，麻烦您再坚持一下。”

（5）受访者十分健谈：调查人员要时刻记住自己的访问目的，遇到受访者答非所问时，调查人员可以选择合适的时机，礼貌地将回答引向正题，避免浪费太多时间在额外的话题上。

2. 街头拦截访问

街头拦截访问是指在固定场所（如交通路口、生活小区、商场等）拦截访问对象，对符合条件的人员进行面对面访问的调查方式，其主要形式包括：① 由调查人员在事先选定的地点，按一定程序和要求（如每隔几分钟拦截一位行人）选取访问对象，征得对方同意后，在现场以问卷的形式进行简短的调查；② 中心地调查，又称“厅堂测试”，是在事先选定的若干场所内，按照一定程序和要求拦截访问对象，征得其同意后，将其带至该场所附近的房间或厅堂进行调查。街头拦截访问的程序如图5-6所示。

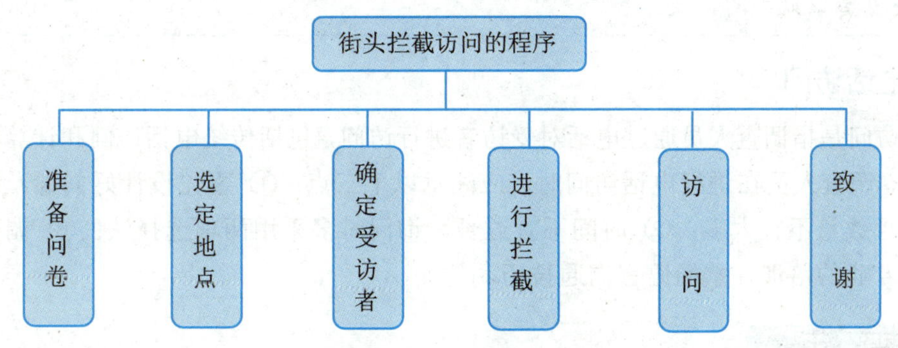

图5-6　街头拦截访问的程序

1）准备问卷

在调查之前，调查人员应当根据调查目的精心设计详细、完整的调查问卷，并按照计划调查的人数确定问卷的数量。一般情况下，需要额外准备一些问卷，以应对意外事项引起的浪费。

2）选定地点

访问地点通常确定在人流量大、环境舒适的商业场所、娱乐场所，或是有具体特征的人员较多出现的地方。

3）确定受访者

为了降低拒访率，调查人员尽量选择那些姿态悠闲、神色轻松的行人或在休息区休息的人作为受访者。切忌选择步履匆匆、提拿重物、神态焦虑者。

4）进行拦截

选定受访者后，调查人员就应果断上前拦截，并说明目的，此时的态度要诚恳、语气要温和，即使被拒绝，也要礼貌地表示歉意。例如，“打扰了，先生，我们是××学校的学生，能耽误您几分钟时间做一个简单调查吗？”

5）访问

受访者同意接受访问后，调查人员可以按照问卷的内容进行提问，有关提问的技巧与入户访问大体相同。

6）致谢

访问完毕后，调查人员应当向受访者表示感谢并与其礼貌告别。

提 示

为了保证拦截访问的质量，调查时需要做到如下几点：

（1）提问完毕后要现场对问卷进行快速且彻底的审核，审核无误后再让受访者离开，以便及时补充访问，确保问卷的质量。

（2）对于超出自己能力而无法解决的问题，应及时与同行伙伴商量或向复核人员反馈，避免造成更大的错误。

3. 电话访问

电话访问是指调查人员通过电话对受访者进行访问，包括传统电话访问和计算机辅助电话访问。调查人员在进行电话访问时，应注意以下三点：① 事先设计好问卷，调查问题要明确且数量不宜太多；② 时间不宜过长，询问时多采用两项选择法；③ 调查人员需要接受专业的培训，掌握语言沟通技巧。

提 示

两项选择法是指把多项询问简化为“是”或“否”、“有”或“无”来回答。

1）传统电话访问

传统电话访问是指调查人员使用普通电话，按照随机拨号的形式筛选调查对象，电话接通后对照纸质问卷逐题提问，并自行记录答案的过程。这种调查一般适用于问题简单、容易回答、占用时间短的调查。

2）计算机辅助电话访问

计算机辅助电话访问是指调查人员戴着耳机式电话坐在计算机旁边，由计算机系统随机拨号，调查人员根据具体情况筛选受访者，然后按照显示器上显示的问卷，对受访者进行访问，并将答案直接输入计算机系统的过程。其访问程序如图 5-7 所示。

某地群众满意度电话访问示例

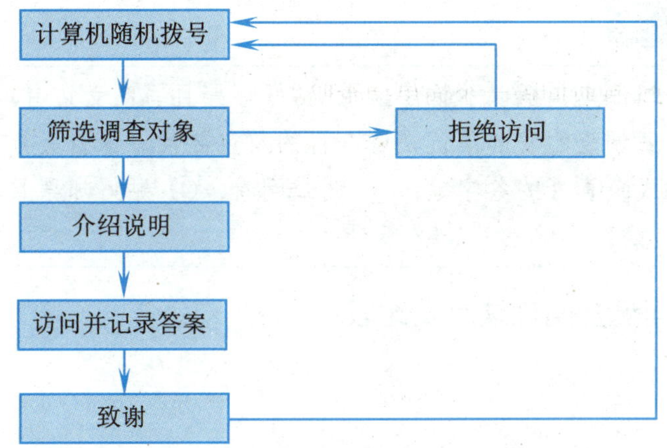

图 5-7　计算机辅助电话访问的程序

知识拓展

计算机辅助电话访问的优点

与传统电话访问相比，计算机辅助电话访问具有以下优点：

（1）可以节约访谈时间，减少不必要的时间浪费。

（2）可以提高数据质量。计算机可以对输入的数据进行即时检查，如某个问题的答案编码为 1～5，而调查人员误输入 6，那么计算机将不会接受，并提醒改正错误。

（3）省去对问卷进行编码和录入的步骤。

（4）能够及时对输入的数据进行分析，提供数据分析的结果。

4. 邮寄访问

邮寄访问是通过邮寄方式开展的调查，由调查人员把设计好的问卷邮寄给受访者，受访者填写完成后再寄回调查机构。邮寄访问一般通过以下六个步骤进行：

（1）根据调查目标收集人员名单及其地址或电话，这些信息可以通过电话簿、顾客名录或协会成员名单获得，然后抽样确定调查对象。

（2）通过电话、明信片或简短的电子邮件与调查对象进行事先接触，进一步确定愿意参与邮寄访问的受访者。

（3）向受访者寄出调查邮件。

（4）通过电话或简短的提示信与受访者再次沟通，询问其是否收到问卷。

（5）对反馈的问卷及时登记编码，统计回收数量，确定是否需要再次拨打电话或寄出提示信。

（6）如果回应率达不到调查要求，应考虑采取其他措施来弥补低回应率造成的误差。

提 示

寄出的调查邮件应包括以下物件：① 贴好邮票且写明受访者地址的信封；② 致受访者的信，写明调查的发起单位、调查目的及重要性、保密义务、感谢的话及调查发起单位的盖章或负责人的签字等；③ 调查问卷；④ 贴好邮票且写明回寄地址的信封；⑤ 礼品或礼券等。

5．各种访问调查的优缺点及比较

1）入户访问的优缺点

（1）优点

- **可获取较多的信息和较高质量的数据。**入户访问一般在受访者的业余时间进行，受访者有充足的时间来思考并回答问题。
- **具有可观察性。**调查人员可以直接感受受访者的态度，据此判断资料的可信度。
- **具有灵活性。**调查人员可以依据受访者的实际情况，灵活掌握提问的方式并及时补充内容。

（2）缺点

- **调查成本高。**需要大量的人工成本、时间成本和交通费用，若受访者不在家，调查人员需要再次联络或重新选择受访者，还会增加额外成本。
- **拒访率高。**大多数受访者基于安全方面的顾虑，不愿接受不速之客的来访。
- **对调查人员的素质要求较高。**受访者往往会根据调查人员的诚意、谈吐及行为来决定自己是否予以支持和配合调查。

2）街头拦截访问的优缺点

（1）优点

- **调查成本低于入户访问。**与入户访问相比，调查人员的大部分时间用于访问本身，无须花费较长时间来确定受访者，也无须花费高额的交通费用。
- **避免入户困难。**出于安全、隐私等问题的考虑，受访者更愿意接受公共场所的访问。
- **便于对调查人员监控。**街头拦截访问的地点通常比较固定，督导人员可以对整个访问现场实施监控，以保证调查质量。

（2）缺点

- **拒访率较高。**行人或购物者一般比较匆忙，所以拒绝接受调查的概率比较高。
- **受访者的代表性受到限制。**并非所有的调查对象都喜欢逛街或逛商场，导致选取的受访者具有局限性，可能不足以代表整体。
- **事后回访较难实现。**受访者往往不愿意将真实的个人信息留给调查人员，难以回访。

3）电话访问的优缺点

（1）优点

- **成本较低。**与其他访问调查相比，电话访问可以节省诸如交通费、印刷费等费用。
- **获得信息资料的速度较快。**电话访问受时间、地点等因素的影响较小，可以用于需要尽快得到结果的调查。
- **调查对象及区域广泛。**电话访问受空间约束较小，可以对任何有通信设备的地域、单位和个人进行调查。
- **易于控制实施的质量。**复核人员可以及时获得调查资料或信息，及时监督调查人员的工作并随时纠正不正确的操作。

（2）缺点

- **访问获取的信息资料有限。**采用电话访问的时间一般不宜过长，内容不宜过于复杂，因此获得的信息资料往往不够全面。
- **访问的成功率较低。**可能会遇到随机拨打的电话是空号或错号，受访者未及时接听电话或不愿意接受调查等情况。

4）邮寄访问的优缺点

（1）优点

- **成本低。**一般情况下，邮寄访问的费用低于入户访问、街头拦截访问和电话访问的费用，这是因为企业可以自行实施邮寄访问，无须雇佣专业的调查人员，节省了调查人员的劳务费和监督成本。
- **调查区域广泛。**邮寄访问的范围可以覆盖全国各个区域。
- **应答便利，时间约束较小。**受访者可以根据自己的日程安排回答问卷，因此有时间认真考虑回答，还能避免受到调查人员倾向性意见的影响。
- **可以对较敏感或隐私问题进行调查。**对于匿名访问，受访者可能会愿意回答涉及隐私或敏感的问题。

（2）缺点

- **问卷回收率较低。**由于回复处理较复杂，邮寄访问的回收率最低。
- **花费时间长。**邮寄访问的时间周期较长，不适用于时效性要求较高的调查。
- **填答问卷的质量难以控制。**受访者可能会找他人代为回答，或者没有完全填写全部问题，这都将会影响数据的质量。

5）各种访问调查的比较

通过上述分析我们了解到，各种形式的访问调查都有优点和缺点，调查人员必须综合考虑调查目标、调查对象和调查机构等各种主客观条件，权衡利弊后进行选择。各种访问调查之间的比较，如表 5-1 所列。

表 5-1　各种访问调查的优缺点比较

项　目	入户访问	街头拦截访问	电话访问	邮寄访问
资料收集速度	快	快	最快	慢
地域灵活性	中	中	高	最高
应答率/问卷回收率	高	高	中	低
问题数量	最多	多	少	中
曲解题目的可能性	低	低	中	高
调查人员的影响程度	高	高	中	无
回访难易程度	难	最难	易	易
成本	最高	高	低	最低

通过表 5-1 我们可以看出，若需要及时收集相关的一手资料以便企业迅速做出决策，可采用电话访问；若问题数量较多并对答题质量有较高要求，可采用入户访问或街头拦截访问；若希望调查的地域范围更广泛且耗用的成本最少，可采用邮寄访问。当然，上述调查也可以综合使用，取长补短，可以取得更好的效果。

案例阅读

访问调查的权衡比较

某品牌热水器生产厂商想了解消费者对其产品的满意度及服务要求来改进产品及服务质量。该厂商决心很大，打算不计成本代价获取较高质量的信息资料。经过比较与分析，该厂商决定采用入户访问的方式来获取信息资料。

该厂商做出这一决策的原因如下：① 由于所需要收集的数据量相对较大、部分问题设计的较为复杂，以及所获取的信息不具有敏感性，因而排除电话访问和邮寄访问；② 由于街头拦截访问拒访率较高，受访者的代表性受到限制，因而也被排除；③ 综合考虑后，选择入户访问。

5.2.2　观察调查

观察调查是指调查人员在现场通过自己的感观或借助影像摄录器材，直接或间接观察和记录正在发生的行为、状况，以获取一手资料的调查。

1．观察调查的分类

1）参与观察与非参与观察

参与观察是指调查人员直接加入某一群体，以内部成员的角色参与该群体的各种活动，在共同活动中进行观察。非参与观察是指调查人员以旁观者的身份，置身于调查对象之外进行观察。

2）公开观察与非公开观察

公开观察是指调查人员在观察对象知道其存在的情况下进行观察，在这种情况下观察对象的行为表现可能与往常不一样，容易产生调查误差。非公开观察是指调查人员在调查对象不知道其存在的情况下进行观察，此时观察对象可以自然地行动，能够减小调查误差。

3）结构式观察与非结构式观察

结构式观察是指调查人员事先确定好观察范围、内容和实施计划的观察。非结构式观察是指调查人员根据现场的实际情况随机决定观察范围、内容和实施计划的观察。

4）人员观察与机器观察

人员观察是指调查人员直接到现场对调查对象进行观察。例如，为了了解某品牌化妆品的市场营销情况，调查人员到销售现场，亲自观察消费者的购买情况、购买情绪、同类产品竞争程度等。机器观察是指利用机器对观察对象进行观察。例如，利用超市的监控器记录消费者的行为。

2．观察调查的步骤

1）观察前的准备工作

观察前的准备工作是进行科学观察的基础，主要包括明确观察目的、制订观察计划、设计观察记录表、选择观察地点和准备观察仪器。

（1）明确观察目的。观察目的对观察调查起着指导作用。它规定了观察的重心是什么，观察中要了解什么内容，要收集哪方面的材料。明确了观察目的才能有针对性地获取相关资料，提升调查效率。

（2）制订观察计划。一般来说，观察计划包括确定观察的内容与对象、选择选择观察方法与工具，明确地点、时间、次数和进度安排，确定观察人员的组织分工，写明观察的注意事项等。

（3）设计观察记录表。为了提高观察效率，调查人员应当事先将观察内容制成表格。表格要简明并易于操作，内容要全面，要以简单易懂、节约时间为原则。

（4）选择观察地点。选择的观察地点既要便于观察，又要具有隐蔽性。

（5）准备观察仪器。调查人员在进行观察时，可能需要一些专门的仪器来辅助，如照相机、助听器、录音机、计算机终端装置或网络监控装置等，需要提前准备并调适好。

2）进入观察现场

调查人员进入观察现场应当取得有关人员的同意，可采取如下方式：或出示证件说明，或通过熟人介绍，或取得观察对象中关键人物的支持。进入现场后，调查人员要尽快取得调查对象的信任。

3）进行观察和记录

当一切观察准备工作完成后，观察人员就可以实施观察。实施观察时，观察人员的工作概括为：观看、倾听、询问、记录和思考。具体而言，观看与观察对象有关的行为、现象、环境；倾听现场的各种声音；询问观察对象一些相关信息；记录和收集观察现场相关资料；思考分析观察现场的反馈信息，并形成初步了解。

4）整理材料

调查人员在观察结束后要及时整理观察数据、图表、笔录、录音、录像、照片等资料，并对有关资料进行统计处理。

5）分析资料和撰写研究报告

调查人员应当及时分析和处理观察所得到的信息资料，确定事件的因果关系，总结观察结论并撰写研究报告。

调查人员在进行实地观察时应注意以下事项：

（1）选取的观察对象和时间应当具有代表性。

（2）观察记录必须实事求是、客观公正，不得带有主观偏见，更不能歪曲事实真相。

（3）尽量避免对观察对象的影响，否则很难获取观察对象的自然反应、行为和感受。

（4）调查人员在做观察记录时，需要遵循一定的格式，以便尽可能详细地记录观察内容及其他相关事项。

3．观察调查的应用

（1）对消费者身体动作的观察，如观察消费者的购物动作。

（2）对语言行为的观察，如观察消费者与售货员的谈话。

（3）对表现行为的观察，如观察消费者谈话时的面部表情或声音语调等。

（4）对空间关系和地点的观察，如利用交通计数器记录来往车流量。

（5）对时间的观察，如观察消费者进出商店和在商店逗留的时间。

需要注意的是，观察调查可以很好地描述消费者的各种行为，但不能得知消费者的购买动机和偏好等，也就是说，观察调查只能观察行为结果而无法解释行为发生的原因。

案例阅读

你听说过“神秘顾客”吗？

“神秘顾客”调查是调查人员扮成消费者潜入销售现场，通过与服务人员进行交流，咨询与商品有关的问题，来对服务人员的服务质量进行评价的调查方法。

很多企业经常派遣“神秘顾客”调查其分公司或代理商。肯德基就采用“神秘顾客”调查监督各分店的工作质量——肯德基会雇用并培训一批人员，让他们佯装成顾客，对分店进行检查及评分。经过专门训练的“神秘顾客”会详细记录购物或接受服务时发生的情况，并填写一份详细的调查表（用于分析分店的服务质量和不良运营情况）。这些“神秘顾客”的到访并没有时间规律，这便使得分店经理和店员时时都有被调查的压力，丝毫不敢疏忽，从而使服务质量得到显著提高。

资料来源：
https://wenku.baidu.com/view/73582ee524c52cc58bd63186bceb19e8b8f6ece3.html

4. 观察调查的优缺点

1）观察调查的优点

（1）获得的信息真实、可靠。调查人员可以直观地观察到观察对象在现场的行为，并进行记录，所获得的数据不会受观察对象的意愿和回答能力等因素的影响。

（2）可以排除语言交流或人际交往中可能发生的种种误会和干扰。

（3）可以避免或减少访问调查中因问题结构设计不合理而产生的误差。

（4）简便易行，灵活性强，可随时随地进行调查。

2）观察调查的缺点

（1）观察调查仅可以描述调查对象的各种行为，但无法了解调查对象的动机、态度和情感等。例如，调查人员观察到消费者购买了一件衣服，但他可能是为自己购买，也可能是为他人购买，这就需要通过访问调查才能够进一步确定。

（2）调查结果受调查人员的业务技术水平影响较大。

（3）需要大量的调查人员到现场进行长时间的观察，调查时间较长，调查费用支出较高。

（4）在某些情况下，观察调查的使用可能不符合伦理道德。例如，在调查对象不知情或未经其同意的情况下监控其行为，可能会侵犯调查对象的隐私。

5.2.3 实验调查

实验调查是从影响调查对象的若干因素中选出一个或几个因素作为实验因素，在其余诸因素均不发生变化的条件下，了解实验因素的变化对调查对象的影响程度，用以决定企业市场策略的一种方法。

1. 实验调查的基本要素

实验调查的基本要素包括：① 实验人员，即实验调查的主体；② 实验对象，即实验调查的客体，一般分为实验组和对照组；③ 实验活动，即改变实验对象所处市场环境的各种实验活动；④ 实验检测，即在实验过程中对实验对象所做的检查或测定。

2. 实验调查的分类

1）单一实验组前后对比实验

单一实验组前后对比实验是指选择若干实验对象作为实验组，对比实验对象在实验活动前后的情况并得出结论的调查方法。这种方法简单易行，是调查人员经常采用的一种实验方法。其操作步骤如下：① 选择实验对象和实验环境；② 对实验对象进行实验前检测；③ 改变实验对象所处的市场环境；④ 对实验对象进行实验后检测；⑤ 通过前后检测的对比，确定实验活动的效果。

单一实验组前后对比实验的计算公式如下：

实验效果=实验后检测结果−实验前检测结果

案例阅读

单一实验组前后对比实验的应用

某化妆品公司为了提高其产品销量，计划设计一款新包装。为检验新包装的效果，公司选取了其生产的四种化妆品（A、B、C、D）作为实验对象，对这四种产品包装改变前后一个月的销售量进行了统计对比，得到的实验结果如表 5-2 所列。

表 5-2 改变包装前后化妆品的销量（单一实验组前后对比实验）

单位：万件

品种	实验前销售量	实验后销售量	实验效果
A	4	5	1
B	5.8	6.9	1.1
C	6.5	7.8	1.3
D	7.5	9	1.5
合计	23.8	28.7	4.9

从实验效果上来看，四种化妆品改换包装后，销售量均有了不同程度的增加，总的销售量增加 49 000 个。由此判断，包装对化妆品销售有很大影响，改变化妆品包装

的方案是可行的。

需要注意的是，市场现象可能受很多因素的影响，产品的销售量增加，也有可能是消费者喜好发生改变或者是竞争对手产品价格提高等因素引起的。因此，此种方法只有在实验人员能有效排除非实验因素影响的情况下，才具有参考价值。

2）实验组与对照组对比实验

实验组与对照组对比实验是指调查人员在相同或相近的市场条件下将选定的实验对象划分为实验组和对照组，只对实验组进行实验，而将对照组留作参照，将实验后的实验组与对照组进行对比得出结论的调查方法。这种方法具有较高的准确性。

实验组与对照组对比实验的计算公式如下：

实验效果=实验组实验后检测结果−对照组检测结果

案例阅读

实验组与对照组对比实验的应用

仍然以上述化妆品公司改变其产品包装为例，公司决定采用实验组与对照组对比实验的方法来观察改变产品包装后的销售效果。公司初步选定 4 家市场条件相近的超市 A、B、C、D，其中 A、B 为实验组，使用新包装，C、D 为对照组，仍使用原包装，实验期为一个月。实验结果如表 5-3 所列。

表 5-3　改变包装前后化妆品的销量（实验组与对照组对比实验）

单位：万件

实验组		对照组		实验效果
超市	销售量	超市	销售量	
A	3	C	2.5	0.5
B	2	D	1.3	0.7
合计	5	合计	3.8	1.2

从实验效果上看，原包装化妆品销售量为 38 000 个，采用新包装的化妆品销售量为 50 000 个，销量增加了 12 000 个。因此，改换化妆品包装的方案是有效的。

同样需要注意的是，在实验组与对照组对比实验中，增加的 12 000 个销售量也可能是改变产品包装和其他非实验因素共同引起的。因此，这种实验调查也只有在其他因素都不变的情况下才能使用。

3）实验组与对照组前后对比实验

实验组与对照组前后对比实验是指对实验组和对照组分别在实验前后进行检测（对照组在实验前后始终不参与实验），再将实验组与对照组的检测结果进行对比，得出实验结论的调查方法。这种方法既可以吸收前两种方法的优点，也可以弥补前两种方法的不足，但这种方法的实验设计相对比较复杂，实验条件的要求也相对较高。

实验组与对照组前后对比实验的计算公式如下：

实验效果=实验组检测结果-对照组检测结果=（实验组实验后检测结果-实验组实验前检测结果）-（对照组实验后检测结果-对照组实验前检测结果）

案例阅读

实验组与对照组前后对比实验的应用

仍以上述化妆品公司改变其产品包装为例，公司分别选择了 A、B 两家各方面相似且具有代表性的超市作为实验组和对照组，实验期为两个月，前一个月两组均销售原包装化妆品，后一个月实验组 A 超市改销售新包装化妆品，对照组 B 超市仍销售原包装化妆品。实验结果如表 5-4 所列。

表 5-4　改变包装前后化妆品的销量（实验组与对照组前后对比实验）

单位：万件

单位	实验前一个月	实验后一个月	销量变化	实验效果
实验组 A	3.5	4	0.5	0.2
对照组 B	3.2	3.5	0.3	

由表 5-4 可知，实验第一个月，两组的化妆品销量分别为 35 000 个和 32 000 个。实验第二个月，实验组（A 超市销售产品）改换新包装，销量增加 5 000 个。销量的增加是实验因素和非实验因素共同影响的结果。对照组（B 超市销售产品）虽未改变包装但销量仍增加了 3 000 个。因此，实验效果应为增加销量 2 000 个，这是排除非实验变量影响的销量，反映的实验因素（改变化妆品包装）对销量的影响。依据上述分析得出结论，改换产品包装的方案是有效的。

3．实验调查的步骤

1）明确实验目标

调查人员应当根据市场调查目标，明确实验目标。例如，市场调查目标是确定造成某产品销量下降的因素，那么，通过分析问题背景、与专家咨询等可以确定实验目标为产品包装和价格变化是否是导致企业产品销量下滑的原因。

2）制订实验计划

制订实验计划主要包括进行实验设计和确定实验方法。合理的实验设计是实验调查成功的关键，而恰当的实验方法可以保证实验调查的高效完成。

3）选择实验对象

根据调查目标及实验方法，确定具有广泛性、代表性的实验对象。

4）实施实验调查

调查人员应当严格按照实验计划实施实验调查，并对实验结果进行认真观察和记录，必要时还应当进行重复实验，以获得较为真实准确的实验资料。

5）得出实验结论

实验完成后，还需对实验记录及有关资料进行统计分析，以揭示市场现象的规律，得出实验结论并撰写调查报告。

4. 实验调查的应用

实验调查常用于测试各种广告、促销方法的效果，研究产品的品牌、名称、颜色、价格、包装、陈列位置等因素对销售量的影响等。例如，当产品准备提价时，可以通过实验调查确定价格变化对产品销量的影响。

5. 实验调查的优缺点

1）实验调查的优点

（1）实验结果具有客观性。实验调查取得的数据一般比较客观，具有较高的可信度。

（2）能够揭示市场现象之间的相互关系。调查人员可以主动改变某些因素，以研究其对其他因素的影响程度。

（3）为调整经营决策提供依据。凡是调查商品改变设计、包装、商标、价格等因素对销量影响的，均可以通过实验调查在小规模实验市场上获取有用的信息资料，避免了决策的盲目性。

2）实验调查的缺点

（1）费用高。实验调查在金钱和时间方面的成本都很高。

（2）保密性差。实验调查可能会暴露新产品或营销计划的某些关键部分，给竞争对手以可乘之机。

（3）容易受到不可控因素和现象的影响。例如，在实验过程中，经销商可能不愿意全面配合。

5.3 运用网络调查

5.3.1 网络调查的分类

1. 网页问卷调查

网页问卷调查是指将设计好的电子问卷放在特定网站上，使调查对象通过网络完成问卷的调查。常使用的制作电子问卷的网站有问卷星、腾讯问卷（见图 5-8）和谷歌调查等。

图 5-8 腾讯问卷首页

2. 电子邮件调查

电子邮件调查是指通过电子邮件的形式将调查问卷发给调查对象，由他们填写后以电子邮件的形式反馈给调查人员的调查。这类调查可针对特定对象发放、针对性强，但很可能被调查对象当成垃圾邮件直接删除。

3. 弹出式调查

弹出式调查是指当网民在访问网站的过程中，自动弹出网络调查窗口，请网民参与的调查。如果网民有兴趣参与，点击窗口中的“参与调查”即可直接进入问卷网页，网民完成问卷后便可在线提交。如图 5-9 所示。

图 5-9 弹出式调查

4. 网上讨论调查

网上讨论调查可通过多种途径实现，如 BBS 论坛、网络通信工具、网络实时交谈、网络会议等。调查人员在相应的讨论组中发布调查项目，请调查对象参与讨论，发布各自的观点和意见；也可将分散在不同地域的调查对象通过互联网的视频或音频会议功能组织起来，在调查人员的引导下进行讨论。

5.3.2 网络调查的优缺点

1. 网络调查的优点

（1）成本低。网络调查利用网站发布电子问卷或组织网上座谈，可以节约传统调查中的印刷费，调查人员的劳务费、交通费等费用。

（2）速度快。利用网络传播的快速性和广泛性，以及统计分析软件的便捷性，可以对调查的结果进行即时统计。

（3）互动性强。调查对象可以及时通过电子邮件或在线留言区就问卷相关的问题提出自己的看法和建议，从而减少因问卷设计不合理而导致的调查结论偏差。

（4）调查的结果比较客观、真实。一方面，当调查对象对调查内容感兴趣时，他们极大可能自愿参与填写，回答问题时相对慎重。另一方面，调查对象可以不受调查人员意见的影响，保证调查结果的客观性。

（5）形式与体验的多样化。除了使用传统问卷中的文字、数字、图表等形式向受访者传达信息外，网络调查还可以通过音频、视频等多种形式向受访者传递更丰富的信息。这既可以更好地展示调查者的意图，也提升了受访者的答题体验。

（6）提高了追踪的可行性。无处不在的网络使调查回访更加便利。

案例阅读

书香中国二十年的发展历程

在 2019 年世界读书日，当当网发布了《书香中国二十年——中国图书零售市场发展历程分析 2019》。该报告用大量翔实的数据做支撑，分析了中国图书零售市场的发展历程。其中，报告中的大量数据是基于网络调查获取的——通过在当当网、读者访谈、易观千帆等专业网站上发布的网络问卷，短时间内便获得了大量客观、真实的数据信息。

报告显示，“北上广深是通勤族最多的四个城市，同时也是电子书阅读时长排名前四位的城市。在不同城市的市民购书偏好方面，各个地区也表现出一定的差异，北京海淀区的读者爱研读历史，朝阳人民渴望从小说中获取爱与温暖，而东城区、西城区的不少人则更喜欢购买旅行类书籍。由此看来，北京人不仅酷爱历史，还爱游玩。

资料来源：https://www.sohu.com/a/390551560_120179484

2. 网络调查的缺点

（1）调查对象的局限性。网络调查只能在互联网用户中实施，而互联网用户并不能代表整体意见，而且网民结构呈现低龄化的态势，因而调查对象所代表的群体是有限的。

（2）个人信息的保密性受质疑。一般情况下，调查对象会担心个人信息被滥用而不愿在问卷调查中透露个人信息或由于问卷中涉及过多的个人信息而退出调查。

（3）回应率难以控制。通过电子邮件进行调查时，可能只有部分收件人会做出回应。

课堂互动

你曾经参与过哪些网络调查？你给出的信息都是真实的吗？你有什么办法提高网络调查的应答率吗？

实地调查　调查疫情影响下我国留学生回国就业情况

任务概述

2020 年，一场突如其来的新冠肺炎疫情席卷全球，全世界 200 多个国家和地区的 70 多亿人口受到影响，这是百年来人类遭遇的影响范围最广的全球性大流行病。

在国内疫情得到有效控制的前提下，某海外留学教育机构计划转型开展新业务，打算面向“海归留学生”推出就业指导课程，需要了解 2020 年我国留学生回国就业的情况，请你负责收集相关的信息资料。

任务分组

全班学生以 3～5 人为一组进行分组，各组选出组长并进行任务分工，将小组成员及分工情况填入表 5-5 中。

表 5-5　小组成员及分工情况

班级		组号		指导教师	
小组成员	姓名	学号	任务分工		
组长					
组员					

任务准备

（1）对海外留学市场有一定的了解。

（2）了解其他国家的疫情现状。

工作计划

小组商议，制订出具体的工作计划，填入表 5-6 中。

表 5-6　工作计划

步骤	工作内容	时间安排	负责人
1			
2			
3			
4			
5			

任务实施

按照工作计划，开展对 2020 年我国留学生回国就业情况的调查。将具体的实施情况记录在表 5-7 中。

表 5-7　实施步骤

时间安排	实施步骤
	1．讨论确定本次调查信息资料的收集途径及其权威性 （1）________ （2）________ （3）________ （4）________ （5）________ （6）________
	2．对不同的调查方法进行比较与选择 （1）________ ________ （2）________ ________ （3）________ ________
	3．确定所要采用的调查方法：________

（续表）

时间安排	实施步骤
	4. 开展调查。记录调查中遇到的问题及解决方法 （1）________ （2）________ （3）________ （4）________ （5）________ （6）________
	5. 小组讨论，对调查结果进行汇总、整理
	6. 为“海归留学生”就业指导课程的开设提出建设性意见 ________ ________ ________ ________
	7. 撰写调查报告

评价反馈

各组提交调查报告，并配合指导老师完成如表 5-8 所示的考核评价表。

表 5-8　考核评价表

项目名称	评价内容	分值	评价分数		
			自评	互评	师评
素养评价 20%	仪容仪表得体	6 分			
	具备团队精神，能够积极与他人合作	6 分			
	积极、认真参加实践任务	8 分			
技能评价 30%	能选择较为合适的市场调查方法开展调查	10 分			
	能熟练运用所选择的市场调查方法开展调查	10 分			
	能够全面、细致地制订调查方案	10 分			
成果评价 50%	对 2020 年我国留学生回国就业情况有较为深入的了解	10 分			
	能为“海归留学生”就业指导课程的开设提出建设性意见	20 分			
	调查报告逻辑清晰、言之有物	20 分			
合计		100 分			
总评	自评（20%）+互评（20%）+师评（60%）=	综合等级：___	教师（签名）：		

自我检测

1. 单选题

（1）在访问调查中，获得信息量最大的调查方法是（　　）。

A．入户访问　　B．邮寄访问　　C．电话调查　　D．网络调查

（2）麦当劳总部聘用一些人员作为“神秘顾客”到麦当劳餐厅现场了解服务人员服务水平、餐厅环境等情况，这属于（　　）。

A．观察调查　　B．访问调查　　C．实验调查　　D．深度访谈

（3）下列不属于观察调查的是（　　）。

A．参加商品博览会　　B．商场安装摄像机记录顾客购物行为

C．参加展销会　　D．询问商场营业员商品销售情况

（4）实验调查通过实验对比，可以比较清楚地分析事物的（　　）。

A．变化规律　　B．变化原因　　C．变化结果　　D．因果关系

2. 简答题

（1）简述文案调查的步骤。

（2）简述观察调查的优缺点。

（3）简述网络调查的优缺点。

3. 案例分析题

针对咖啡杯的市场调查

某公司准备改进咖啡杯的设计，为此开展了市场调查。首先，调查人员邀请 500 个家庭主妇从只有形状不同的众多咖啡杯中选择她们喜爱的样式，并作为礼品送给他们。结果大多数主妇选择了四方形杯子。

之后，调查人员将四种不同颜色的咖啡杯（分别为咖啡色、青色、黄色和红色）里倒入相同浓度的咖啡，在咖啡店随机邀请 30 名消费者进行试饮，得到的结果如下：30%的试饮者表示咖啡色杯子中的咖啡有点儿浓；所有试饮者均表示青色杯子中的咖啡太淡了；80%的试饮者表示黄色杯子中的咖啡浓度正好；90%的试饮者表示红色杯子中的咖啡浓度太浓了。

根据上述调查结果，公司认为四方形红色咖啡杯既可以节约咖啡原料，又能使绝大多数顾客感到满意。于是生产了大量该种咖啡杯并投入市场。

【问题】

（1）本案例中运用的是哪种调查？这种调查有什么优缺点？

（2）这个调查结果可信吗？为什么？

胡瑛：入户调查的“苦”与“乐”
——一个统计调查人的工作感悟

入户调查既有苦，也有乐。我作为调查队的一名干部，除办公室的工作外，外出调查也是一项必不可少的任务。以往参加一些外出的调查活动，都是在街头、企业做调查，如“企业景气调查”“陶瓷消费市场调查”等。而这次的“全国文明城市测评模拟调查”，必须入户进行问卷调查，对我而言是一次全新的体验。

那是盛夏7月的一个下午，气温接近40℃。在全体调查人员会上，由队长做了动员和部署，副队长对问卷的内容及有关入户调查技术作了详细的讲解后，调查人员分成5个小组，奔向各自的调查目标社区。

路上，一阵阵热浪袭来，调查组的每个人都汗流浃背，待我们来到珠山区建国社区时，人们大都已经吃过晚饭在家中休息。为了严格遵循随机抽样原则，我们隔10户做一份调查。建国社区的居民大多都住在坡上，路上的灯光较暗淡，有的地方甚至没有路灯，我们人生地不熟，必须摸索着走，耐心地问，才能到达调查对象家里。在刚开始调查尚未入户，我就感到了入户调查的艰辛。

当我跨入第一户调查对象家门，说明来意后，接待我的户主表示非常愿意配合调查。他说：“这个调查是一件有利于我们百姓的事，这样的大热天，你们不休息，深入到我们百姓家里来调查，真不简单”，并赶紧把电风扇打开，对着我们吹，再坐下来认真地填写问卷。填完问卷后，他还向我们反映了路灯有时不亮，公共环境卫生时好时差等一些问题，并对我们说：“你们多到我们这走走，多向上面反映反映我们的情况。”这一刻，从他的眼神中我看到了群众对我们的热情和信任，对统计调查工作影响力的期盼。

在调查过程中，并不都是一帆风顺的。有的家庭对我们置之不理，还有的对我们嗤之以鼻，我们始终以真诚的微笑面对，对他们晓之以理，动之以情，在交谈中尽力宣传创建全国文明城市工作的目的和意义，以及给群众带来的好处，最终取得了他们的配合和支持。

在返程的路上，队长跟我们说：“今天的调查很有意义，使我进一步体会到了基层调查员的辛苦，以及不被调查对象所理解的委屈。同时，也看到了一些市民家庭尽管在生活不方便的情况下，还能热情地配合我们调查，认真地填写问卷，回答问题，并诚恳地对我市如何开展好文明城市建设提出建议，他们这种精神真是值得我们学习，我们更应该积极工作，多渠道地听取人民群众的意见和呼声，及时反映给党和政府领导，发挥我们统计调查的作用，为老百姓办更多的实事和好事。”

连续几天的入户调查，我们白天要顶着酷暑来回奔波，晚上要到很晚才能回家。入户调查工作结束后，随之而来的是加班加点录入汇总调查数据。虽然辛苦，但令人高兴的是，调查的专题报告印发后，立即受到了市领导和有关部门的高度重视，他们根据报告中的建议，对文明城市创建工作中的不足之处进行了整改。这让我深刻体会到，看似平凡的统计工作，照样能干出大事业。我认识到，作为统计调查人，要“先天下之忧而忧，后天下之乐而乐”，树立正确的共产主义苦乐观，认真又踏实地做好统计调查的每一项具体工作。

资料来源：http://www.stats.gov.cn/ztjc/tjwh/wytj/201011/t20101122_58704.html

项目 6

设计调查问卷

项目导读

XIANGMU DAODU

问卷是市场调查的重要工具，问卷设计得好坏直接影响到信息收集的效率及质量，因此，设计调查问卷是市场调查中非常重要的一个环节。本项目主要介绍调查问卷的基本结构、设计步骤，以及问卷问题的设计思路。

任务清单

RENWU QINGDAN

完成一项学习任务后，请在对应的方框中打钩。

知识目标	□	理解调查问卷的设计原则
	□	熟悉调查问卷的基本结构
	□	掌握调查问卷的设计步骤
	□	掌握调查问卷问题的设计形式和设计顺序
	□	规范调查问卷问题的设计用词
实训目标	□	所设计的调查问卷目的明确、客观简明
	□	通过调查能够有效掌握本校学生对国家安全知识的了解情况
	□	能提出合理的开展国家安全教育的形式
技能目标	□	能够根据具体情况设计恰当的调查问卷
	□	能够根据调查要求设计问卷问题
素质目标	□	培养动手能力，做到知行合一
	□	遵纪守法，具有保密意识

案例导入

ANLI DAORU

在线问卷的三代进化

一份好的调查问卷能够快速、准确地收集信息，减少无效回答所引起的回访工作量，若还能做到题型丰富、模板有趣、设计合理，则可以有效提高调查效率，吸引更多的用户参与。但一般的企业往往难以兼顾问卷质量上乘与形式多样，因此，专业的在线问卷调查企业便应运而生。

在国内，在线问卷市场的主流企业有问卷网、问卷星、腾讯问卷、乐调查、金数据、麦客、番茄表单等，回顾这些在线问卷调查企业的发展历程，可以看出这个行业经历了三次进化。

第一代问卷企业带动行业起步，但样本采集、结果分析未有质的突破

（1）更聚焦学生考试市场调查，不像后来者扩充到企业级市场等更多行业市场。

（2）样本库的范围仅局限于自身平台的会员，非会员无法参与问卷调查。

（3）平台可以通过性别、年龄、用户地域、身份这几个样本属性，去定位目标人群。

第二代问卷企业有了明显的突破与进化，但样本库的质量短板犹存

（1）引入第三方企业合作，扩充样本库规模，打破了原先问卷取样范围狭窄的短板；引入更多渠道来源，确保样本的真实性与广泛性。

（2）引入奖励机制来提高用户参与问卷调查的积极性。

（3）样本收集的目标群体属性包括地区、性别、家庭、年龄、职业、学历、收入、地区等，用户维度上得到了扩充。

第三代问卷企业更精准选择目标人群，多技术手段提高问卷质量

（1）第三代问卷企业在用户甄选维度上要比前两代更为细化与精细化。以腾讯问卷为例，它有四大属性分类（人口、兴趣、设备、行为），20 多个细分维度筛选。例如，兴趣标签可进一步细分为汽车、数码、游戏、旅游、理财、美食等。而第一代与第二代多聚焦于用户地域、年龄、性别、职业、学历等维度，主要以人口属性的标签为主。

（2）在使用奖励手段时，采取有效手段来严控质量，剔除“羊毛党”等无效样本。第一种手段是传统识别与 AI 技术识别相结合：传统识别针对有效时长、逻辑筛选、IP 分析、渠道做有效甄别，而 AI 技术可以识别用户，分析其问卷特征、答题行为，二者结合可以实现交叉验证。第二种手段是通过回答问卷审核机制来严控质量，审核通过后的问卷才能发放奖励。对于不符合答题要求或者随意乱填的答卷可以标记无效，相应的答题者将无法获得奖励，由此避免了问卷奖励机制下“演员”的出没。

（资料来源：http://column.iresearch.cn/b/201911/877190.shtml）

思考：

你认为一份好的调查问卷应具有哪些特征？

知识课堂

ZHISHI KETANG

问题导入

（1）你是否参加过调查问卷的填写？都是什么类型的调查问卷？

（2）调查问卷的结构会影响你的填写兴趣吗？

（3）你心目中好的调查问卷有哪些标准？

知识链接

6.1 明确问卷的基本结构

问卷是设计人员根据调查目标设计的，由一组或一系列问题、备选答案和问卷说明等组成的用来收集信息资料的一种书面工具。问卷在收集数据的过程中起着核心作用。

了解调查问卷

6.1.1 问卷的分类

1. 自填式问卷和代填式问卷

自填式问卷是指发放给调查对象并由其自行填写答案的问卷。这种问卷适用于入户访问、街头拦截访问、邮寄访问和网络调查。

代填式问卷是指由调查人员向调查对象询问并根据调查对象的回答代为填写答案的问卷。这种问卷适用于入户访问、街头拦截访问和电话访问。

2. 结构式问卷和无结构式问卷

结构式问卷，又称“封闭性问卷”，是指事先设计各种问题及其可能的答案以供调查对象选择的问卷，即问卷题型以选择题为主。这种问卷适用于规模较大、内容较多的市场调查。

无结构式问卷，又称“开放性问卷”，是指只设计出问题，未设置固定答案，由调查对象按照自己的语言自由回答的问卷，即问卷题型以简答题为主。这种问卷适用于小规模的入户访问或实验调查。

课堂互动

你认为结构式问卷和无结构式问卷哪个更容易被调查对象所接受？为什么？你有什么办法提高调查对象的接受度吗？

3. 传统问卷和网络问卷

传统问卷是指在入户访问、街头拦截访问和邮寄访问中使用的纸质问卷。网络问卷是指在网络调查中使用的电子问卷。

6.1.2 问卷的结构和内容

一份问卷只有具备特定的结构，满足一定的内容要求，才能在调查实践中发挥应有的作用。从结构上看，问卷一般包括介绍部分、背景部分和主体部分；从内容上看，问卷一般包括标题、问卷说明、调查问题、编码、调查对象的基本情况、问卷证明的记载等，如图 6-1 所示。

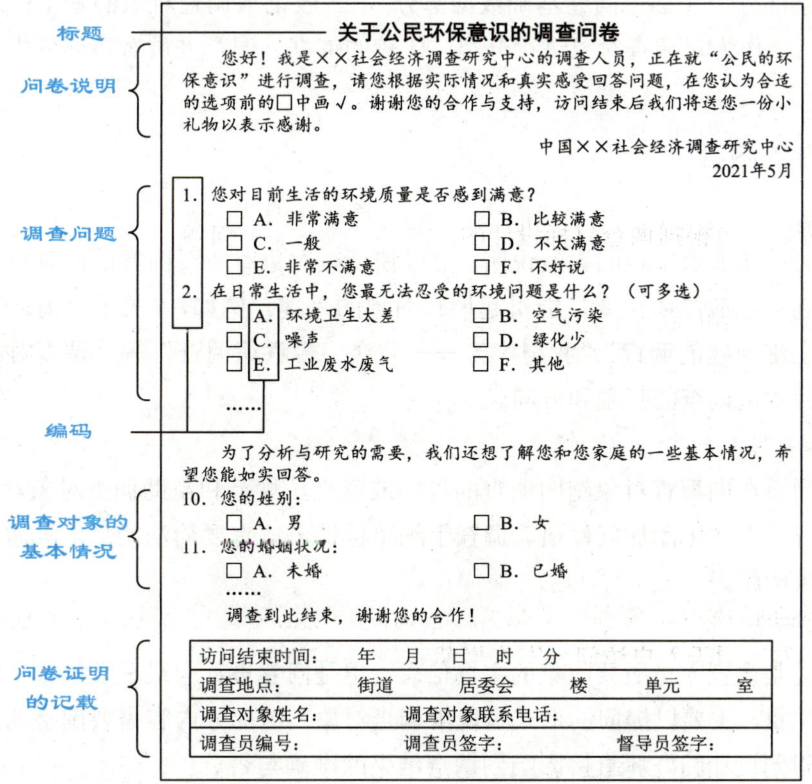

关于公民环保意识的调查问卷

您好！我是××社会经济调查研究中心的调查人员，正在就“公民的环保意识”进行调查，请您根据实际情况和真实感受回答问题，在您认为合适的选项前的□中画√。谢谢您的合作与支持，访问结束后我们将送您一份小礼物以表示感谢。

中国××社会经济调查研究中心
2021年5月

1. 您对目前生活的环境质量是否感到满意？
□ A. 非常满意　□ B. 比较满意
□ C. 一般　□ D. 不太满意
□ E. 非常不满意　□ F. 不好说

2. 在日常生活中，您最无法忍受的环境问题是什么？（可多选）
□ A. 环境卫生太差　□ B. 空气污染
□ C. 噪声　□ D. 绿化少
□ E. 工业废水废气　□ F. 其他

……

为了分析与研究的需要，我们还想了解您和您家庭的一些基本情况，希望您能如实回答。

10. 您的性别：
□ A. 男　□ B. 女

11. 您的婚姻状况：
□ A. 未婚　□ B. 已婚

……

调查到此结束，谢谢您的合作！

访问结束时间：年 月 日 时 分		
调查地点：街道 居委会 楼 单元 室		
调查对象姓名：	调查对象联系电话：	
调查员编号：	调查员签字：	督导员签字：

图 6-1 调查问卷的结构

1. 问卷的结构

1）介绍部分

问卷介绍部分主要阐述本次调查的目的，以得到调查对象的认同，保证调查活动的有效开展，因此，这部分内容应当简洁并具有一定的说服力。需要注意的是，对于需要通过问卷来识别调查对象的调查，还应当在介绍部分设置过滤性问题，以尽快筛选出合格的调查对象，减少不必要的成本浪费，提高调查效率。

过滤性问题是问卷中的甄别部分，是在做正式完整的问卷调查之前，对受访者是否符合调查对象的基本要求进行筛选的问卷问题。

2）主体部分

问卷主体部分是指问卷中的各种问题，这些问题蕴含着大量可以解决企业决策问题的信息，是问卷最重要的部分。通过对调查对象就这些问题的回答进行整理和分析，调查人员可以发现其中蕴藏的大量信息，为市场调查提供可靠的证据支持。

3）背景部分

问卷背景部分，又称“问卷基础数据部分”，一般记录调查对象的基本信息，通常置于问卷的最后，作为对调查对象进行分类、比较的依据。调查人员对该部分内容负有保密义务。

2. 问卷的内容

1）标题

标题是对市场调查主题的大致说明，可以使调查对象对所要回答的问题有一个方向性的了解。问卷标题应简明扼要，能引起调查对象的兴趣。例如，“关于目前××城市商品房价格快速上涨问题的调查”“我与广告——公众广告意识调查”等，调查对象可以通过标题大致了解本次调查的范围和方向。

2）问卷说明

问卷说明旨在向调查对象阐明调查的目的或意义，规范和帮助调查对象对问卷作答。问卷说明部分可以适当添加问候语、调查组织单位等，语言要简洁明了，真诚可信，尽量减轻调查对象的顾虑。

3）问卷问题

问卷问题是调查人员所要收集的主要信息，也是问卷设计中最重要的部分，占有整个问卷的绝大比重，主要以提问的形式呈现给调查对象。这部分内容需要围绕调查问题及目标来确定，问题设计的好坏直接影响到调查结果的准确与否。

问卷问题存在以下三种形式：① 阐述事实或行为，以了解过去或现在客观现象的问题；② 表明观点、态度或动机，以了解调查对象主观意识的问题；③ 推断未来的可能行为，以预测未来发展趋势的问题。例如：

（1）您通过什么途径知道这本书的？

□ A. 他人介绍　□ B. 书店　□ C. 网络

□ D. 杂志或报纸　□ E. 其他

（2）您认为这本书的质量如何？

□ A. 好　□ B. 中　□ C. 差

（3）您下一本最有可能购买何种类型的图书？

□ A. 小说　□ B. 文学　□ C. 传记　□ D. 育儿

□ E. 时尚/美妆　□ F. 技能/考试　□ G. 时政/历史　□ H. 其他

上例问卷问题中，第（1）题为第一种问题形式，用以了解调查对象如何得知本书；第（2）题为第二种问题形式，用以了解调查对象对本书的态度；第（3）题为第三种问题形式，用以了解调查对象未来的购买偏好。

4）编码

编码是指事先规定某一数字作为问题及答案的代码。一般情况下，问卷问题应当逐一编码，以便于后期数据的整理与分析。除此以外，问卷本身也需要进行编码，以便于对问卷的顺序摆放和抽样。

（1）请问您乘坐的舱位是：

□ A. 头等舱　□ B. 公务舱　□ C. 经济舱

该问卷用数字“(1)”来表示问题的序号，用序号“A”“B”“C”“D”来表示答案，分别代指头等舱、公务舱、经济舱和未作答。

5）调查对象的基本情况

调查对象的基本情况是调查对象的一些主要的个人信息，如调查对象的性别、年龄、民族、婚姻状况、文化程度、职业、单位、收入等。

6）问卷证明的记载

在调查问卷的最后，应附上调查人员的姓名、访问日期等。除此之外，还可附上调查对象的姓名、单位或家庭住址、电话等，以便于审核和进一步追踪调查。但对于涉及调查对象隐私的问卷，这些内容不宜列入。

6.2 掌握问卷的设计步骤

设计问卷是依据调查目标和内容对问卷的内容、格式、排版等进行统筹规划，并将问题有序排列组合成问卷的活动。有效地设计并实施问卷调查是获取市场信息的重要手段。

6.2.1 问卷的设计原则

1. 目的性原则

问卷设计人员必须在充分了解调查目标、调查对象、调查内容等的前提下进行问卷的设计。设计好的调查问卷应当能够满足调查与预测的需要，能够帮助调查人员获取充分的、有价值的信息资料。因此，设计问卷时必须从实际出发，所拟题目的目的性要强，能够突出重点。

2. 合理性原则

一份成功的调查问卷，无论从内容上还是结构上，都应当做到合理安排。首先，问卷的内容必须紧密围绕调查主题，任何与主题无关的内容都应当放弃或加以修改。其次，问卷结构应当合理：题目排序得当，符合调查对象的思维顺序，一般先易后难、先简后繁、先具体后抽象，如将选择题置于靠前的位置，主观题置于靠后的位置。

3. 简明性原则

简明性原则对问卷提出了如下要求：① 问卷的内容要清晰简洁，避免重复；② 问卷的篇幅应适中，避免过长；③ 问卷的用词要通俗易懂，避免专业术语堆砌。

案例阅读

合理的问卷设计提高了应答率

美国普查局在过去的人口普查中使用的问卷较长而且不好理解，以至于问卷的应答率很低。后来，美国普查局重新设计了一款问卷，该问卷从以下几个方面做出改进：

（1）缩短问卷长度。问卷问题从之前的 12 个缩短为现在的 7 个。

（2）修改问题的措辞。将过去的问卷中表述不清的问题进行修改，使问题表述得更为简短、清晰。此外，还增加了一些趣味性的问题，以引起调查对象的兴趣。

（3）改进问卷的形式，改善问卷的外观，以增加视觉上的美感。

由于改进后的问卷更简短、更容易填写，邮寄问卷的应答率比以往提高了 10%。

资料来源：https://www.doc88.com/p-1408980711014.html?r=1

4. 非诱导性原则

非诱导性原则是指设计问题时应避免融入设计人员的主观判断。如果设计的问卷问题具有诱导性和提示性，调查对象就会在不自觉中受到影响，掩盖其真实想法，进而影响调查结果的客观性和真实性。例如，“某品牌啤酒泡沫丰富，味道醇正，您是否喜欢？”这一问题加入了设计人员对该啤酒的正面评价，容易诱导调查对象做出肯定的选择。

5. 便于整理、分析原则

为了节约人力物力，设计问卷时还要遵循便于整理、分析的原则。便于整理、分析原则要求所收集的数据方便编码和录入，也就是说问卷要尽量按照计算机的处理要求来设计，最好能直接被计算机读取，以节约时间、提高统计的准确性。

6.2.2 问卷的设计步骤

问卷的设计具体包括以下五个步骤，如图 6-2 所示。

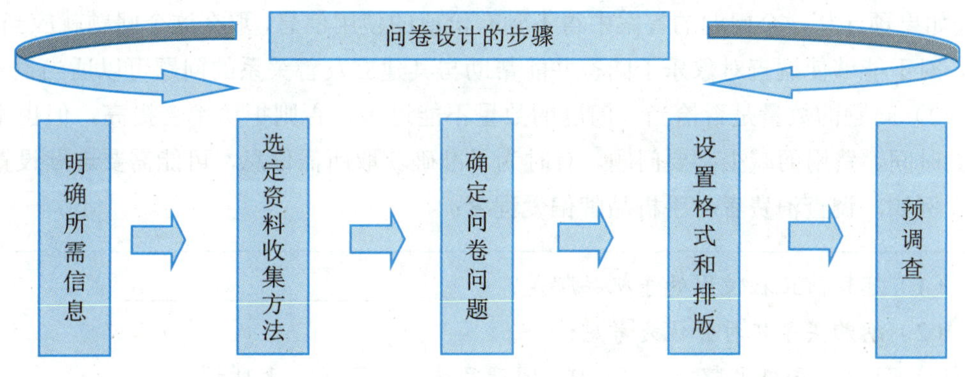

图 6-2 设计问卷的步骤

1. 明确所需信息

设计人员要在充分了解调查问题及调查目标的基础上，按照信息的重要程度、收集方向对所需信息进行有序罗列并形成资料清单。此外，设计人员还要分析调查对象的特征，如调查对象的社会阶层、文化程度、职业、购买行为等，以此作为收集信息资料的出发点和基础。

2. 选定资料收集方法

不同的资料收集方法也会影响问卷的设计。在入户访问中，调查对象能够与调查人员面对面交谈，因此，问卷可以适当设置一些长而复杂的问题；在街头拦截访问和电话访问中，调查时间不宜太长，因此，问卷应尽量设置简短明了的问题；在邮寄访问中，调查对象需自行填写问卷，因此，问卷中应做详细的指导说明；在网络调查中，借助互联网，问卷中可以设置一些复杂的跳答或穿插图片、动画等。

3. 确定问卷问题

选定资料收集方法后，设计问卷的准备工作基本完成，接下来设计人员便可以设计问卷的初稿。此时，设计人员应将调查目标细化为具体的调查事项，并由此确定提出的问题及选项。例如，设定的调查目标为“了解消费者对新产品的评价”，那么可以将消费者对新产品的评价细化为消费者对新产品包装、质量、性价比等方面的评价，再依据各种评价的典型回答设置问卷问题的选项。

你认为该产品的包装如何？

□ A. 很美观，能够吸引我　　□ B. 很普通，勉强可以接受

□ C. 不好看，不太喜欢

在确定问卷问题时，设计人员还需要考虑以下两个方面：

（1）提出的问题是否必要。设计人员对提出的每个问题都应当充分考虑其存在的必要性。如果预计从一个问题的答案中得不到有价值的使用信息，那么这个问题就应当取消。当然，对于能够使调查对象乐于回答并能帮助与其建立友善关系的问题可以适当设置。

（2）问题的数量是否恰当。问题的数量不能过多，否则拒访率会提高，但也不能为了节约时间、费用而减少必要问题。有时为了准确获取所需信息，可能需要连续设置多个问题。例如，调查消费者对手机品牌偏爱程度：

（1）您目前正在使用的手机品牌是？________________

（2）您购买手机时会优先考虑：

□ A. 国外品牌　　□ B. 国产品牌　　□ C. 无所谓

（3）下列手机品牌中，您最喜欢哪个品牌？

□ A. 一加　　□ B. 三星　　□ C. OPPO　　□ D. 苹果

□ E. 小米　　□ F. 华为　　□ G. vivo　　□ H. 联想

4. 设置格式和排版

问卷的版面格式会影响调查对象对调查的第一印象，进而影响他们对调查的态度。因此，问卷编排不能过于紧密，要留出适当的空间，字号大小要合适，重要的地方应加以强调。还要注意问卷的美感与活泼性，要尽量调动调查对象填写问卷的兴趣。

5. 预调查

预调查是指在问卷设计完成后、进行大规模正式调查之前，对问卷的内容、措辞、问题的顺序等进行小规模的试验性调查。其目的是了解初稿存在的问题并及时予以修正。需要注

意的是，预调查的对象与实际调查对的象应当从同一人群中抽取，以保证预调查的代表性。

预调查最好以入户访问或街头拦截访问的形式进行，这样调查人员可以观察调查对象的反应及态度，从而更好地检验问卷设计是否存在问题。

6.3 设计问卷问题

问题是调查问卷的核心，在设计问卷问题时，不仅要考虑问题的形式，也要考虑问题的用词，还要考虑问题的排列顺序。

6.3.1 问题的设计形式

1. 开放性问题

开放性问题可以使调查对象不受限制、充分自由地表达自己的看法和理由，进而获得大量丰富、具体的信息资料。但是，开放性问题的资料整理与加工比较费时、费力，调查结果受调查人员业务水平和调查对象表达能力的影响程度较大。例如：

（1）您购买智能手机优先考虑什么？____________________

（2）请说明您的理由？____________________

2. 封闭性问题

封闭性问题的标准化程度高，比较容易回答且答案容易处理和分析，可以节约调查时间。但是，封闭性问题的选项有时无法准确表达调查对象的意见或看法，容易导致调查对象随意乱答。常见的封闭性问题有二项选择题、多项选择题和量表题。

1）二项选择题

封闭性问题最简单的形式是二项选择题，这种类型的问题只允许调查对象在给定的两个性质相反的备选答案中选择其一，调查对象可以快速方便地回答。但二项选择题的答案处于两个极端，忽略了其他可能存在的选择答案，有时会产生较大的误差。因此，这种方法适用于询问较为简单的事实性问题。例如：

（1）您是否打算在近五年内购买住房？

□ A. 是　　□ B. 否

> (2) 您认为今年租房的费用比去年高还是低?
>
> □ A. 高　　□ B. 低

2）多项选择题

多项选择题是指提供两个以上备选答案的问题，调查对象可以根据自己的想法任选其中一项或几项作为答案。在设计这种类型的题目时，设计人员要考虑以下三种情况：

（1）备选答案应涵盖主要的、常规的结果，避免出现重复和遗漏。

（2）要注意备选答案的排列顺序，有些调查对象常常喜欢不假思索地选择排在第一位的答案，从而使调查结果发生偏差。

（3）备选答案的数量一般控制在 8 个以内。以防因选项过多而引起调查对象的反感。例如：

> 您购买热水器时，主要考虑的因素有哪些?
>
> □ A. 价格　　□ B. 安全性　　□ C. 省电
>
> □ D. 品牌　　□ E. 售后服务　　□ F. 使用方便

3）量表题

量表题是指运用排序、选择数值范围、比较等方法对调查对象的行为或态度等进行测量的问题。市场调查中常用的量表有顺序量表、配对比较量表、固定总数量表、语义差别量表和李克特量表等。

（1）顺序量表。顺序量表是指列出若干选项，调查对象在自主判断的基础上按照先后或主次顺序排列答案的测量表，适用于要求答案有先后顺序的问题。例如：

> 请按照您喜欢的程度对以下品牌的牛奶进行编号，最喜欢的为 1 号，次喜欢的为 2 号，依次类推。将数字写在选项前的横线上。
>
> ______A. 伊利　______B. 蒙牛　______C. 三元
>
> ______D. 君乐宝　______E. 味全　______F. 光明
>
> ______G. 新希望　______H. 其他______（写出品牌）

（2）配对比较量表。配对比较量表要求调查对象根据某一标准对一系列选项两两对比，从中做出选择。这种量表适用于对质量和效用等做出评价的问题。应用配对比较量表要确保调查对象熟悉所要回答问题中的所有选项，否则将会导致空项发生。例如：

> 下面是十对牙膏的品牌，在每一对品牌中，选出你更喜欢的一个，在选中品牌旁边的□内划 √。
>
> (1) □ 中华　　□ 高露洁

(2) □ 中华 □ 佳洁士
(3) □ 中华 □ 云南白药
(4) □ 中华 □ 舒适达
(5) □ 高露洁 □ 佳洁士
(6) □ 高露洁 □ 云南白药
(7) □ 高露洁 □ 舒适达
(8) □ 佳洁士 □ 云南白药
(9) □ 佳洁士 □ 舒适达
(10) □ 云南白药 □ 舒适达

(3)语义差别量表。语义差别量表多用于评价产品的性质或属性。具体操作步骤如下：① 确定所要进行测定的事物；② 挑选能够用来形容这一事物的两个相反的形容词或短语列于量表的两端；③ 将两个反义词之间的语义差别划分为若干等级（一般为7个），每一等级的数字分别为1、2、3、4、5、6、7或+3、+2、+1、0、−1、−2、−3，来供调查对象选择；④ 由调查人员将调查对象在每一量表上选择的答案汇总，从而判断调查对象的意见或态度。例如：

您认为某品牌产品的包装如何，请您在最能精确地描述您对包装印象的空白处划上标记"×"，请确保没有遗漏。

	+3	+2	+1	0	−1	−2	−3	
精美				×				劣质
喜欢					×			讨厌
时尚						×		保守

利用语义差别量表可以迅速、高效地检查产品或企业与竞争对手相比所具备的优势与劣势。研究表明，"7点评分"量表的测量效果较令人满意，即评分点数目为7个时最佳。如果评分点数目太少，整个量表会过于粗糙；如果评分点数目太多，又可能超出大多数人的分辨能力。

(4)固定总数量表。固定总数量表是指调查人员规定总数值，由调查对象将数值（通常是100分或10分）进行分配，通过分配数值的不同来表明调查对象不同态度的测量表。这种量表适用于对产品、企业形象及某影响因素的作用做出评价的问题。需要注意的是，调查对象在填写量表时，必须保证分配的各数值之和等于总数值。例如：

根据喜爱程度，对A、B、C、D四种品牌的巧克力进行打分，四种品牌总分为100分。调查对象的打分结果如表6-1所列：

表 6-1 调查对象对四种品牌巧克力的评分表

品牌 / 调查对象	A 牌巧克力	B 牌巧克力	C 牌巧克力	D 牌巧克力	合计
甲	60	20	10	10	100
乙	50	30	15	5	100
丙	30	40	10	20	100
总计	140	90	35	35	300

从各种品牌的总得分可以看出，A 牌巧克力得分最高，说明 A 品牌可能是调查对象最喜爱的品牌。

固定总数量表与配对比较量表相比，可以避免次数繁多的配对比较，还可以将两种具有相同价值的特性或项目如实地表示出来。但是，当特性或项目的数量增加时，调查对象可能会感到混乱，不太容易分配数值，计算也更困难，易导致差错。因而，使用这种量表测量的特性或项目不宜过多。

（5）李克特量表。李克特量表是在问卷设计中运用十分广泛的一种量表。它将调查对象对测试项目的态度分为“非常同意、同意、不一定、不同意、非常不同意”五个等级，并分别记为 1、2、3、4、5，调查对象根据自己的意愿在给出的五个选项中做出选择。

例如：

请您对某餐饮店做出整体评价，在五种态度中选出最能表示您的观点态度的，在相应数字下划 √。其中，1=强烈反对，2=反对，3=中立，4=同意，5=强烈赞成。

表 6-2 李克特量表实例

	1	2	3	4	5
服务态度很好				√	
价格适中			√		
环境舒适				√	
上菜速度快		√			

6.3.2 问题的设计用词

1. 通俗易懂，避免复杂

问题的语言应通俗易懂，避免因理解错误而产生偏差。此外，问题应避免使用双重否定结构的句子，也尽量不要使用长而复杂的复合句。例如，“您赞不赞成某些酒店不允许自带酒水的规定？”这类结构的句子往往会导致调查对象不能快速读懂句子的真实涵义，也就无法顺利回答问题。若改为“您赞成酒店不允许自带酒水的规定吗？”会更容易理解。

2. 避免诱导性问题

诱导性问题会影响调查的准确性，应避免使用。例如，“消费者普遍认为海尔冰箱好，您的看法如何？”这类问题有明显的暗示性，会影响调查对象的回答。如果把问题改为“您认为海尔冰箱如何？”就可以避免这种暗示性。又如，若问卷的前几个问题都与某品牌或某机构有关，那么调查对象很容易就能识别出调查发起者，这样就可能使回答发生偏差。

3. 有技巧地提出敏感性问题

敏感性问题是指涉及调查对象秘密、禁忌而不愿意公开表态或陈述的问题。例如，涉及私人财产、偷税漏税、犯罪记录等问题。这类问题若直接提问往往会引起调查对象的反感，导致调查对象不愿意做真实回答或拒绝回答。因此，问卷中应尽量避免敏感性问题。但是，一些敏感性问题基于调查目的而无法回避，这就需要对其进行一定的处理，具体包括以下几种方法。

1）释疑法

在问卷的开头运用说明性语言，来消除调查对象的顾虑。例如，针对大学生恋爱观的调查，在问卷开头说明：“您好，我们是××调查公司的调查人员。为了解目前在校大学生的恋爱观念，我们将征询您的看法。请您客观陈述您的观点，我们将对您的回答和个人信息予以严格保密。谢谢您的支持和配合！”

2）转移法

不直接询问调查对象的观点，而是把问题转移到其他人身上，请调查对象对他人的行为进行评价。例如，“许多同学在考试中都存在作弊的行为，您知道是什么原因吗？”

3）假定法

用一个假定条件句做前提，询问调查对象的看法。例如，“如果不考虑经济压力，您会选择更换目前的工作行业吗？”

4. 避免含糊的问题

含糊不清的问题容易产生歧义，会使调查对象无所适从。例如，有时、经常、偶尔、很少、很多、相当多、几乎等词语对于不同的人而言有不同的理解。因此，为了避免产生歧义，问题措辞必须具体、细致，要做到标准统一。例如，“您通常几点上班？”这是一个不明确的问题，调查对象难以分辨“几点”到底是指离家时间还是指在公司开始工作的时间。问题若改为“通常情况下，您几点到单位？”就比较明确了。

> 本月您加班情况如何？
> 模糊选项：□ 不加　□ 偶尔　□ 经常　□ 定期
> 准确选项：□ 没有　□ 1～3 次　□ 4～6 次　□ 6 次以上

5. 避免双管问题

双管问题是指涉及两个或两个以上问句的问题。双管问题很难获得某一个观点的具体答案。例如，“您认为可口可乐的味道和原料如何？”“您认为某航班是否安全准时？”这些问题实际上是询问了两件事情，应当分成两个问题来提问。

6.3.3 问题的设计顺序

1. 先易后难，敏感问题置于最后

为了赢得调查对象的信任和合作，问卷开头至关重要。因此，应将容易的问题置于靠前的位置，较难的问题置于靠后的位置，敏感性问题置于最后。在建立友好关系后，调查对象一般会认真参与，他们对后面较难回答的问题及敏感性问题的抵触情绪就会降低，从而增加获得答案的可能性。

2. 封闭性问题在前，开放性问题在后

一般来说，封闭性问题的填写比较简单，适合置于靠前的位置；开放性问题的填写需要花费较长时间去思考，将其放在前面会使调查对象产生畏惧心理，从而影响其填写问卷的积极性，因而适合置于靠后的位置。

3. 注重问题的逻辑顺序

问题应当以一种符合逻辑的顺序提出，具体要求如下：

（1）有关调查目标的问题置于靠前的位置，有关个人基本情况的问题置于靠后的位置。

（2）同一类别的问题位置相邻，并考虑优先提问。

（3）行为性问题尽量置于靠前的位置，态度、意见、看法等方面的问题尽量置于靠后的位置。

调查问卷的设计

例如，有关沐浴乳的问卷首先可以提问“在过去 1 个月里，你曾购买过沐浴乳吗？”促使人们开始考虑有关沐浴乳的问题，然后问及沐浴乳的购买频率、购买的品牌、对所购品牌的满意程度及再次购买的意向，然后问理想的沐浴乳有哪些特点、调查对象的皮肤特质，最后设置有关调查对象的年龄、性别等人口统计方面的问题。这样的排列可以快速得到调查对象的信任，并使其愿意提供个人信息，进入答题。如果一开始就询问个人的基本情况，可能会让调查对象产生抵触的心理，从而拒绝回答后面的问题。

实地调查 居安思危，调查国家安全认知

任务概述

每年 4 月 15 日为全民国家安全教育日。2021 年 4 月 15 日是第 6 个全民国家安全教育日，主题是：“践行总体国家安全观，统筹发展和安全，统筹传统安全和非传统安全，营造庆祝建党 100 周年良好氛围”。为了掌握本校学生对国家安全的了解情况，以便有针对性地开展国家安全教育，需要进行一次调查。请选择合适的调查方法，并设计相应的调查问卷。

任务分组

全班学生以 3～5 人为一组进行分组，各组选出组长并进行任务分工，将小组成员及分工情况填入表 6-3 中。

表 6-3 小组成员及分工情况

<table>
<tr><td>班级</td><td></td><td>组号</td><td></td><td>指导教师</td><td></td></tr>
<tr><td>小组成员</td><td>姓名</td><td>学号</td><td colspan="3">任务分工</td></tr>
<tr><td>组长</td><td></td><td></td><td colspan="3"></td></tr>
<tr><td rowspan="6">组员</td><td></td><td></td><td colspan="3"></td></tr>
<tr><td></td><td></td><td colspan="3"></td></tr>
<tr><td></td><td></td><td colspan="3"></td></tr>
<tr><td></td><td></td><td colspan="3"></td></tr>
<tr><td></td><td></td><td colspan="3"></td></tr>
<tr><td></td><td></td><td colspan="3"></td></tr>
</table>

任务准备

（1）对国家安全的内容及国家安全教育的开展形式有所了解。

（2）了解本校学生相关情况。

工作计划

小组商议，制订出具体的工作计划，填入表 6-4 中。

表 6-4　工作计划

步骤	工作内容	时间安排	负责人
1			
2			
3			
4			
5			

任务实施

按照工作计划，开展对本校学生国家安全了解情况的调查。将具体的实施情况记录在表 6-5 中。

表 6-5　实施步骤

时间安排	实施步骤
	1．确立调查目标：________
	2．确定调查内容：________ ________ ________
	3．选择市场调查方式：________
	4．选择市场调查方法：________
	5．确定问卷的结构：________
	6．设计问卷问题
	7．开展调查。记录调查中遇到的问题及解决方法 （1）________ （2）________ （3）________ （4）________ （5）________ （6）________
	8．小组讨论，对调查结果进行汇总、整理
	9．撰写调查报告

评价反馈

各组提交调查报告，并配合指导老师完成如表 6-6 所示的考核评价表。

表 6-6 考核评价表

项目名称	评价内容		分值	评价分数		
				自评	互评	师评
素养评价 20%	仪容仪表得体		6 分			
	具备团队精神，能够积极与他人合作		6 分			
	积极、认真参加实践任务		8 分			
技能评价 30%	能采用多种方法开展调查		10 分			
	遵循调查问卷的设计步骤，调查问卷结构合理，调查问题形式多样，用词贴切，顺序得当		10 分			
	能够全面、细致地制订调查方案		10 分			
成果评价 50%	所设计的调查问卷目的明确、客观简明，能够有效掌握本校学生对国家安全知识的了解情况		20 分			
	能提出合理的开展国家安全教育的形式		10 分			
	调查报告逻辑清晰、言之有物		20 分			
合计			100 分			
总评	自评（20%）+互评（20%）+师评（60%）=	综合等级：___	教师（签名）：			

自我检测

1．单选题

（1）设计调查的问卷应当尽量避免（　　）。

A．统一性　　B．诱导性　　C．灵活性　　D．确定性

（2）下列选项中，属于开放性问卷的特点是（　　）。

A．易于记录　　B．成本低

C．限制较少　　D．节约时间

（3）问卷中的问题是“您认为这种高质量麦氏咖啡的口味如何？”这一问题的不当之处是（　　）。

A．用词不够确切　　B．含有诱导性问题

C．包含了多项内容　　D．采用了否定形式的提问

（4）设计问卷问题时，采用多项选择题可能遇到的困难是（　　）。

A．设计时间过长　　B．设计成本较高

C．回答时间不容易控制　　D．选项没有涵盖所有可能的内容

2．简答题

（1）简述调查问卷的分类。

（2）简述设计问卷的步骤。

（3）设计问卷内容应当注意哪些问题？

3．案例分析题

读者基本情况调查问卷

我们期待您填写的登记卡，您的回答将严格保密并纳入读者数据库。届时，您可在购买图书时得到优惠。如果您对所购书籍存在意见，请另附纸张与本问卷一并寄给××公司，我们将十分感谢！

请在您选中答案的方框内打“√”，或将您的答案填在横线上。

（1）姓名：________

（2）性别：

□ 男　□ 女

（3）年龄：______岁

（4）您所在单位的行业：

□ 制造业　□ 咨询业　□ 金融业　□ 服务业

□ 商业　□ 机关　□ 教育

（5）您的职位：

□ 总经理　□ 营销总监　□ 部门经理　□ 职员

□ 教师　□ 公职人员　□ 学生　□ 其他

（6）您单位的员工数：

□ 100 人以下　□ 100～500 人　□ 500～1 000 人

□ 1 000～5 000 人　□ 5 000 人以上

（7）您的收入：每月______元人民币

（8）您的文化程度：

□ 高中　□ 大专　□ 本科　□ 硕士

□ 博士

（9）您的通信地址：____________　邮政编码：________

（10）您的邮箱地址：__________

（11）您购买的书名是：____________

（12）您是怎样知道这本书：

□ 别人介绍　□ 在书店看到　□ 杂志　□ 网络

□ 报纸　□ 培训班购买　□ 其他

（13）您认为这本书的质量怎么样？

□ 好　□ 中　□ 差

（14）请在以下几个方面对您所购书籍予以评价：

	很好	好	一般	不太好	差
① 理论、专业水平的角度	□ 5	□ 4	□ 3	□ 2	□ 1
② 实用、可操作性的角度	□ 5	□ 4	□ 3	□ 2	□ 1
③ 内容新颖、创新的角度	□ 5	□ 4	□ 3	□ 2	□ 1
④ 文笔、案例生动的角度	□ 5	□ 4	□ 3	□ 2	□ 1
⑤ 印刷、装帧质量的角度	□ 5	□ 4	□ 3	□ 2	□ 1

【问题】

（1）问卷中问题的排序是否存在不当之处？如存在请改正。

（2）问卷问题的措辞是否存在不当之处？如存在请改正。

一份调查问卷背后　折射上海“十四五”规划编制新思路

办好“家门口的每一所学校”、加大社区养老服务供给、落实分级诊疗制度……在上海市人大举行的“十四五”规划编制专题调研和问卷调查情况新闻发布会上，除聚焦战略性、基础性、关键性的“大”议题，包括教育、养老、医疗等在内的这些“小”话题，一并列入了调查报告中。

2020 年是“十四五”规划编制起草的关键年，需要根据中央和市委关于制定“十四五”规划的建议，把顶层设计和问题与民相结合，形成本市“十四五”规划纲要草案，并于 2021 年 1 月提交本市十五届人大会议审批。

“人民城市人民建，人民城市为人民”。作为联系市民、反映民意的重要渠道，上海各级人大代表如何集聚各方智慧，把反映时代特征和超大城市特点的顶层设计与市民群众的诉求相结合？此次调查报告即是一次全新的尝试。

据发布会通报，此次参与调查的 7 895 名代表中，全国人大代表 14 位，市级人大代表 593 位，区级人大代表 2 974 位，乡镇人大代表 4 578 位。

“市人大在‘十三五’规划编制时，开展过面向市区两级的调查问卷。而此次‘十四五’调查问卷，我们的问卷调查对象扩展到了四个层级。”上海市人大财经委主任委员戴柳介绍，此次“十四五”规划征询建议的调查问卷提倡“干货”，不仅面向代表的范围更广，增加了全国人大代表和乡镇人大代表两级，问卷设计和回收的质量也更高。

调查结果显示，在积极应对人口深度老龄化方面，69.9%的代表认为要加大社区养老服务供给，提升服务质量和专业化水平，58.5%的代表认为要加强医养融合，增加护理型养老床位供给。而在教育领域，75.7%的代表认为要布局优质均衡的基础教育，办好“家门口的每一所学校”，58.4%的代表认为要培养一批“好校长”“好老师”，加强师资培养力度。

而通过基层代表的参与，不少“接地气”的话题也冒了出来。例如，在交通枢纽旁增设建造大型停车场、进一步延伸浦江公共空间等，这些来自居民的建议都是此次调查中收集到的。

“一拿到问卷二维码，我们就赶紧发布到代表群开展意见搜集，作为基层代表，第一次参与如此‘高级别’的问卷调查，感觉很开心。”一位代表说，他很看好这种将基层民意反映到市规划编制部门的方式。

此外，此次调查问卷的选项设计也引得不少基层代表“点赞”：“问卷设计是下过‘功夫’的，与正在进行的规划编制也很是契合，既有宏观话题也不乏交通、教育、医疗等微观话题，选项很丰富，每条都能说到心坎里。”

资料来源：http://sh.people.com.cn/n2/2020/0826/c134768-34252937.html

项目7

制订与评价市场调查方案

项目导读

XIANGMU DAODU

在确定好调查问题、目标和内容，选择好调查方法和方式后，调查人员便可以着手制订市场调查方案了。市场调查方案是整个市场调查的行动纲要，一份高质量的市场调查方案将为市场调查活动的有效实施提供强有力的保证。本项目主要介绍如何制订市场调查方案，以及对其进行评价。

任务清单

RENWU QINGDAN

完成一项学习任务后，请在对应的方框中打钩。

知识目标	□	了解市场调查方案的作用
	□	理解市场调查方案的类型
	□	掌握市场调查方案的内容与制订
	□	掌握市场调查方案的评价标准并对其进行可行性分析
实训目标	□	查找并认识我国正在不停上演的“中国奇迹”
	□	感受“中国奇迹”对我国产生的影响
技能目标	□	能够根据实际情况制订市场调查方案
	□	能够对市场调查方案进行可行性分析并修改
素质目标	□	对市场调查方案的制订与评价有正确的认识
	□	理论联系实际，形成良好的行事作风和习惯

案例导入

ANLI DAORU

洗碗机在中国市场的“冷遇”

某品牌洗碗机进入中国已经有二十余年，却始终无法打开市场。而同公司其他类型的家电产品，如消毒柜、微波炉等，早已进入千家万户，成为家庭必备的电器。

该品牌洗碗机在进入中国市场前，寄希望于广告媒体，制订了大量有关广告效果的市场调查方案，其内容主要包括：① 市场上有关洗碗机的广告策划；② 消费者接受广告的途径；③ 消费者看电视的时间段；④ 令消费者印象深刻的广告及其特征；⑤ 消费者对洗碗这件事的态度。

根据调查结果，该公司推出了以“洗碗机比手洗更卫生”“解放双手，节约时间”等为主题的广告，以宣传洗碗机清洗餐具的功能。但是，高招用尽，消费者对洗碗机仍是兴趣平平。

随后，欧力公司在重新制订市场调查方案并实施具体的调查活动后，找到了该洗碗机在中国市场未能畅销的主要原因——该洗碗机性价比低，价格昂贵不说，并不是所有的餐具都能洗；此外，一般家庭一次只有几个碗碟需要清洗，且多数成员都可以洗碗，并不会花费太多的时间。

资料来源：https://wenda.so.com/q/1376617652067463

思考：

（1）该品牌洗碗机为何没能打开销路？

（2）该公司公司市场调查失败的原因有哪些？

知识课堂

ZHISHI KETANG

问题导入

（1）你对市场调查方案有何认识？

（2）市场调查方案有哪些种类？

（3）你参与过制订哪些市场调查方案？

（4）你有哪些疑问希望通过本项目的学习得到解决？

知识链接

7.1 制订市场调查方案

市场调查是一项复杂和细致的工作，需要事先做出周密的安排和计划。调查人员只有根据市场调查目标，合理安排市场调查的步骤和程序，使市场调查工作有计划、高效率地进行，才能避免时间和资金的浪费，取得预期和满意的市场调查结果。

7.1.1 市场调查方案的基础知识

市场调查方案是指在调查工作正式实施之前，调查人员根据确定的市场调查目标、对象、内容等实际情况，对市场调查工作做出的总体安排。市场调查方案是否科学、可行，直接关系到整个市场调查工作的成败。

1. 市场调查方案的作用

1）为市场调查工作提供方针指导

市场调查方案在市场调查中起着十分重要的作用。它是整个市场调查工作的指导大纲，又是具体调查活动的说明书，还是对调查内容、方法的详细规定。因此，市场调查方案可以帮助调查人员有计划、高质量、高效率地完成市场调查工作。

案例阅读

冲浪超浓缩洗衣粉为何失败

联合利华公司生产的冲浪超浓缩洗衣粉（Surf）在进入日本市场前，做了大量的市场调查。调查的内容主要包括：① 消费者对洗衣粉的消费心理；② 消费者对洗衣粉品牌的了解程度；③ 消费者对洗衣粉气味的要求；④ 消费者对洗衣粉包装的要求；⑤ 消费者对理想洗衣粉的描述。

根据市场调查结果，联合利华公司将Surf的包装设计成日本人装茶叶的香袋模样，并将“气味清新”作为Surf的主要宣传点。但是，当Surf在日本全国推广后，市场份额仅能占到2.8%，远低于期望值，一时使得联合利华公司陷入窘境。

通过调查跟踪，联合利华公司发现造成这一状况的原因所在：其一，Surf在洗涤时难以溶解，其原因是日本当时正在流行使用慢速搅动的洗衣机，而联合利华公司恰恰忽视了Surf作为洗衣粉应具有的易溶性；其二，误将包装、方便性和气味作为吸引消费者的关键因素，而未考虑洗衣粉的本质是清洗污渍。

显然，Surf进入市场时实施的调查方案存在严重缺陷，调查人员没有找到在日本销售洗衣粉的关键影响因素，从而导致公司对消费者的消费行为产生了误解。

资料来源：https://www.docin.com/p-511523226.html

2）有利于资源的合理配置

在市场调查工作实施过程中，调查人员不仅会遇到许多矛盾和问题，还会碰到许多困难和障碍。此时，调查人员可以利用制订好的市场调查方案，抓住主要矛盾，高效合理地配置资源，以提高调查工作的效率和效果。

3）为取得委托方信任提供依据

对于委托外包的市场调查项目，常常会有多个调查团队去竞争。而好的市场调查方案是衡量市场调查团队专业水平的标准，是其赢得委托方信任、取得委托调查业务的依据。

2. 市场调查方案的类型

市场调查方案有各种不同的类型。根据作用不同，市场调查方案可以分为市场调查项目建议书和正式市场调查方案两种类型。

1）市场调查项目建议书

市场调查项目建议书是社会专业市场调查机构向各类商业企业承揽市场调查业务时，提交给企业管理层，供其审核参考的市场调查方案。在市场调查机构与企业长期合作或对企业经营情况比较了解的情况下，市场调查项目建议书稍加修改便可用作正式的市场调查方案。

2）正式市场调查方案

正式市场调查方案是在市场调查机构与企业签署合作协议后编制的用于指导实际市场调查活动的行动指南。正式市场调查方案必须根据实际情况在市场调查项目建议书上进行修改，它将市场调查项目建议书中的设想和假设具体化，使市场调查更具有操作性。

自我思考

某市场调查机构在为某企业出具市场调查项目建议书后，一字未改，便将其作为正式的市场调查方案交给企业，最终导致企业的调查结果不太准确。对此，你有什么看法？

7.1.2　市场调查方案的制订

市场调查方案是对整个市场调查工作进行全方位、全过程的通盘考虑，应当包括整个调查工作的全部过程。虽然不同调查项目的调查方案所包含的具体内容有所区别，但一般都包括以下几个部分，即调查背景、调查问题及目标、调查内容、调查对象及范围、调查方法、资料的整理分析、时间和经费安排、附录等，具体如图 7-1 所示。

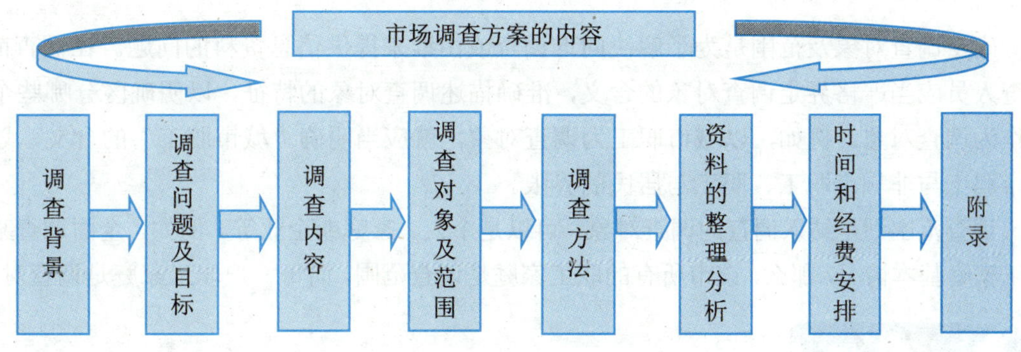

图 7-1　市场调查方案的内容

1. 梳理调查背景

调查背景是市场调查方案的开头部分，应当简明扼要地介绍调查问题产生的背景或本次调查工作的意义。例如，调查博物馆文创产品的发展前景及改善方向时，调查背景部分应当说明博物馆文创产品的近期销售情况、存在的有利和不利条件等。编写调查背景时，调查人员应尽量从满足调查需求方的角度出发，简明扼要地把委托方的问题说清楚。

在获取背景资料时，调查人员如果对营销现象知之甚少，或者对调查问题难以清晰地界定，可以采用探索性调查获取所需要的背景资料。

2. 明确调查问题及目标

明确调查问题及目标是编写市场调查方案的首要问题。只有事先明确调查问题及目标，调查人员才能确定调查的内容、对象和方法，才能保证市场调查具有针对性。调查问题及目标不仅应当指出调查项目所要解决的问题，即调查的原因是什么，调查的结果有何用处，还应当指明调查结果能给企业带来的决策价值、经济效益、社会效益及在理论上的重大价值。

3. 确定调查内容

调查内容是收集信息资料的依据，是为实现调查目标服务的。调查人员可以根据具体的调查目标确定具体的调查内容。例如，确定的调查目标为“分析影响产品销量的消费者购买行为”，那么，调查人员可以将消费者购买、使用和使用后对产品的评价列作调查的具体内容。

一项市场调查可能包含多方面的内容，但调查内容并非越多越好，盲目增加内容不仅不会对调查目标起到应有的作用，还可能会加大调查的工作量和统计量。此外，在制订市场调查方案的具体内容时，调查人员还要考虑调查的预算经费和人力资源等情况。

4. 确定调查对象及范围

确定调查对象及范围是为了解决向谁调查或由谁来提供信息资料的问题。在调查前，调查人员应当严格界定调查对象的含义，准确描述调查对象的特征，以明确区分哪些个体应作为调查对象。例如，以城市职工为调查对象，就应当明确“城市职工”的含义，划清城市职工与非城市职工、职工与居民的界限。

调查范围则是纳入调查的调查对象，可以是个人、家庭或企业等。例如，全面调查某市职工家庭基本情况，那么，该市所有的职工家庭是调查范围，而每一户职工家庭是调查对象。

提 示

如果采用抽样调查来确定调查对象的范围，市场调查方案中应当列示所选抽样方法的操作步骤、所取样本量的大小和所要达到的精度指标。

5. 选择调查方法

市场调查方案应当详细说明信息资料的收集方法和具体操作步骤。如果选择访问调查或网络调查，并选择问卷作为收集信息的工具，市场调查方案应当详细说明问卷的长度、问卷问题的设计思路，问卷问题的类型等；如果选择观察调查和实验调查，市场调查方案则应当准备好观察表和实验表等工具，并在编写本部分内容或附录时加以说明。

在实际调查中，为了准确、及时、全面地获取信息资料，调查人员可综合运用多种调查方法。

6. 制订资料整理分析方案

资料整理是对收集到的信息资料进行分类、加工的过程，其目的是为市场调查提供系统化、条理化的综合资料。调查人员应当在市场调查方案中列明对资料审核、修正、编码、分类、汇总等做出的具体安排。

资料分析是对收集到的信息资料进行处理、总结的过程。市场调查方案需要明确资料分析的方法，如平均指标分析、离散程度分析等。由于每种分析方法都有其自身的特点和适用性，因此，调查人员应根据实际调查要求，选择最合适的分析方法并在市场调查方案中加以确定。

7. 组织时间和经费安排

1）编制市场调查进度表

市场调查时间安排主要是具体详细地安排各个阶段的工作，如什么时间需要做什么事、由谁负责、有哪些需要注意的问题等，最终总结成市场调查进度表。

市场调查进度表是市场调查活动的时间依据，也是提高工作效率、合理控制调查成本的手段。在实际调查中，市场调查进度表的拟定需要考虑以下两个方面的问题。

（1）客户的时间要求与信息资料的时效性。对于时效性强的信息资料，调查人员应当严格把控信息的获取时间。对于某些有特殊要求的调查项目，市场调查应当控制在一定时间段内完成。例如，调查某产品在国庆黄金周的销售情况，就应当将调查活动的实施控制在黄金周的 7 天内，然后根据具体情况，列出调查活动每一个阶段所需要花费的时间，具体如表 7-1 所列。

表 7-1　市场调查进度表

工作与活动内容	时间	参与小组成员	主要负责人员	备注
调查方案和问卷初步设计	9 月 5 日—9 月 12 日			
预调查及问卷测试	9 月 13 日—9 月 22 日			
问卷修正、印刷	9 月 23 日—9 月 30 日			
调查访问	10 月 1 日—10 月 7 日			

（续表）

工作与活动内容	时间	参与小组成员	主要负责人员	备注
资料整理分析	10 月 8 日—10 月 14 日			
撰写调查报告	10 月 15 日—10 月 18 日			

（2）调查的难易程度与调查活动中可能出现的问题。调查人员应当根据以往总结的经验，将各种可能出现的情况提前考虑周全，避免影响市场调查的效率。

市场调查进度表不是一成不变的，它可以随时根据市场调查过程中出现的实际问题进行修改，以保证市场调查活动的顺利进行。

2）编制市场调查经费预算表

在进行经费开支预算时，调查人员应尽可能将会发生的费用考虑全面，以避免在调查过程中出现经费短缺而影响调查进度的情况。需要注意的是，调查经费的预算一定要合理，切不可随意多报、乱报，否则会影响市场调查方案的审批或竞标。

为了使调查经费一目了然，调查人员通常会编制市场调查经费预算表。一般来说，市场调查经费预算表包括资料收集费、复印费、问卷设计费、印刷费、实地调查劳务费、数据处理统计费、计算机数据处理费、报告撰稿费、打印装订费、组织管理费等内容，具体如表 7-2 所列。

表 7-2　市场调查经费预算表

经费项目	数量	单价/元	金额/元	备注
1. 资料收集费				
2. 复印费				
3. 问卷设计费				
4. 印刷费				
5. 实地调查劳务费				
6. 数据处理统计费				
……				
总计				

8. 编写附录

附录一般包括市场调查项目的主要负责人及主要参加者、抽样方案及技术说明、问卷及有关技术说明、数据处理的方法等，还包括对团队成员的专长和分工情况的简单介绍。

案例阅读

“采乐”洗发水的市场调查方案

一、调查背景

宝洁公司凭借其强大的品牌运作能力及资金实力，在洗发水市场牢牢地坐稳了第一把交椅。西安杨森制药有限公司（以下简称“西安杨森”）通过市场细分，在药品和洗发水两个行业间找到了一个交叉点，推出兼有去屑和洗发两种功能的药用洗发水——采乐。为了提高“采乐”洗发水在全国重点城市中的市场占有率，并为其今后的营销策略提供科学依据，西安杨森拟在全国重点城市进行专项市场调查。

二、调查问题及目标

本次市场调查的主要问题是确定“采乐”洗发水的市场前景。根据该问题确定的具体调查目标是确定“采乐”洗发水今后营销策略的重点。

三、调查内容

（1）使用“采乐”洗发水后的感觉如何？

（2）“采乐”洗发水的哪些方面更加吸引消费者？

（3）“采乐”洗发水的哪些方面需要改进？

（4）消费者是否会选择再次购买“采乐”洗发水？

（5）消费者如何评价其他药用洗发产品？

……

此外，调查人员还需要收集包括消费者的年龄、性别、收入、职业、发质等在内的基础资料，以备统计分析之用。

四、调查对象及范围

（1）调查对象要有广泛的代表性。调查对象要能够基本反映消费者对“采乐”洗发水的看法，并能反映“采乐”洗发水前期营销策略的实施情况。

（2）调查对象要有针对性。“采乐”洗发水主要针对有头屑的消费者，其价格偏高。因此，此次调查应针对大中城市有使用过药用洗发产品且具有一定经济能力的消费者。

基于以上原则，建议采用如下标准甄选调查对象：① 20～45 周岁使用过药用洗发产品的城市居民；② 本人及亲属不在相关单位工作（如调查公司、广告公司及洗发水行业等）的人员；③ 在过去 6 个月内未接受或参加过任何形式的相关市场调查的人员。

五、调查方法

信息资料收集方法采用电话访问和入户访问，并以问卷的形式进行访问；调查方式采用抽样调查。具体操作如下：

（1）设计问卷：根据与西安杨森探讨所达成的共识设计问卷，问卷长度控制在

10 分钟左右答完为宜，问卷经双方商讨确定之后正式启用。

（2）确定样本量：根据最大允许误差 ±2 的要求、统计分析对样本量的要求、成本经济性的要求和以往的调查经验，建议本次调查的样本量为每个城市 400 个。

（3）问卷抽样方法：在北京、哈尔滨、上海、广州、长沙、成都、西安 7 个城市中分别选取 400 人作为调查对象。在每个城市的电话簿中随机选择电话号码，通过过滤性问题选取符合条件的调查对象，直到选够 400 人为止。

资料来源：https://www.docin.com/p-1531604225.html

7.2 评价市场调查方案

7.2.1 市场调查方案的可行性分析

在完成市场调查方案的初稿后，为了使方案能够切实可行地指导实际调查工作，调查人员应当对市场调查方案进行进一步的讨论和修改，主要表现为对市场调查方案进行可行性分析，使其更加完善。

可行性分析是对市场调查方案从成本、技术、实施环境、实施效果和管理等方面进行的综合性分析，确定其有利和不利因素，估计调查成功率的大小，从而评估项目是否可行。分析方法主要包括逻辑分析法、经验判断法和试点调查法。

1. 逻辑分析法

逻辑分析法是指检查调查方案的内容是否符合一般逻辑规律或情理的方法。例如，调查某市偏远山区学生上学现状，需要考虑到该地区网络普及率较低，实施网络访问是不符合情理的。

逻辑分析法可对市场调查方案中的调查项目设计进行可行性研究，但无法对其他方面的设计进行判断。

2. 经验判断法

经验判断法是指组织一些具有丰富市场调查经验的人员，对市场调查方案进行初步研究和判断，以说明市场调查方案的合理性和可行性的方法。例如，对大学生了解和继承中国传统文化的情况进行调查研究，不宜采用普查方式，而适合采用抽样调查方式；对于棉花、茶叶等集中产区的农作物的生长情况进行调查研究，则适宜采用重点调查方式。

经验判断法能够节省人力和时间，在比较短的时间内做出结论。但是，由于人的认知是有限且具有差异的，而事物却在不断发生变化，各种主客观因素都会对人们判断的准确性产生影响。

3．试点调查法

试点调查法是指通过在小范围内选择部分调查对象，对调查方案进行实地检验，以说明调查方案可行性的方法。试点调查可以理解为“实战前的演习”，其目的是为了在大规模推广应用前及时了解调查工作中的合理环节和薄弱环节。

1）检验市场调查方案设计是否合理

试点调查法可以检验调查目标是否合理、调查方法是否正确、样本是否具有代表性、抽样误差是否控制在最小范围内等。试点后，调查人员应当及时做好工作总结，认真分析试点调查的结果，对不合理的设计内容进行修改和调整。

2）检验市场调查工作安排是否合理

试点调查法可以了解调查工作安排是否合理、是否需要调整人力资源、是否需要延长调查时间、调查中是否存在需要注意的问题等。在实际调查中，整个调查工作应当保持灵活，避免太过死板。

自我思考

如果不对市场调查方案进行可行性分析会有哪些后果？

7.2.2 市场调查方案的评价标准

1．是否体现调查目标与要求

是否体现调查目标与要求是评价市场调查方案的最基本标准。明确市场调查目标是设计市场调查方案的第一步。调查目标若不够明确，将会导致一些重要的项目被遗漏或一些无关紧要的项目被纳入，进而影响调查结果的准确性。

2．是否科学、完整、适用

在市场调查实践中，每个细节活动都可能有多种选择，因此，调查人员应当做到综合考虑，权衡利弊后再制订市场调查方案。在对市场调查方案进行评价时，调查人员应当充分考虑各环节之间的关联性，是否有科学依据做支撑，是否已进行通盘考虑。

3．是否具有较强的可操作性

市场调查方案是否具有较强的可操作性是制订调查方案最实际的意义。方案内容能够顺利落地，切实可行地指导调查活动的实施是制订市场调查方案的出发点。因此，在制订市场调查方案时，调查人员应当避免一味追求形式上的美观等问题，而忽视市场调查方案的可操作性。

自我思考

哪些因素会影响市场调查方案的评价标准？

实地调查　调查“中国奇迹”，点赞辉煌成就

任务概述

我国古有造纸术、指南针、印刷术、火药等四大发明，今有高铁、移动支付、共享单车、网购等“新四大发明”。高铁，实现了我们“坐地日行千里”的梦想；移动支付，实现一部手机行天下的便利，出门再也不用带钱包；共享单车，让无车一族也能实现骑车自由；网购，让人们足不出户就能买遍全世界。中国的“新四大发明”使高新技术耀眼全球，神州大地正在发生巨大变化，人民生活也随之改变。无数外国友人来到中国，都纷纷点赞我们的“中国奇迹”。

除了高铁等创新外，数不胜数的“中国奇迹”还在不停地上演着。为了调查我们身边其他的“中国奇迹”，并感受其对我国产生的影响，请利用网络、报刊等途径，确定市场调查主题，制订一份合理可行的市场调查方案。

任务分组

全班学生以 3～5 人为一组进行分组，各组选出组长并进行任务分工，将小组成员及分工情况填入表 7-3 中。

表 7-3　小组成员及分工情况

<table>
<tr><td>班级</td><td></td><td>组号</td><td></td><td>指导教师</td><td></td></tr>
<tr><td>小组成员</td><td>姓名</td><td>学号</td><td colspan="3">任务分工</td></tr>
<tr><td>组长</td><td></td><td></td><td colspan="3"></td></tr>
<tr><td rowspan="6">组员</td><td></td><td></td><td colspan="3"></td></tr>
<tr><td></td><td></td><td colspan="3"></td></tr>
<tr><td></td><td></td><td colspan="3"></td></tr>
<tr><td></td><td></td><td colspan="3"></td></tr>
<tr><td></td><td></td><td colspan="3"></td></tr>
<tr><td></td><td></td><td colspan="3"></td></tr>
</table>

任务准备

（1）掌握市场调查方案的制订要领，能够根据实际情况制订出合理可行的市场调查方案。

（2）根据评价标准，能够对所制订的市场调查方案进行可行性分析。

工作计划

小组商议，制订出具体的工作计划，填入表 7-4 中。

表 7-4　工作计划

步骤	工作内容	时间安排	负责人
1			
2			
3			
4			
5			

任务实施

按照工作计划，制订市场调查方案并对其进行可行性分析。将具体的实施情况记录在表 7-5 中。

表 7-5　实施步骤

时间安排	实施步骤
	1. 确定本组使用的信息搜集方法，包括： （1）________ （2）________ （3）________ （4）________
	2. 了解我国高铁、移动支付、共享单车、网购等“新四大发明”，列举我们身边其他的“中国奇迹”： （1）________ （2）________ （3）________ （4）________ （5）________ （6）________
	3. 选定本组要调查的“中国奇迹”：________

（续表）

时间安排	实施步骤
	4. 小组讨论，确定本组所要调查的内容： （1）调查背景：______ （2）调查问题：______ （3）调查目标：______ （4）调查内容：______ （5）调查对象及范围：______ （6）调查方法：______
	5. 制订市场调查方案
	6. 小组讨论，对制订的市场调查方案进行可行性分析并提出其存在的问题： （1）______ （2）______ （3）______ （4）______ （5）______ （6）______
	7. 完善市场调查方案
	8. 将修改好的市场调查方案制作成演示 PPT，分享在制订市场调查方案时遇到的问题及解决方法

评价反馈

各组派代表进行 PPT 展示，并配合指导老师完成如表 7-6 所示的考核评价表。

表 7-6 考核评价表

项目名称	评价内容	分值	评价分数		
			自评	互评	师评
素养评价 20%	仪容仪表得体	6 分			
	具备团队精神，能够积极与他人合作	6 分			
	积极、认真参加实践任务	8 分			
技能评价 30%	能对“中国奇迹”进行较为深入的调查	10 分			
	能够全面、细致地制订市场调查方案	10 分			
	能够对市场调查方案进行可行性分析	10 分			

（续表）

项目名称	评价内容		分值	评价分数		
				自评	互评	师评
成果评价 50%	对“中国奇迹”给我国产生的影响有深入的了解		10 分			
	市场调查方案逻辑清晰、言之有物，有效揭示市场调查方案的内容		20 分			
	PPT 制作精美、重点突出、详略得当		10 分			
	讲解口齿清晰、仪态大方		10 分			
合计			100 分			
总评	自评（20%）+互评（20%）+师评（60%）=	综合等级：___	教师（签名）：			

自我检测

1. 单选题

（1）制订市场调查方案时，首先需要解决的问题是（　　）。

A. 确定调查方法　　B. 选定调查对象

C. 明确调查目标　　D. 计算调查费用

（2）影响调查数据质量高低的因素是多方面的，但对最后的调查数据质量有直接影响的因素是（　　）。

A. 调查目的的明确性　　B. 调查计划的可行性

C. 调查项目的完整性　　D. 调查方案的科学性

（3）市场调查方案的制订要在实地调查（　　）。

A. 的同时　　B. 之前

C. 之后　　D. 之中

（4）市场调查方案的质量评价不包括（　　）。

A. 方案是否科学、完整

B. 方案是否体现调查目标与要求

C. 方案是否美观

D. 方案是否具有可操作性

2. 简答题

（1）简述市场调查方案的作用。

（2）一份完整的市场调查方案应包括哪些内容？

（3）简述市场调查方案的评价标准。

（4）如何对市场调查方案进行可行性分析？

3. 案例分析题

校园生活垃圾分类调查方案

一、调查背景

"是干是湿，让猪试吃，一吃便知。猪能吃的是湿垃圾，猪不吃的是干垃圾，猪吃了会死的是有害垃圾，卖了能买猪的是可回收垃圾。"这是实行垃圾分类以来在人们中间广为流传的口诀。垃圾分类是有助于社会持久发展的一种策略，可以让垃圾得到更有效的利用，减轻填埋垃圾的压力。因此，某高校通过了解本校校园生活垃圾分类的现状及学生对校园生活垃圾分类的认识，进一步帮助学生对垃圾进行精准分类，树立保护生态系统的意识。

二、调查问题及目标

调查问题是校园生活垃圾分类现状。调查目标是了解学生对校园生活垃圾分类的认识，帮助学生能够对垃圾进行精准分类。调查结果有助于学校全面了解校园生活垃圾的处理现状，找到问题根源，最终提高学生对保护生态系统的意识。

三、调查内容

（1）学生对校园生活垃圾分类的重视程度。

（2）学生对校园生活垃圾分类知识的了解程度。

（3）学生对校园生活垃圾分类的方法。

（4）学生处理校园生活垃圾的习惯。

（5）校园生活垃圾的类别。

（6）学校为校园生活垃圾分类的重视程度。

（7）学校对校园生活垃圾分类的相关规定。

四、调查对象及范围

调查对象：全校每一位学生；调查范围：全校所有学生。

五、调查方法

根据调查目标和调查范围，结合本次调查的实际情况，计划采用随机抽样调查。

（1）抽样单位：学生。

（2）样本容量：300 位学生。

（3）抽样过程：以问卷访问形式随机调查学校教室、食堂、宿舍内的学生。

六、资料的整理分析

（1）整理：一手资料从设计的"校园生活垃圾分类调查问卷"整理获取，二手资料主要从学生在社交网站上发布的"对校园生活垃圾分类的评价和看法"收集得到。

（2）分析：绘制直方图，按照其特征确定校园生活垃圾分类情况，并做出对应的结论和计划。

七、时间和经费安排（略）

八、附录（略）

【问题】

该项调查方案是否具备可行性？

掌握调查研究这个基本功

习近平总书记在 2021 年秋季学期中央党校（国家行政学院）中青年干部培训班开班式上的讲话指出，“要了解实际，就要掌握调查研究这个基本功。要眼睛向下、脚步向下，经常扑下身子、沉到一线，近的远的都要去，好的差的都要看，干部群众表扬和批评都要听，真正把情况摸实摸透”。

调查研究，是我们党的工作的传家宝。面对新矛盾、新问题，领导干部要了解真实情况，掌握工作主动权，做出科学决策，深入实地的调查研究必不可少。

1930 年 5 月，毛泽东同志在《反对本本主义》一文中严厉批评党内存在的“饱食终日，坐在机关里面打瞌睡，从不肯伸只脚到社会群众中去调查调查”现象，指出“没有调查，没有发言权”。毛泽东同志在闽粤赣三省交界处的寻乌，进行了一次大规模调查。他与各界群众开调查会，与群众一起劳动、谈心交流……基于这次著名的“寻乌调查”，苏维埃政府将城市政策定为“取消苛捐杂税、保护商人贸易”，纠正了“左”倾错误，也解决了供应难题。

问题是时代的声音。开展调查研究，就要坚持问题导向、奔着问题去，做到有的放矢。这些年，了解到基层干部的苦与累，减轻基层负担的举措接连推出；为破解“看得见的管不着，管得着的看不见”基层治理难题，有的地方实施“街乡吹哨、部门报到”机制；针对城乡医疗服务不平衡、山区看病难等问题，“分级诊疗”应运而生……实践证明，调研瞄准真问题，下足真功夫，就能让政策措施更有针对性，就能解决真问题。

好的调查研究，要从群众中来、到群众中去。领导干部开展调查研究，就是走好党的群众路线的过程，要放下架子、扑下身子，深入田间地头、车间企业，倾听群众的心声、体察群众的情绪，总结他们的经验、汲取他们的智慧，抓工作的思路也就有了。正如基层干部坦言：坐办公室都是问题，走进基层都是办法。

“一语不能践，万卷徒空虚。”衡量调查研究开展得好不好，关键要看实效，看调研成果能否解决问题。不以解决问题为目的，调研就失去了意义。党员干部要发扬求真务实的精神，既要在调研中摸清情况，也要在调研后认真分析研究问题，由表及里、去伪存真，用以指导政策制定和工作部署。

调查研究是谋事之基、成事之道。广大领导干部应经常、广泛、深入地开展调查研究，多到基层听民声，多去一线“抓活鱼”，不断增强工作的主动性、科学性，推动事业不断向前发展。

资料来源：孟祥夫．掌握调查研究这个基本功［N］．人民日报，2021-10-19（19）．

项目 8

实施市场调查

项目导读

XIANGMU DAODU

在市场调查活动中，确定好市场调查方案、调查方法、调查问卷后，调查人员便可以开始市场调查资料的收集工作，即实施市场调查。

市场调查的实施首先需要组建一个市场调查项目组。小组内人员的组成、专业技能、职业道德等因素将决定资料收集工作的质量。因此，对于参加市场调查工作的调查人员，市场调查企业还需要对其进行相关培训。此外，市场调查负责人还要及时掌握调查工作进度的完成情况，协调好各项工作，及时解决在调查过程中出现的问题。本项目主要介绍如何组建市场调查项目组，培训调查人员，管理市场调查活动。

任务清单

完成一项学习任务后，请在对应的方框中打钩。

知识目标	□	明确市场调查项目组的组成及职责
	□	熟悉调查人员应具备的基本素质
	□	明确调查人员的培训内容和形式
	□	掌握市场调查活动的管理
实训目标	□	对主旋律影视剧“以历史真实驱动艺术真实”有一定的了解
	□	调查本校学生对主旋律影视剧的认识和看法
技能目标	□	能够根据调查项目要求组建市场调查项目组
	□	能够组织实施市场调查活动
	□	能够根据实际情况对市场调查活动进行有效管理和控制
素质目标	□	树立团队合作意识和管理意识
	□	具备良好的调查人员职业道德和素养

案例导入

ANLI DAORU

细节决定成败

为了准确地获取市场信息，了解消费者的购买意愿，某电视机生产企业专门组织了市场调查活动。为了保证调查结果的准确性，该企业组建了两个实力相当的市场调查项目组，分别使用相同的问卷和抽样方法实施调查活动。

调查结果显示，就问卷中“列举您会考虑选择的电视机品牌？”这一问题，两个市场调查项目组得出的结果大相径庭。其中，第一组的结果是“15%的消费者表示本企业的产品将成为其购买的首选”，第二组的结果却是“36%的消费者表示本企业的产品将成为其购买的首选”。为什么完全相同的抽样调查，会出现这么大的差异呢？为了弄清楚事情缘由，该企业决定聘请专业的调查机构前来诊断。

调查机构的执行小组通过与两个市场调查项目组进行交流，很快就得出了诊断结论：第二组在实施调查活动过程中存在误导行为。在实施调查活动期间，第二组调查人员统一佩带了企业发放的标有该企业标志的领带，从而影响了调查对象的客观选择，导致市场调查结果未能如实反映实际情况。

资料来源：裘宝仁、曾祥君．市场调查与预测［M］．北京：航空工业出版社，2012.

思考：

实施市场调查活动前，市场调查企业是否需要对调查人员进行培训？如果需要，应当从哪些方面着手？

知识课堂

ZHISHI KETANG

问题导入

（1）市场调查项目组的组成有哪些？他们对应的职责分别有哪些？

（2）招聘调查人员的标准有哪些？

（3）如何对调查人员进行培训？

（4）在实施市场调查的过程中需要注意哪些问题？

知识链接

8.1 组建市场调查项目组

在市场调查活动中，调查人员对市场调查工作有着决定性作用，其本身的素质、条件、责任心在很大程度上制约着市场调查工作的质量，影响着市场调查结果的准确性和客观性。因此，调查人员的选择至关重要。同时，为了保证市场调查工作有条不紊的进行，市场调查企业还应组建市场调查项目组，共同完成市场调查工作。

8.1.1 市场调查项目组的组成及职责

1．项目主管

项目主管是实施市场调查具体执行过程中的最高领导者，负责管理整个调查项目，应当具备较强的组织、管理和协调能力。具体来说，项目主管具有以下职责。

（1）对项目团队进行培训，如对实施市场调查的原则、标准、方法、流程等方面的培训。

（2）推进项目计划和控制阶段的工作。例如，估算调查周期，报告项目进展状况，负责问题解决及总结经验教训，风险管理，等等。

（3）跟踪和分析成本。

（4）确保调查项目的目标、预算和计划得以执行。

2．实施主管

实施主管是项目调查方案具体执行的领导者，应当具备丰富的市场调查运作经验。实施主管具有以下职责。

（1）了解调查的目标及具体的实施要求。

（2）根据调查设计方案的有关内容和要求挑选调查人员。

（3）负责督导团队的管理和培训。

（4）负责调查实施中的质量控制。

实施主管是项目主管和督导人员的中间桥梁，既要掌握市场调查的基本理论和方法，又要具备较强的组织和运作能力，还要具有丰富的现场操作经验。

3. 督导人员

督导人员是指在收集调查资料的过程中，负责检查调查人员工作过程、审核与验收调查结果的监督人员。督导人员具有以下职责。

1）对调查人员实行监督

督导人员负责对调查人员实行监督，包括公开监督和隐蔽监督两种。对于训练有素、动机明确的调查人员，在没有任何迹象表明其可能存在欺骗或错误的情况下，督导人员可以不实行公开监督，但还是有必要对其进行隐蔽监督，具体操作方法有以下两种。

（1）在访问名单或访问现场安排相关调查人员不认识的工作人员，并要求这些工作人员及时汇报接受访问时的情况。

（2）在调查人员不知情的情况下对其访问进行监听或录音。

提 示

在对调查人员进行隐蔽监督时，督导人员应事先通知调查人员，但不告知他们具体的监督细节，以防止调查人员发现自己在不知情的情况下受到监督而产生心理上的不满。

2）对调查人员进行指导

督导人员负责对调查人员进行指导。督导人员分为现场督导员和技术督导员两种。现场督导员主要负责日常工作的管理，对调查人员的工作进行现场指导、监督和管理；技术督导员主要是对调查人员的访问技巧进行指导，并协助实施主管把控调查质量。在实际调查过程中，现场督导员和技术督导员通常由同一人担任。

3）对调查工作执行检查

督导人员应本着“一天一检查”的原则，对调查人员当天收集到的调查资料进行检查，及时发现问题并予以纠正，进而保证调查资料的完整性与有效性。

4. 调查人员

调查人员是实施市场调查活动的具体执行者，是指对调查对象进行访问调查、采集原始数据的专职或兼职人员。

5. 数据录入员

数据录入员负责对收集到的问卷资料进行编码，并将数据资料录入计算机，以便研究人员进行统计分析处理。数据录入员应熟悉各种软件的使用，且具有较快的打字速度。

8.1.2 招聘调查人员

在调查实践中，项目主管、实施主管、督导人员一般由市场调查企业的专职人员担任，而调查人员则通过招聘来解决。调查人员一般由专职调查人员和兼职调查人员两部分组成。为了节约运营成本，市场调查企业一般不会保持一个庞大的调查人员队伍，而是根据不同调查项目的需求和预算，临时招聘一些兼职调查人员。

由于调查人员的自身素质是成功实施市场调查的重要保证，因此，无论是专职调查人员还是兼职调查人员，在招聘过程中，市场调查企业除了考察他们是否具有如市场调查理论、市场营销学、心理学、社会学、统计学、计算机信息处理等基本文化知识外，还要对其基本素质进行考察。

1. 道德品质

道德品质是决定调查人员成长方向的关键性因素，也是决定市场调查结果的一个重要因素。一个优秀的调查人员应当具备较好的道德品质，其中事业心、责任感、实事求是、认真细致等都是重要的素质要求。

1）强烈的事业心和责任感

市场调查工作是一项重要而又艰巨的工作，并且具有明显的服务性。在市场调查活动中，调查人员需要接触社会上方方面面的人，工作量大且繁杂琐碎。一般情况下，调查人员独立工作的可能性较大，遭遇挫折或被拒之门外的概率也较高。因此，调查人员在事业心和责任感方面要有一定的并且较高的要求。

2）实事求是的工作态度

在市场调查活动中，调查人员有可能会遇到棘手和敏感的问题，如涉及个别单位或个人的切身利益，也有可能遇到影响调查工作正常进行的各种干预和阻挠情况。因此，调查人员要做到实事求是，既不能为了完成任务敷衍了事，也不能迫于某种压力，屈从或迎合某些单位或个人。

3）认真细致的工作作风

调查的目的是为决策提供翔实、可靠的依据。调查人员在工作中稍有疏忽，就会给整个调查造成无法弥补的损失。因此，严谨、认真、细致是调查人员应具备的基本素质。此外，调查人员还应具有敏感性、警惕性、坚韧性的特点，不放过任何有价值的数据资料，也不混入任何虚假的数据资料，对有疑点的数据资料进行反复核对，进一步保证调查资料的准确性。

2. 业务能力

业务能力是衡量调查人员能否胜任市场调查工作的首要条件。一名合格的调查人员应当具有的业务能力包括以下几个方面。

1）利用各种数据资料的能力

利用各种数据资料的能力一般包括：积极主动地参加各种商务会议，善于从会议中掘取和调查有关的信息；能阅读各种涉及市场信息的新闻、杂志等材料；从事涉外调查的调查人员还应具有一定的外语阅读和翻译能力，以便及时掌握国内外市场现状和发展动态。

2）对调查环境有较强的适应能力

调查环境经常是复杂多变的，这就要求调查人员必须具有迅速适应环境的能力。在各种调查方式中，访谈调查对调查人员的环境适应能力要求最高。一般情况下，访谈调查会采取对话形式，不仅要求调查人员思维敏捷，具有善于发现问题和解决问题的能力；还要求调查人员有较强的记忆能力，对于一些不能或不宜当场记录的情况，进行事后追记。

3）分析、鉴别、综合数据资料的能力

调查人员要能够识别各种数据资料的真伪，鉴别各种信息对本项调查活动的作用，进而综合各种数据资料并加工整理成对决策有一定价值的信息。

4）较强的语言和文字表达能力

语言和文字表达能力是对调查人员的基本要求。无论是进行访谈调查，还是对调查结果进行介绍、说明，调查人员都需要有较强的语言表达能力。此外，调查结果最终都要形成文字，即调查报告，而调查报告在内容上要做到有观点、有创意、有深度和有说服力，这就要求调查人员需要具备一定的文字表达能力。

5）创新精神

市场调查活动不是简单的对某些问题和情况的收集、记录和整理，而是一项具有较强探索性的工作。在市场调查活动中，调查人员面对的是一系列错综复杂、瞬息万变的市场问题，需要随时对市场中出现的新情况、新问题进行详细的调查，在获得大量初级数据资料的基础上，经过仔细思考和深入分析，提出有创造性的建议。这些都要求调查人员应具备开拓能力和创新意识，善于解决问题，并能创造性地运用技术手段。

提 示

多数市场调查企业会对调查人员的文化程度有一定的要求。

3. 个体素质

调查人员最主要的工作是和人打交道，在市场调查活动中，其作风的好坏、言谈举止的雅俗，不应只被看作是调查人员自身的事情，而应将它作为影响市场调查质量的一个重要因素。因此，调查人员应性格开朗、善于沟通、谦虚谨慎、平易近人。

在调查实践中，态度谦虚、举止平易近人的调查人员，更容易得到调查对象的配合；反之，那些盛气凌人、处处考虑自己方便的调查人员，容易招致调查对象的拒绝，难以取得详细、真实的数据资料。

综上，在招聘调查人员时，市场调查企业一定要综合考虑他们各方面的能力与条件，选择优秀的人员来担任。

自我思考

如果你是市场调查项目负责人，在招聘调查人员时，除了上述考核项目外，你还会对调查人员的哪些方面进行考核？

8.2 培训调查人员

在市场调查活动中，招聘好调查人员之后，下一步工作就是对他们进行培训。由于调查人员的表现是影响市场调查质量的重要因素之一。因此，很多市场调查企业会将调查人员的培训放在整个调查工作的首位，通过培训调查人员的工作技能，进一步降低拒访率，使调查工作更加有效率。

8.2.1 培训内容

根据调查项目的需要，调查人员的培训内容一般包括基础培训和专业培训。由于解决的问题不同，这两类培训应当分开进行。

1. 基础培训

基础培训主要是对调查人员的职业道德、行为规范和调查技巧进行培训。

1）职业道德培训

（1）告知调查人员必须提供完全真实的调查资料，不能为讨好委托方而故意变造或伪造虚假数据。

（2）要求调查人员恪守保密义务，既不能泄露调查对象的个人信息，也不能将调查资料泄露给第三方。

（3）告知调查人员必须提供完整准确的调查资料，不能因时间、成本等问题而减少必要的调查工作或提供令人误解的数据资料。

2）行为规范培训

在市场调查活动中，调查人员应做到以下几项。

（1）严格按照调查项目要求和抽样规则选择调查对象。在需要使用随机表确定调查对象时，调查人员不能轻易被周围的环境所影响。

（2）严格按照调查规范要求执行调查工作，包括提问、记录答案、使用卡片等。

（3）调查中保持中立的态度，不能加入自己的观点和意见来影响调查对象。

（4）实施市场调查活动前做好相关准备工作。

3）调查技巧培训

调查技巧培训的内容包括接触调查对象的技巧、询问问题的技巧、记录答案的技巧、结束访问的技巧、处理意外事件的技巧等。

2. 专业培训

专业培训的目的在于让调查人员了解调查项目及其有关要求和标准，进一步指导调查人员在具体调查中的技术性问题。专业培训具体包括项目培训和问卷培训两个方面。

1）项目培训

项目培训主要是对项目背景、调查内容、时间安排、调查人员分工等进行培训。通过项目培训，调查人员可以对整个调查项目有一个总体认知，不仅可以合理安排自己的工作、有目的地收集资料，还便于配合团队的内部工作。

2）问卷培训

问卷培训主要是对整个调查问卷的结构、内容进行培训，并具体讲解如何提问、如何追问、如何记录等。

8.2.2 培训形式

1. 集中讲授

集中讲授是将接受培训的调查人员集中起来，采用授课的形式对其进行系统性培训。这种培训形式能够有效传达调查项目的相关信息，所耗成本最低且时间最短。一般情况下，讲授的内容包括介绍项目背景、讲解问卷及实施要求、讲授调查技巧等。

（1）向全体调查人员介绍调查项目的计划、内容、目的、方法及与调查项目相关的其他情况，以便调查人员对该项工作有一个整体性了解，同时还要就调查访问的步骤、要求、时间安排、工作量、报酬等具体问题加以说明。

（2）介绍和传授一些基本的和关键的调查访问技术。例如，如何敲门，如何进行自我介绍，如何取得调查对象的信任，如何尽快与调查对象建立良好的合作关系，如何客观地提出问题，如何记录回答，等等。

此外，项目负责人还要组织调查人员集中学习调查人员须知、调查问卷、调查人员手册等材料，特别是要弄清楚调查问卷的全部内容、提问方式、填写方法、注意事项等。

2．实践模拟

为了确保市场调查结果的准确性，防范或克服因调查人员缺乏实际经验而可能产生的各种不良影响，在尚未派出调查人员进行实地调查之前，市场调查企业可以采用实践模拟的形式对调查人员进行培训。

实践模拟是由接受培训的调查人员和有经验的调查人员分别担任不同的角色，模拟演练实际调查中可能发生的各种情景，从而增强调查人员解决实际问题的能力。需要注意的是，实践模拟要侧重培训调查人员的应变能力。

自我思考

如果你是调查人员培训师，采用实践模拟形式对调查人员进行培训时，你会如何进行？

3．督导访问

督导访问是由督导人员陪同调查人员一起到现场进行试访，以帮助调查人员有效记录并解决其在访问中出现的问题和意外情况的培训形式。通过督导访问，调查人员可以边做边学，在短时间提高调查访问能力。需要注意的是，督导访问对人力的投入较大，只能在较小范围内进行短时间的应用。

8.3 管理市场调查活动

市场调查的实施直接影响市场调查结果的质量。在实施市场调查前，市场调查项目组需要做好充分的准备工作。同时，在实施市场调查中，项目主管及督导人员还需要做好相关组织及监控工作。

8.3.1 实施市场调查前的准备工作

1．宣传与联系

1）宣传

在实施市场调查前，市场调查项目组可以通过各种渠道进行宣传，以扩大调查活动的影响，为调查活动的顺利开展提供便利。例如，将本次调查活动的主题、目的、意义宣传给调查对象或有关单位，争取他们的积极配合。同时，市场调查项目组负责人也要加强对小组成员的宣传工作，动员他们的工作热情。

2）与调查对象取得联系

为了降低拒访率，在实施市场调查前，市场调查项目组可以直接与调查对象取得联系，或通过其他渠道了解调查对象的相关情况，进一步提高与调查对象接触的成功率。例如，入户访问调查时，提前预约访问时间；网络访问调查时，先通过已有的网络渠道告知调查对象相关调查内容。

2．准备辅助工具

1）编写调查指导手册

由于市场调查涉及的工作内容和人员较多，为了方便统一化和标准化管理，市场调查项目组需要事先编写相关手册，一则提供工作技巧，二则提供工作标准。

条例清楚的调查指导手册对调查人员的工作指导具有不可忽视的作用。调查指导手册包括调查人员手册和督导人员手册。

（1）调查人员手册。

调查人员手册的内容会随不同的市场调查项目有所不同，但其主体部分均是调查人员在现场需要遵守的操作条例和有关的技术指导。调查人员手册一般包括以下内容。

① 与调查对象的接触：怎样与调查对象第一次接触，怎样确保所接触到的是正确的样本，如何进行就近访问。

② 一般的访问技巧和技术，包括对特殊的调查给出的具体例子。

③ 问卷的审核：要求调查人员在调查现场或调查结束后立即进行问卷审核，包括审核方法和规则。

④ 疑难解答：调查中所使用概念和术语的定义，调查中最可能出现的问题，以及处理这些问题的建议与方法。

（2）督导人员手册。

督导人员手册是专门为督导人员编写的为管理调查活动提供指引的手册，一般包括以下内容。

① 作业管理：如何给调查人员分配任务，怎样向调查人员分发和回收问卷。如果调查人员的财务问题由督导人员负责，手册中还应该包括如何处理开销凭证及向调查人员分发报酬的相关内容。

② 质量检查：对调查人员的工作进行质量检查的原则和方法。

③ 执行控制：如何通过各种表格记录调查实施过程中各环节的执行情况。

2）其他材料

除了编写调查指导手册外，在实施市场调查前，市场调查项目组还需要准备好其他需要打印或印刷好的文字、图片材料等。例如，调查表、调查问卷等调查工具；单位样本名单，包括调查对象的地址表、地理位置图等；调查中需要的卡片、相关表格等；介绍信、调查员证等证明文件。

3）物品准备

物品准备是指与调查有关的所有实物的准备。现场调查中常用到的物品有礼品、测试用品和工具。

（1）礼品。礼品通常是在调查活动结束后，为向调查对象表示感谢而准备的物品。一般情况下，市场调查项目组应根据调查时间的长短或难易程度、调查对象的不同准备不同且乐于被他们接受的礼品。

（2）测试用品。定价测试、包装测试、口味测试等调查项目需要用到测试用品。在项目开始前，市场调查项目组要做好这些用品的准备。

（3）工具，如笔、访问夹、手提袋（装问卷及礼品）、手表（记录访问时间）等。

自我思考

如果你要到学校周边某小区开展一次入户调查，你会如何做好调查前的相关准备工作和宣传沟通工作？

8.3.2 实施市场调查

前期准备工作完成后，下一步就是实施市场调查。经过培训的调查人员应按照市场调查方案中确定的调查方法、抽样方式、调查地点、时间及活动进度安排等内容对调查对象进行调查，以收集数据资料。

8.3.3 监控市场调查活动

在市场调查活动中，相关负责人需要做好以下三方面的监控：一是对调查人员的监管，二是对市场调查计划的执行，三是对调查工作的协调管理。

1. 调查人员的监管

为了保证调查人员严格按照培训的方法和技巧执行市场调查，督导人员可以通过现场监督、问卷审查、电话回访和实地回访等形式对调查人员的调查活动实行有效的监管，主要包括质量控制、抽样控制和作弊行为控制。此外，督导人员还应定期对调查人员进行评估。

1）质量控制

在现场对调查人员执行质量控制时，督导人员应重点关注调查人员的工作是否严格按照规定执行，如问卷中需要追问的地方，调查人员是否进行了适当追问。

在市场调查活动结束后，督导人员还应对调查人员回收的问卷执行质量控制，检查所有问题是否都有答案，是否存在不合格或不完整的答案，字迹是否清晰等。此外，督导人员还应抽取部分调查对象进行回访，核实调查情况是否真实，并就调查内容进行确认。

2）抽样控制

抽样控制是为了保证调查人员按照抽样计划实施调查，主要避免出现以下情形：① 调查人员自作主张，不去调查自己认为不合适或难以接触的抽样个体；② 在入户访问中，当已确定的样本本人不在家时，调查人员擅自更改样本，而不是再次回访；③ 调查人员擅自扩大抽样范围，认为调查数量多多益善。

为了防止上述情形的发生，督导人员应当每天记录调查人员的工作完成情况，如应调查的数量、实际调查的数量、被拒绝调查的数量等，并抽取部分样本进行电话回访或实地回访，以确认调查的真实性。

3）作弊行为控制

市场调查中的作弊行为主要包括：① 伪造样本；② 随意填写未完成的问卷；③ 未赠送礼品或更换礼品；④ 擅自改变访问形式；⑤ 随意缩短访问时间。

为了防止上述情形的发生，督导人员除了对调查人员进行适当培训，强调调查人员的职业道德和行为规范外，还应加强对调查人员的现场督导和核查力度。

4）评估调查人员

督导人员定期对调查人员进行评估，不仅有利于调查人员了解自己的工作状况，也有利于市场调查企业组建更高质量的调查团队。调查人员的评估标准主要包括时间成本、应答率、访谈质量和数据质量。

（1）时间成本。督导人员可以通过工作完成时间和花费成本对调查人员的工作质量进行评估。例如，是否按照时间计划完成调查工作，有无延期或提前，以此实施相应的奖惩措施，提高调查人员的工作积极性。

（2）应答率。当调查人员工作结束后，督导人员可以通过比较不同调查人员的拒访率，以此判断调查人员的工作质量，进一步对调查人员进行评估。在调查实践中，督导人员应当对一段时间内的应答率实时监控，并采取一定措施应对应答率过低的情况。如果某一调查人员的拒访率较高，督导人员应及时给予其指导，帮助其顺利进行接下来的调查工作。

（3）访谈质量。访谈质量的评估标准包括调查人员的自我介绍是否恰当，提问表述是否准确，追问能力和沟通技巧是否合适，结束调查时的表现是否合适，工作记录是否齐备，调查对象是否给予积极配合等。督导人员可以通过直接观察访问过程进行访谈质量的评估工作，也可以通过查看现场访问录像对访谈质量进行评估。

（4）数据质量。数据质量的评估标准包括记录的数据是否清晰易读，问卷的填写是否合格，开放性问题的答案是否记录详细、是否能够编码，是否存在未回答的问题等。

2．市场调查计划的执行

市场调查计划是为了确保调查工作的顺利开展和按时完成而拟定的具体工作安排，包括制订市场调查方案、设计调查问卷、人员培训、实地调查、数据分析录入、撰写市场调查报告等内容，以及各项工作的计划完成时间。

市场调查计划的执行直接关系到调查工作的质量和效益。项目主管应事先预算调查经费，制订各项费用标准，力争以最少的费用取得最好的调查效果。如果调查中出现一些导致调查项目可能延期的问题，项目主管应分析问题产生的原因，并及时采取相应措施加快项目进程，如增加调查人员、对存在问题的调查人员进行额外培训等。

3. 调查工作的协调管理

项目主管要及时掌握实地调查的工作完成情况，协调好调查人员之间的工作进度；及时了解调查人员在调查中遇到的问题并帮助解决，对于出现的共性问题提出统一的解决办法。

案例阅读

冰茶饮料的市场调查

在中国热销冰茶饮料之前，长春一家饮料生产企业曾组织过这样一场市场调查——在一间单边镜访谈室（即里面的人看不到外面，外面的人可以看到里面），调查对象逐一品尝没贴任何标签的饮料，并将感受写在体验卡上。这场市场调查的目的是“预测计划推出的冰茶饮料能否被消费者认同”。

通过大量的现场测试，该企业最终得出的调查结果是“调查对象多数表现出对冰茶饮料的抗拒”。就这样，刚刚试制出来的新产品在调研中被否定了。然而此后不久，冰茶饮料开始全面旺销。这家饮料生产企业再想迎头赶上为时已晚，一个明星产品就这样因一场调查与市场擦肩而过。

说起当年的教训，该企业满是惋惜：“我们是在冬天进行口味测试的，寒冷的状态、匆忙的进程都会影响调查对象的味觉反应。因此，调查对象对口感浓烈的饮品表示认同，而对清凉淡爽的冰茶表示排斥。在观察结束之后，部分调查人员虽然产生了是否需要对调查对象进行进一步访问调查的疑惑，但均未向督导人员提出这一想法，这也是诱导调查失败的重要原因之一。”

资料来源：https://max.book118.com/html/2019/0212/6123124011002010.shtm

实地调查　感受时代印记，调查主旋律电视剧

任务概述

《觉醒年代》，一部讲党史的主旋律正剧，豆瓣评分 9.0；优酷站内数据显示，在该剧发布弹幕的人群中，90 后、95 后的占比是全站基准值的 1.6 倍。这并不是个例。近年来吸

引这届年轻观众的，还有《长津湖》《山海情》《巡回检察组》《叛逆者》《功勋》……主旋律影视剧从来没有像今天这样青春过。

这些主旋律剧集以青春鼓舞青春，用精神感召精神，在荧屏内外掀起了一股传播青春正能量的热潮。

为了解本校学生对主旋律影视剧的认识和看法，实施市场调查。

任务分组

全班学生以 5～8 人为一组进行分组，各组选出组长并进行任务分工，将小组成员及分工情况填入表 8-1 中。

表 8-1　小组成员及分工情况

<table>
<tr><td>班级</td><td></td><td>组号</td><td></td><td>指导教师</td><td></td></tr>
<tr><td>小组成员</td><td>姓名</td><td>学号</td><td colspan="3">任务分工</td></tr>
<tr><td>组长</td><td></td><td></td><td colspan="3"></td></tr>
<tr><td rowspan="6">组员</td><td></td><td></td><td colspan="3"></td></tr>
<tr><td></td><td></td><td colspan="3"></td></tr>
<tr><td></td><td></td><td colspan="3"></td></tr>
<tr><td></td><td></td><td colspan="3"></td></tr>
<tr><td></td><td></td><td colspan="3"></td></tr>
<tr><td></td><td></td><td colspan="3"></td></tr>
</table>

任务准备

（1）掌握市场调查活动管理的内容与要求。

（2）能够组建市场调查工作组。

工作计划

小组商议，制订出具体的工作计划，填入表 8-2 中。

表 8-2　工作计划

步骤	工作内容	时间安排	负责人
1			
2			
3			
4			
5			

任务实施

按照工作计划，对本校学生观看主旋律影视剧的现状实施市场调查。将具体的实施情况记录在表 8-3 中。

表 8-3 实施步骤

时间安排	实施步骤
	1. 了解主旋律影视剧的播出情况，列举本小组认为比较优秀的主旋律影视剧： （1）______ （2）______ （3）______ （4）______ （5）______ （6）______
	2. 根据调查方案项目组及表 8-1 中任务分工细分出市场项目调查组的组成，并由项目主管安排各小组成员的工作职责及内容： （1）项目主管：______ （2）实施主管：______ （3）督导人员：______ （4）调查人员：______ （5）数据录入员：______
	3. 根据调查项目特点，撰写及实施调查人员培训计划方案： （1）培训程序：______ （2）培训内容：______ （3）培训形式：______
	4. 小组讨论，确定市场调查实施前的准备工作： （1）宣传与联系：______ （2）编写调查指导手册：______ （3）准备其他材料及礼品等：______
	5. 制订市场调查方案并实施市场调查，记录市场调查中存在的问题， （1）______ （2）______ （3）______ （4）______ （5）______ （6）______

（续表）

时间安排	实施步骤
	6. 小组讨论，对调查结果进行汇总、整理
	7. 提出部分主旋律影视剧在内容选取、表现手法和播出时间等方面存在的问题： （1）________ （2）________ （3）________ （4）________ （5）________ （6）________
	8. 市场调查结束后，各项目组将市场调查实施方案、调查人员培训计划方案、市场调查结果等制作成 PPT 演示说明

评价反馈

各组项目主管进行 PPT 展示，并配合指导老师完成如表 8-4 所示的考核评价表。

表 8-4　考核评价表

项目名称	评价内容	分值	评价分数		
			自评	互评	师评
素养评价 20%	仪容仪表得体	6 分			
	具备团队精神，能够积极与他人合作	6 分			
	积极、认真参加实践任务	8 分			
技能评价 30%	能对本校学生观看主旋律影视剧进行较为深入的调查	10 分			
	能采用多种方法对本校学生观看主旋律影视剧现状进行调查	10 分			
	能够全面、细致地实施市场调查	10 分			
成果评价 50%	对本校学生观看主旋律影视剧情况有较为深入的了解	10 分			
	能提出部分主旋律影视剧在内容选取、表现手法和播出时间等方面存在的问题	15 分			
	调查过程能对本校学生产生一定的影响	15 分			
	调查方案逻辑清晰、言之有物	10 分			
合计		100 分			
总评	自评（20%）+互评（20%）+师评（60%）=	综合等级：___	教师（签名）：		

自我检测

1. 单选题

（1）负责统筹整个市场调查项目是（　　）。

A. 项目主管　　B. 实施主管

C. 督导人员　　D. 调查人员

（2）下列选项中，不属于督导人员职责的是（　　）。

A. 对调查人员实行监督　　B. 对调查人员进行指导

C. 对调查工作执行检查　　D. 对调查对象实施调查

（3）下列选项中，（　　）不属于监督调查人员的形式。

A. 电话回访　　B. 问卷审查

C. 现场监督　　D. 抽样控制

（4）对调查人员的评估内容不包括（　　）。

A. 数据质量　　B. 应答率

C. 时间成本　　D. 道德品质

2. 简答题

（1）培训调查人员的形式有哪些？

（2）调查人员的专业培训包括哪些内容？

（3）督导人员可以从哪些方面对调查人员进行监督？

3. 案例分析题

"会虫"干扰调查业

当前，我国的市场调查企业数量及增幅均居世界首位。但是，仍然有"会虫"（指那些为了赚取佣金而专门赶赴各家调查企业参加座谈会的准专职被访者）存在。

据中国市场信息调查业协会有关人士透露，市场调查业存在"会虫"泛滥、数据"掺水"的现象。"会虫"利用付费调查这一点，专门组织人参与各种市场调查，他们胡说八道一番后便能谋得一定金额的劳务费，导致调查人员得出的调查结果却毫无准确性可言。此外，更为严重的是，有些调查人员为省事专门会找"会虫"做分析，还有一些调查人员本身就是"会虫"。

例如，一家市场调查企业承担了某汽车经销商调查汽车市场的项目。按照该经销商的要求，需要对 200 名拥有高档汽车的消费者实施调查。然而，这家调查企业有心赚钱、无力干活，选取的调查对象中只有 50 名是实际拥有高档汽车的。谁知整个调查过程都被事先安排的企业工作人员记录了下来。面对这场骗局，汽车经销商怒不可遏，将这家调查企业告上了法庭。

【问题】

你认为“会虫”存在的原因有哪些？

调查之窗

聚焦乡村振兴发展　开展乡村调查

青年学生心系家乡发展，在团中央返家乡实践号召下，某学院“筑梦乡村振兴”实践队深入乡村展开实践。此次实践以了解刘杜镇乡村振兴发展现状、找寻推动家乡发展新动力为目的，以发放调查问卷、实地走访调研、与当地村民交流为主要方式，对村民住房条件、经济来源、耕地安置等方面问题进行了深入调查。

在问卷调查阶段，实践队通过线上与线下渠道共收集到约400份问卷。实践队员对问卷结果进行了统计分析，线上填写人以年轻人居多，占比达61.54%，线下填写人则主要为中老年人。综合问卷结果与实地采访调研情况得知，刘杜镇75%村民年龄集中于劳动能力较低的50～80岁年龄段，青壮年劳动力则多外出务工，现居人口老龄化现象明显，村庄整体活力不强。

刘杜镇是典型的经济发展落后镇，近些年由于镇内推动发展山楂种植业，村民收入水平有较为显著的提升，生活品质有所改善，但镇内道路、公厕等基础设施规划混乱。特别是新旧村民住房建设和处置问题较为突显。刘杜镇新社区楼房虽已初步建成，也有部分村民搬进新居，但新社区周围仍有些旧房未拆除、建筑垃圾仍未清理等问题，造成社区环境十分杂乱。

鉴于这一情况，实践队员即以新居旧居规划不清晰的住房问题为切入点与当地村民展开了进一步交谈，旨在深入交流村民生活各方面内容，切实了解基层农村真实状况。

在村民文化水平方面，近60%的村民学历为初中水平，拥有大专以上学历的村民仅占比10%，这说明刘杜镇整体文化程度不高，缺乏接受过高等教育的高素质人才，镇中多数以上村民仍以务农、外出打工为主要谋生手段，这也是导致57.6%的年轻人不愿返乡创业的重要因素。但值得期待的是随着近年来刘杜镇“甜红子”山楂产业的兴起，务农村民的收入有所增加，吸引了不少外出务工人员积极返乡。年轻且有朝气的劳动力回到家乡、回归土地也给刘杜镇发展带来了新的活力。

有关乡村振兴建设方面上，在填写问卷的村民中有38.46%表示听说过，但仅有大概的了解，3.85%的人表示从未了解。同时，填写问卷的村民中有143人表示随着乡村振兴政策的实施近些年来乡村变化较大，“村里环境好了很多，各家各户前面都有垃圾桶，扔垃圾很方便，而且这几年的收入也多了”。村民的话反映出乡村振兴战略给刘杜镇带来的变化，农民收入在稳步增加、农村居住环境在逐步改善、医疗卫生水平大有提高。同时，村民还在调查问卷中提到希望政府能在乡村道路、绿化面积、医疗保障、乡村文化教育等方面继续对刘杜镇各村进行改造，尤其是“镇里的学校太少，多建一所就好了”。在谈到乡村振兴主要依靠问题时，80%的村民表示需要村民和政府的集体努力，有61.5%的人表示需要国家政策的正确引导，由此可见，国家和政府在乡村振兴政策实施过程中不可取代的重要作用。

大学生通过深入农村，聚焦三农问题，调查与农民息息相关的各项问题，既能为接下来切实帮助当地村民做出规划、解决实际问题，也将更有利于大学生明确责任担当，更积极地为新农村建设添砖加瓦。

资料来源：http://finance.people.com.cn/n1/2020/0903/c1004-31848161.html

项目 9

整理与分析市场调查资料

项目导读

XIANGMU DAODU

在市场调查活动中，通过市场调查获得的数据资料反映的是调查对象各单位的具体情况，通常是分散而无规律的，不能完整系统地反映总体的全貌。因此，调查人员必须采用各种方法对其进行整理、对比与分析，去粗存精、去伪存真、由表及里、由此及彼，从中总结出更实用、更有价值的信息，为下一阶段的统计分析做准备。本项目主要介绍如何对市场调查资料进行整理与分析。

任务清单

完成一项学习任务后，请在对应的方框中打钩。

知识目标	□	理解市场调查资料整理的含义
	□	掌握市场调查资料整理的步骤
	□	掌握分析数据集中趋势和离散程度的方法
实训目标	□	对我国红色旅游有一定的了解
	□	能根据本地红色旅游消费市场调查数据，分析我国红色旅游市场的发展现状和趋势
技能目标	□	能够完成市场调查资料的整理工作
	□	能够对市场调查资料进行简单分析
素质目标	□	树立分析问题的意识，培养专业分析技能，发扬工匠精神
	□	认同数据的重要性，培养专业分析职业素养，贯彻实事求是的精神

案例导入

ANLI DAORU

海量数据中的商业机遇

一般来说，啤酒和尿布是客户群完全不同的产品。但是有一个有趣的现象：在居民区中，尿布卖得好的店铺啤酒也卖得很好。沃尔玛通过对这些店铺一年多的原始交易数据进行整理与详细分析，发现了啤酒和尿布这对神奇的组合。原来，美国的太太们经常会嘱咐她们的丈夫下班以后为孩子买尿布，而丈夫在买完尿布之后习惯性“顺手牵羊”带走啤酒。因此，沃尔玛就把尿布和啤酒摆放得很近，从而双双促进了尿布和啤酒的销量。

此外，大家在“刷”微博、网上购物时，经常会碰到一些推送，如“可能感兴趣的人”“猜你喜欢……”“购买此商品的人还购买了……”等。这些看似简单的用户体验背后，孕育着被誉为“新油田”的大数据产业。大数据产业的战略意义不在于掌握庞大的数据，而在于对这些数据进行专业化处理。换言之，大数据产业实现盈利的关键，就在于数据的“加工”能力，通过“加工”来实现数据的“增值”。

对于手握数据的企业来说，不仅可以基于数据交易更好地了解客户需求，为企业带来更好的效益；还能基于数据挖掘创造不同定位的商业模式，或侧重数据分析，帮助企业做内部数据挖掘；或侧重优化市场，帮助企业更精准地寻找用户，进而降低营销成本，增加利润。

资料来源：https://www.cnshu.cn/new/162564.html

思考：

电商界流传很广的一句话是“三分靠技术、七分靠管理、十二分靠数据”。大数据时代的到来，谈谈你对这句话的理解。

知识课堂

ZHISHI KETANG

问题导入

（1）为什么要整理市场调查资料？

（2）市场调查资料的审核内容有哪些？

（3）绘制频数分布表和统计图各有什么优缺点？

（4）如何对市场调查数据进行描述统计分析和离散程度分析？

（5）通过整理与分析市场调查资料，你能得到什么？你比较关注哪些方面的内容？

知识链接

9.1 整理市场调查资料

整理市场调查资料是根据市场分析研究的需要，对市场调查获得的大量原始资料进行审查、检验、分类、汇总等初步加工的工作过程。其任务在于使市场调查资料综合化、系统化、层次化，为揭示和描述调查现象的特征、问题和原因提供初步加工的信息，为进一步的分析研究准备数据。

整理市场调查资料是从信息获取过渡到分析研究中承上启下的重要环节。一般来说，整理市场调查资料需要遵循以下五个步骤：审核市场调查资料、编码、录入市场调查资料、检查市场调查资料、绘制频数分布表与统计图。

9.1.1 审核市场调查资料

审核市场调查资料主要是为了检查数据资料是否具备齐备性、完整性、准确性和及时性等特点，以及剔除或修改不完整、不清楚、不一致或模棱两可的答案，从而提高市场调查资料的可用度。

1. 市场调查资料的审核内容

市场调查资料的审核主要包括齐备性审核、完整性审核、准确性审核和及时性审核。

1）齐备性审核

齐备性审核，即审核回收的问卷份数是否齐全，是否满足样本量的要求，以便及时补充不足的样本。

2）完整性审核

完整性审核，即审核应报送的单位有无遗漏，报送的资料是否填写齐全。如果发现单位漏查或项目漏填的情况，应及时查明原因加以补报。

3）准确性审核

准确性审核，即审核市场调查资料的口径、计算方法、计量单位等方面是否符合调查设计的基本要求。准确性审核一般可以通过逻辑审核、计算审核和经验判断来确定。

（1）逻辑审核主要是审核市场调查资料的内容是否符合逻辑，项目之间是否有相互矛盾或违背常理的地方。例如，一个调查对象每年的可支配收入在 10 000 元以内，却经常购买各种奢侈品，这通常是不合逻辑的。

（2）计算审核是通过数据计算，检查项目之间是否保持固有的数字联系和平衡关系。例如，审核各分组数字之和是否等于总数，各部分占总体的比例相加是否等于百分之百等。

（3）经验判断是根据审核人员已有的实践经验和理论素养，来判断市场调查资料的真实性和准确性。例如，某企业的生产技术比较落后，但其单位经营成本却远低于同行先进企业，这类市场调查资料则需要进一步调查核实。

4）及时性审核

及时性审核，即审核市场调查资料是否在规定的时间内及时提供，送达调查问卷或调查表填写的资料是否是最新的。由于市场变化较快，调查人员只有收集市场最新状态的信息才能最大限度地满足预测与决策的要求。如果迟报，调查人员还应对迟报原因进行分析，并提出改进意见，以求做到各单位按时或提前上报，进一步提高市场调查资料的质量。

2. 不合格市场调查资料的处理

1）不合格的市场调查资料

不合格的市场调查资料一般包括无效问卷和不满意问卷两类。

（1）无效问卷。出现下列情况的问卷属于无效问卷：① 回答不完全，即一份试卷中至少有 1/3 的问题没有被回答；② 调查对象不符合抽样要求，如调查中规定某行业的人员不能成为调查对象，若问卷由这一类人作答，则为无效问卷；③ 答案选择高度一致，如所有题目都选择第一个答案；④ 截止日期后收回的问卷。

提 示

截止日期后收回的问卷的可靠性很低，提供的信息极有可能是虚假信息。在市场调查中，虚假信息甚至比缺乏信息带来的危害还要大。

（2）不满意问卷。出现下列情况的问卷属于不满意问卷：① 模糊不清，如将“√”打在两个答案之间；② 前后不一致或有明显错误，如一个年龄为 15 岁的调查对象的职务为高级经理、一天睡觉时长超过 24 个小时等；③ 模棱两可，如单项选择题选择了多个答案；④ 不符合作答要求，如跳答或不按要求回答。

自我思考

小郭在一次关于消费者购物情况的调查中被要求采访 10 位经常在大型商场购物、年龄在 50 岁以上的男性消费者。由于客观原因，小郭在规定的时间内寻找符合条件的调查对象有一定的难度。当寻找到一位愿意配合完成问卷调查的被访问者，他的年龄却不到 50 岁。这时小郭便诱导这位调查对象，在公司进行电话审核时，请他帮忙谎称自己是 50 岁，进而完成一份调查问卷。

请问，小郭完成的市场调查问卷属于哪一种？其做法违反了市场调查业的哪项规定？

2）不合格市场调查资料的处理方式

一般情况下，对于无效问卷可直接丢弃；对于不满意问卷，调查人员可以通过不同的方式进行处理，如返回现场重新调查、填补或删除缺失数据等。

（1）返回现场重新调查。在样本量较少、调查对象容易确认的情况下，调查人员可以返回调查现场，重新联系调查对象，再次获取符合要求的数据资料。需要注意的是，返回现场重新调查可能会因调查时间或调查形式的不同而导致前后两次获取的数据不同。

（2）填补或删除缺失数据。在缺失数据占比较少且缺失数据的变量不是关键变量的情况下，调查人员可以对缺失数据自行处理，主要有以下三种处理方法：① 用中间值来代替，如某变量的平均值；② 用逻辑答案来代替，如家庭总收入缺失，可根据家庭中就业人数及职业情况来估计；③ 对于样本量众多的数据资料，可以将缺失数据的整个样本资料全部删除。

案例阅读

错误的市场调查资料给公司带来的噩梦

为了能够了解更多的消费信息，上海某宠物食品公司在新配方、新包装的狗粮产品上市之前，精心设计了包括价格、包装、食量、周期、口味、配料等六大方面的问卷，并在上海各大超市的宠物组购物人员中选择了 1 000 个样本，进行抽样调查。

通过对沉甸甸的问卷进行整理分析，公司确定了新产品的生产方案，并大力推行。新产品一经上市，就变成了热销产品，这让公司的管理人员着实振奋了一段时间。但短暂的旺销期仅持续了一个月，随后便进入了全面萧条期，后来产品在一些渠道甚至遭到了抵制。过低的销量让公司管理人员不知所措，两个月后，新产品被迫从终端撤回，产品革新宣布失败。

科学的调研为什么还不如以前凭感觉定位来的准确？谁也没想到正是错误的市场调查资料把他们拖向了溃败。在公司随后召开的座谈会上，十多个新产品的购买者拒绝再次购买的原因很简单，就是宠物不喜欢吃。这使公司的管理人员恍然大悟，公司产品的最终消费者并不是"人"，人只是一个购买者，错误的市场调查方向，导致了错误的市场调查资料，进一步决定了调查结论的局限，甚至荒谬。

资料来源：http://finance.sina.com.cn/review/observe/20050325/11581460928.shtml

9.1.2　编码

审核完市场调查资料后，接下来就是编码工作。编码是指按照某种规则，给每个问题每种可能的答案分配一个计算机可以识别的代码，通常是一个数字。合理的编码不仅可以减少数据录入的工作量，还可以区分、理解和计算不同的数据。

用数字作为代码，一是因为数字录入比较便捷，二是因为计算机处理数字的效率高于处理字母、汉字的效率。

1．编码方式

编码方式包括事先编码和事后编码。事先编码是在实施市场调查活动之前，主要是在设计问卷时就对答案进行编码，一般只适用于封闭性问题。例如，对于"是""否"两个答案的问题进行编码时，"是"编码为"1"，"否"编码为"0"。事后编码是在回收问卷后，通过逐一浏览问卷，对答案进行编码，一般适用于开放性问题，即在实施调查前不可能知道答案的问题。

2．编码内容

编码内容包括问卷编码、问题编码和编码表的制作。

1）问卷编码

问卷编码一般包括调查人员代码、问卷编号、调查对象代码等，其组合顺序可以自由规定，也可以按照设计的标准规定。但是，每一份问卷的编码必须唯一。为方便记录，问卷编码也可以只有问卷编号。

例如，某问卷编码为"10308005"，其中，数字"1"代表"北京"，数字"03"代表"海淀区"，数字"08"代表"调查人员编号"，数字"005"代表"调查人员成功完成的

第 5 份问卷”。

2）问题编码

问卷中的问题一般分为封闭性问题和开放性问题两种。因此，问题编码分为封闭性问题编码和开放性问题编码两种。

（1）封闭性问题编码。一般情况下，封闭性问题可供选择的答案是事先设计好的，在实施调查之前便可对每个问题及可供选择的答案进行编码。封闭性问题编码包括两项选择题编码和多项选择题编码。

① 两项选择题编码。例如：

您最近一个月内是否购买过高露洁牙膏？

□ 是	1
□ 否	2

其中，“1”表示“是”，“2”表示“否”，“0”表示未作答。

② 多项选择题编码。例如：

您最近一个月内购买的牙膏品牌有？

□ 高露洁	1
□ 佳洁士	2
□ 中华	3
□ 云南白药	4
□ 黑人	5
□ 舒客	6
□ 其他	7

其中，“1、2、3、4、5、6、7”分别表示购买“高露洁、佳洁士、中华、云南白药、黑人、舒客、其他”，“0”表示未选择该选项。如果调查对象选择的品牌有“中华、黑人、其他”，那么，该问题编码为“0030507”；如果本题未作答，则该问题编码为“0000000”。

（2）开放性问题编码。开放性问题的答案可能多种多样，需要对所有可能的答案分别进行编码。开放性问题编码的主要工作步骤如下。

① 列出答案。首先应尽可能全面地列出每个开放性问题的答案。当样本量较小时，所有答案都应该列出。当样本量较大时，抽取部分问卷来确定答案即可，抽取时应当尽量获取分布广泛的回答。

② 合并答案。根据开放性问题答案的性质，数据录入员可以将类型相近的答案进行合并处理。合并时，数据录入员需要考虑分组标志的意义和对数据分析的影响。

③ 设置编码。答案合并处理后，分别赋予每一类别答案一个数字编号。

3）编码表的制作

确定好答案编码后，数据录入员就可以直接录入答案的代码。为了说明每一个数字代码的具体含义，数据录入员还需要编制编码表。编码表一般包括代码所处的位置（列数）、变量名称及变量说明、问题编号、编码说明等。

案例阅读

手机用户情况调查编码表

在某次针对手机用户开展的市场调查中，问卷中的部分问题如下所示。

您好！我是××调查公司的调查员，向您了解几个购买手机方面的问题。请您在相应的选项框内划“√”。我们将对您填写的资料内容完全保密，非常感谢您的合作。

问卷编号：

1. 您的性别：

□ 男　　□ 女

2. 您的年龄（各选项范围不包括上限值）：

□ 20 岁以下　　□ 20～30 岁

□ 30～40 岁　　□ 40 岁以上

3. 您的职业：

□ 学生　　□ 白领　　□ 公务员

□ 自由职业者　　□ 其他

4. 您的月收入（各选项范围不包括上限值）：

□ 3 000 元以下　　□ 3 000～5 000 元

□ 5 000～10 000 元　　□ 10 000 元以上

5. 您认为手机在您生活中的重要性：

□ 非常不重要　　□ 不重要　　□ 一般重要

□ 重要　　□ 非常重要

6. 你通过什么渠道了解手机（可多选）：

□ 电视　　□ 报纸　　□ 宣传活动　　□ 卖场海报

□ 朋友　　□ 网络　　□ 其他

7. 请将下列手机品牌按照您的喜好排列，最喜爱者为 1 号，以此类推。

□ 小米　　□ 三星　　□ 华为　　□ 魅族　　□ 一加

□ vivo　　□ 苹果　　□ OPPO　　□ 荣耀

根据以上问题制作手机用户情况调查编码表，如表 9-1 所列。

表 9-1　手机用户情况调查编码表

列	变量名称及变量说明	问题编号	编码说明
1～3	问卷编码		001～100
4	调查对象的性别	1	1—男；2—女；0—未回答
5	调查对象的年龄	2	1—20 岁以下；2—20～30 岁；3—30～40 岁；4—40 岁以上；0—未回答
6	调查对象的职业	3	1—学生；2—白领；3—公务员；4—自由职业者；5—其他；0—未回答
7	调查对象的月收入	4	1—3 000 元以下；2—3 000～5 000 元；3—5 000～10 000 元；4—10 000 元以上；0—未回答
8	手机的重要性	5	1—非常不重要；2—不重要；3—一般重要；4—重要；5—非常重要；0—未回答
9～15	了解手机的渠道	6	1—电视；2—报纸；3—宣传活动；4—卖场海报；5—朋友；6—网络；7—其他； 1～7 表示选择不同渠道所对应的代码；若某一选项没有选择，则用 0 表示；0000000—未回答
16～24	手机品牌的喜好	7	排在第一列的为最优先考虑的因素，未排列的选项用 0 表示；000000000—未回答

资料来源：袭宝仁、曾祥君. 市场调查与预测［M］. 北京：航空工业出版社，2012.

自我思考

编码表在市场调查的数据整理中起什么作用？

9.1.3　录入市场调查资料

当采用纸质问卷收集数据资料时，数据录入是在数据收集完成后通过键盘录入计算机的。当采用计算机辅助收集数据资料时，计算机可以自动录入数据，使数据录入与数据收集同时完成。

一般情况下，数据录入员可利用 Excel 工具（本教材以 Excel 2013 版本为例）录入数据。仍以上述手机用户市场调查问卷为例，假设收到 20 份调查问卷，录入的数据格式如图 9-1 所示。

	A	B	C	D	E	F	G	H
1	问卷编号	性别	年龄	职业	月收入	手机重要性	了解手机的渠道	手机品牌的喜好
2	001	1	1	1	1	5	1034000	145623897
3	002	1	1	1	1	5	1004007	546123789
4	003	2	1	1	1	4	0004007	451627389
5	004	2	2	3	4	4	1234000	167234589
6	005	2	2	2	2	4	1030500	174235698
7	006	2	2	3	3	4	1004500	567412398
8	007	1	2	3	3	4	1004060	213674589
9	008	2	2	2	2	4	1004067	312897456
10	009	2	1	2	1	3	1230000	123654789
11	010	1	3	2	3	4	0230500	174235698
12	011	1	3	2	3	5	1000560	213674589
13	012	1	3	2	2	5	1000507	546123789
14	013	2	2	3	3	4	1004000	174235698
15	014	1	3	3	3	3	0000067	561732489
16	015	2	3	4	3	5	0030067	167234589
17	016	2	4	4	3	3	1000500	893210000
18	017	2	4	2	3	3	1000060	000000000
19	018	2	4	2	3	5	1000060	213674589
20	019	1	3	2	3	5	1000060	123654789
21	020	1	1	1	1	5	0204000	546123789

图 9-1　手机用户市场调查问卷录入格式

9.1.4　检查市场调查资料

在大量数据录入的过程中，尤其是采用键盘录入数据资料时，错误很可能发生。因此，数据录入员需要对已录入的数据进行详细检查，常用的方法包括以下几种。

（1）双机分别录入，即由两名数据录入员分别在两部计算机上同时录入原始数据，然后将录入结果进行对比。完全相同的数据可视为录入正确，存在不一致的地方则需要与调出的原始数据进行再次核对。

（2）对已录入的数据进行抽查。一般随机抽取 20%左右的问卷与录入的数据资料进行复查。

（3）一致性查错，主要考查变量和取值范围是否与规定的范围一致。例如，性别的取值范围是 1（男）、2（女）和 0（未回答），如果出现了 3、4、5、6 等其他代码，则说明超出了变量的正常取值范围，需要进行核对。

（4）逻辑查错，主要是检查数据有无逻辑错误。一是样本结构上的逻辑错误，如年龄为 20 多岁的退休人员；二是回答内容上的逻辑错误，如回答不知道某个品牌的调查对象在同一问卷上又选择使用了该品牌，回答不收看某个频道节目的调查对象在同一问卷上又选择了对该频道播出的节目很感兴趣。

提　示

一般情况下，采用计算机辅助收集数据资料时，数据可以在收集过程中得到核实。因此，数据录入员无须再对数据进行检查。

9.1.5 绘制频数分布表与统计图

市场调查的目的在于了解总体的一般情况，而非单个调查对象的详细情形。通过编码后，调查人员需要通过绘制频数分布表或统计图把隐藏在这些大量分散数据中的重要信息揭示出来。

1. 绘制频数分布表

1）频数分布表

频数分布是反映变量的各类别或各个值出现的频数和频率的一种分布状态。其中，频数是指变量的各类别或各个值出现的次数；频率是指各个值出现的次数与所有值出现的总次数的比值。频数分布表是将数据资料按照类别分为不同组段，呈现数据资料的频数分布的表格。

仍以上述手机用户市场调查问卷中调查对象的月收入数据为例，假设收到 20 份调查问卷，则这些手机用户月收入情况的频数分布如表 9-2 所列。

表 9-2 手机用户月收入情况的频数分布表

调查对象的月收入	频数	频率/%	累积频数	累积频率/%
3 000 元以下	5	25	5	25
3 000～5 000 元	3	15	8	40
5 000～10 000 元	11	55	19	95
10 000 元以上	1	5	20	100
合计	20	100		

通过表 9-2 可以看出，调查对象的月收入在 3 000 元以下、3 000～5 000 元、5 000～10 000 元、10 000 元以上分别有 5 人、3 人、11 人、1 人，即频数分别为 5、3、11、1，频率分别为 25%、15%、55%、5%。

提 示

累积频数是将各类别的频数逐级累加，累积频率是将各类别的频率逐级累加。通过累积频数或累积频率，分析人员可以更容易看出某一类别（或数值）以下及某一类别（或数值）以上的频数或频率之和。例如，通过表 9-2 可以看出，调查对象的月收入在 5 000 元以下的有 8 人，占总调查人数的 40%；月收入在 10 000 元以下的有 19 人，占总调查人数的 95%。

2）频数分布表的绘制

（1）确定组数。组数的确定应以能够显示数据的分布特征和规律为目的。在实际分组时，组数可以按斯特杰斯经验公式来确定，计算公式如下：

$$k=1+\frac{\lg n}{\lg 2} \tag{9.1}$$

式中：k 为组数，n 为数据的个数。

（2）确定组距。组距可以根据所有数据的最大值和最小值之差来确定，计算公式如下：

$$组距=(最大值-最小值)\div组数 \tag{9.2}$$

（3）绘制频数分布表，即统计出各组的频数并利用计算机整理成频数分布表。

【例 9-1】 假设“年龄”在某一问卷中被设计为开放性问题，调查对象所填写的年龄（岁）信息如下：24，27，20，35，42，39，21，24，43，27，26，19，20，17，31，51，57，59，25，27，29，31，36，24，61，23，19，38，34，29。对上述数据分组并绘制频数分布表。

【解】

组数 $k=1+\frac{\lg 30}{\lg 2}\approx 6$

组距=(61−17)÷6≈7（调整为 10）

利用 Excel 绘制频数分布表，如表 9-3 所列。

表 9-3　年龄的频数分布表

年龄/岁	频数	频率/%	累积频数	累积频率/%
20 以下	3	10.0	3	10.0
20～30	14	46.7	17	56.7
30～40	7	23.3	24	80.0
40～50	2	6.7	26	86.7
50～60	3	10.0	29	96.7
60 以上	1	3.3	30	100.0
合计	30	100.0		

提　示

绘制频数分布表时，一般应注意以下五点：① 每张表都需要有号码和标题，且标题简明扼要；② 适当排列变量的顺序，一般将最显著的置于前面的位置或按问卷中的顺序排列；③ 注明数据的单位，只有同一单位的数据，才可以在标题中统一注明；④ 小数点、个位数、十位数等应当保持上下对齐；⑤ 表内应当设有合计行。

2. 绘制统计图

统计图可以将调查资料以图的形式直观地反映出来，有利于研究人员准确了解数据的分布特征和规律。常用的统计图有直方图、柱形图、饼图、折线图。

1）直方图

直方图是以组距为横轴、频数为纵轴的一系列连接起来的矩形块图。例如，某调查企业抽取 500 人调查某高校大学生月消费支出情况，并依据频数分布表（见表 9-4）绘制直方图，如图 9-2 所示。

表 9-4　某高校大学生月消费支出的频数分布表

月消费支出/元	频数	频率/%	累积频率/%
500 以下	51	10.2	10.2
500～1 000	147	29.4	39.6
1 000～1 500	179	35.8	75.4
1 500～2 000	74	14.8	90.2
2 000 以上	49	9.8	100.0
合计	500	100	

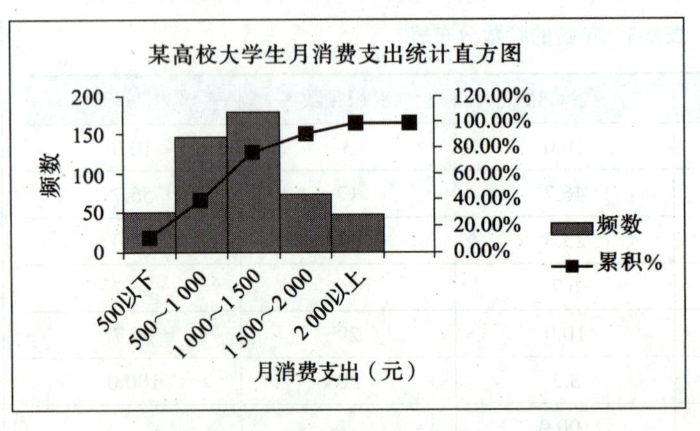

利用 Excel 绘制直方图

图 9-2　某高校大学生月消费支出统计直方图

通过图 9-2 可以看出，该校大学生月消费支出基本集中在 500～1 000 元、1 000～1 500 元两档，合计占 65.2%；而消费支出在 500 元以下、2 000 元以上的则比较少，分别仅占 10.2%和 9.8%。

【例 9-2】　为了解某市城镇居民的收入水平，某调查企业组织了问卷调查，其中一个问题如下：

您的月平均收入水平是？

1 □ 2 000 元以下　　2 □ 2 000～4 000 元　　3 □ 4 000～6 000 元

4 □ 6 000～8 000 元　　5 □ 8 000 元以上

其中，抽取20户家庭的月平均收入水平分别为1 800元、7 500元、1 850元、3 600元、9 500元、5 500元、3 600元、4 800元、3 800元、6 600元、7 600元、7 900元、6 900元、3 200元、5 000元、7 000元、7 400元、9 600元、4 500元、4 800元。利用 Excel 绘制直方图。

【解】

步骤 1　编码。“1”表示“2 000 元以下”；“2”表示“2 000～4 000 元”；“3”表示“4 000～6 000 元”；“4”表示“6 000～8 000 元”；“5”表示“8 000 元以上”。

步骤 2　录入。启动 Excel 2013，并将收集的数据资料录入 Excel 表格中，如图 9-3 所示。

步骤 3　执行“数据”|“数据分析”命令，系统弹出“数据分析”对话框。如果没有发现“数据分析”菜单项，参照下面步骤进行安装。

（1）执行“文件”|“选项”|“加载项”命令，“管理：”选择“Excel 加载项”，单击“转到”按钮，系统弹出“加载宏”对话框。选择“分析工具库”选项，如图 9-4 所示。

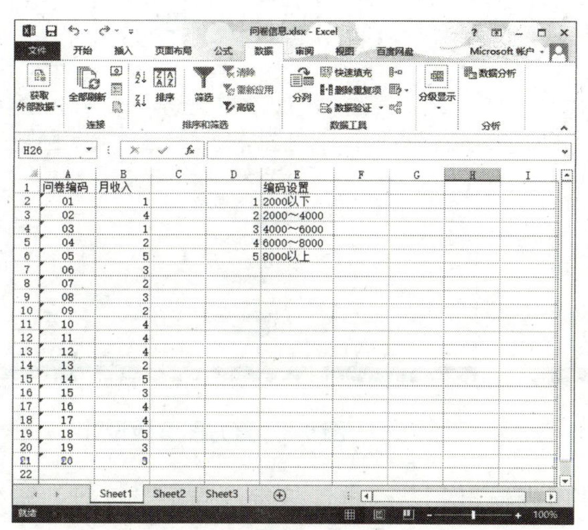

图 9-3　录入数据资料

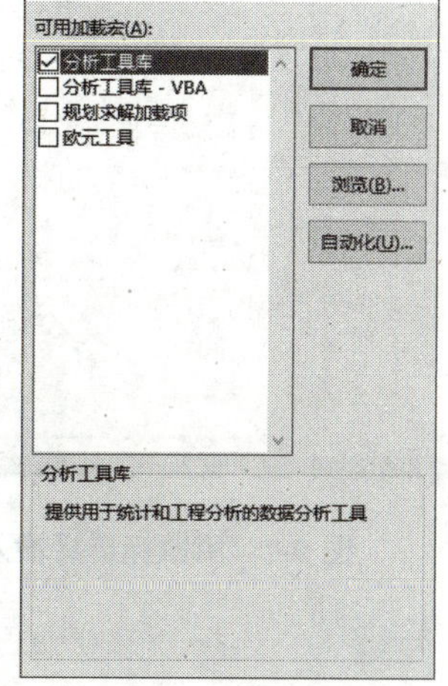

图 9-4　选择“分析工具库”选项

（2）单击“确定”按钮，即可调出“数据分析”菜单项。

步骤 4　在“数据分析”对话框中，选择“直方图”选项，如图 9-5 所示。单击

“确定”按钮，系统弹出“直方图”参数设计对话框，如图 9-6 所示。

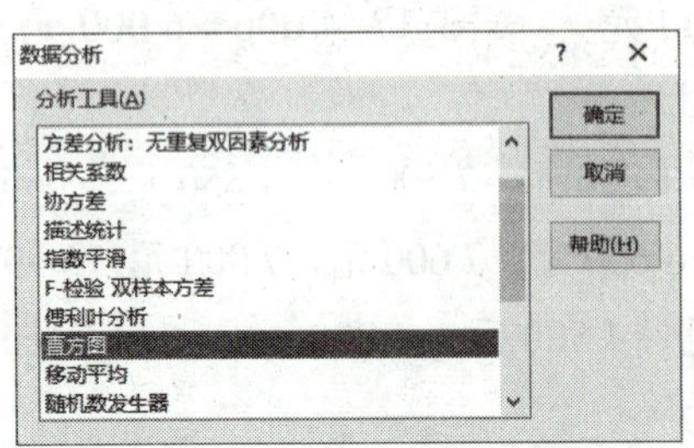

图 9-5 “数据分析”对话框

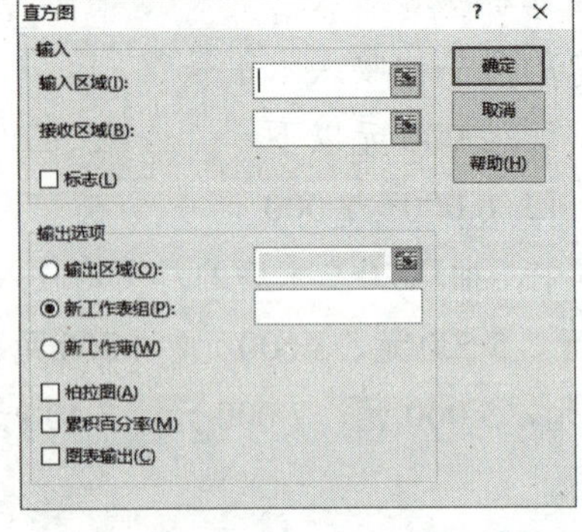

图 9-6 “直方图”参数设计对话框

步骤 5 在“输入区域”编辑框中，输入需要分析的数据区域“\$B\$2:\$B\$21”，或者直接用鼠标从 B2 单元格拖至 B21 单元格，如图 9-7 所示。

步骤 6 在“接收区域”编辑框中，输入频数的边界值“\$D\$2:\$D\$6”，或者直接用鼠标从 D2 单元格拖至 D6 单元格。

步骤 7 在“输出选项”区中选择“输出区域”单选钮，然后在其后的编辑框中输入“\$F\$1”，表示数据结果显示的单元格位置，如图 9-8 所示。

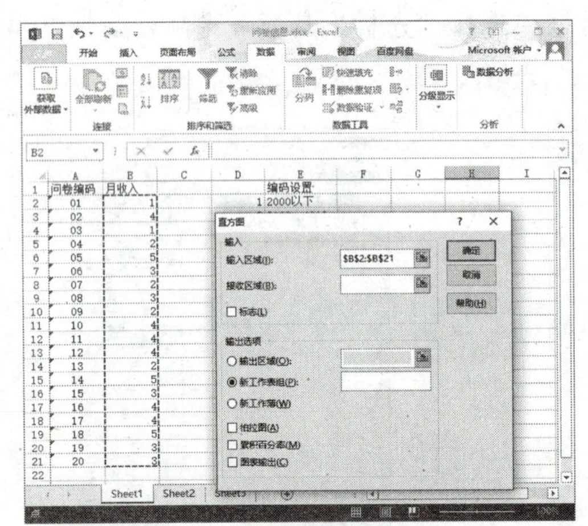

图 9-7 用鼠标选择输入区域

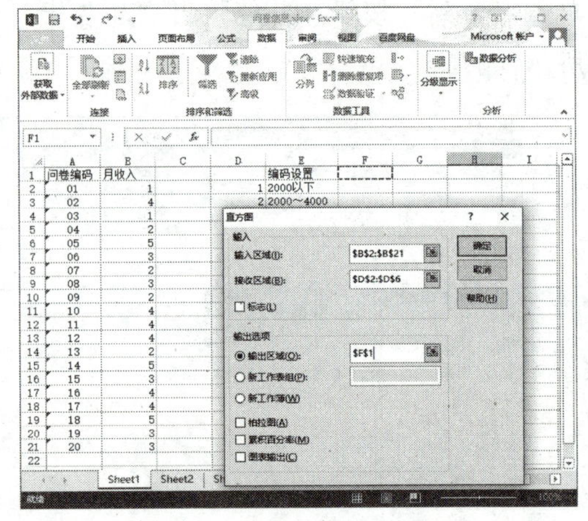

图 9-8 直方图参数设计

步骤 8 选择“累积百分率”和“图表输出”复选框，单击“确定”按钮，系统在输出一张频数分布表（包括编码值、频率、累积百分比三个指标）的同时生成一个嵌入式直方图，如图 9-9 所示。

步骤 9 由于生成的直方图实际上是一个柱形图，需要对其进行调整，具体操作步骤如下。

（1）单击选择图中任意一个柱形图，然后单击鼠标右键，在弹出的快捷菜单中选择“设置数据系列格式”。

（2）系统右侧弹出“设置数据系列格式”设置选项，单击“系列选项”选项卡，将“分类间距”设置为 0%。单击“关闭”按钮，即可将柱形图转换为直方图，如图 9-10 所示。

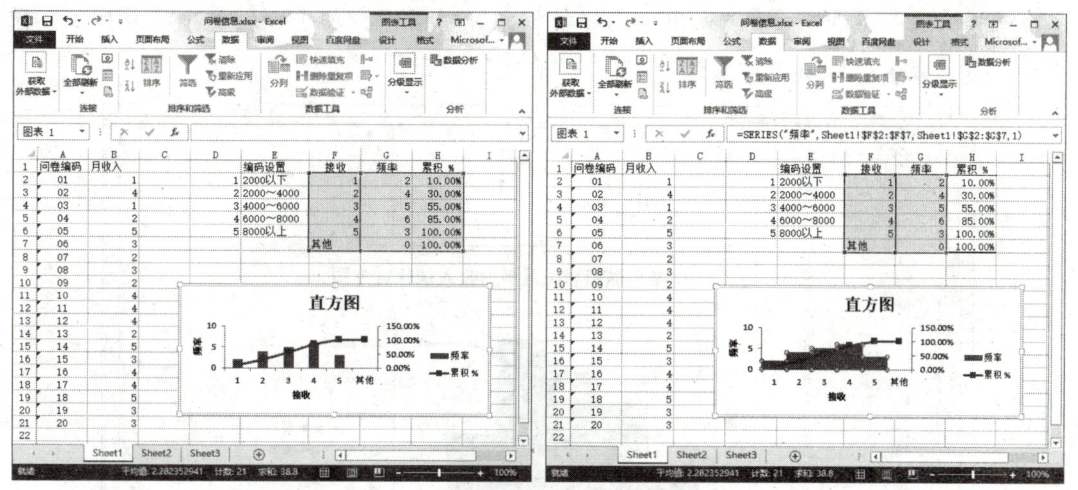

图 9-9 生成频数分布表和直方图　　图 9-10 调整后的直方图

步骤 10 为了使直方图更加直接地反映不同收入水平的分布状态，可以对其进行如下调整。

（1）设置坐标轴格式。单击选择左侧纵轴，然后单击鼠标右键，在弹出的快捷菜单中选择“设置坐标轴格式”。系统右侧弹出“设置数据系列格式”设置选项，单击“坐标轴选项”选项卡，边界最大值设为“7.0”，单位主要设为“1”，单击“关闭”按钮。同理设置右侧纵轴，设置完成后，如图 9-11 所示。

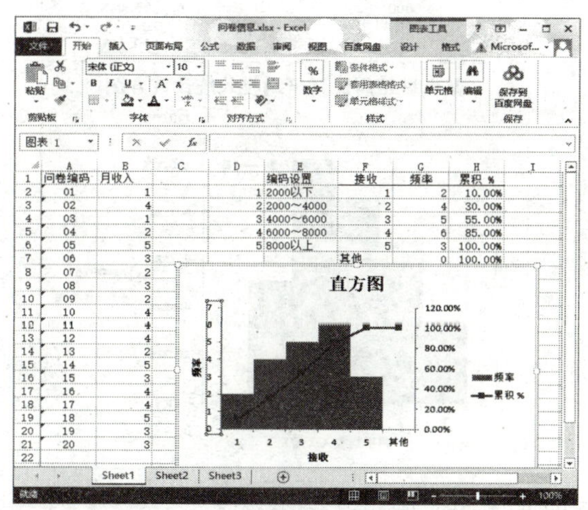

图 9-11 设置坐标轴格式

（2）对直方图、横坐标和纵坐标命名。在图中直接双击需要修改的名称部分，“标题”命名为“某市城镇居民月平均收入统计直方图”，“横轴”命名为“月平均收入（元）”，“纵轴”命名为“频数”。

（3）将图例中的“频率”改为“频数”。在图表区单击鼠标右键，在弹出的快捷菜单中选择“选择数据”，系统弹出“选择数据源”对话框。单击“图例项（系列）”选项卡，将“频率”修改为“频数”，单击“确定”按钮，如图 9-12 所示。

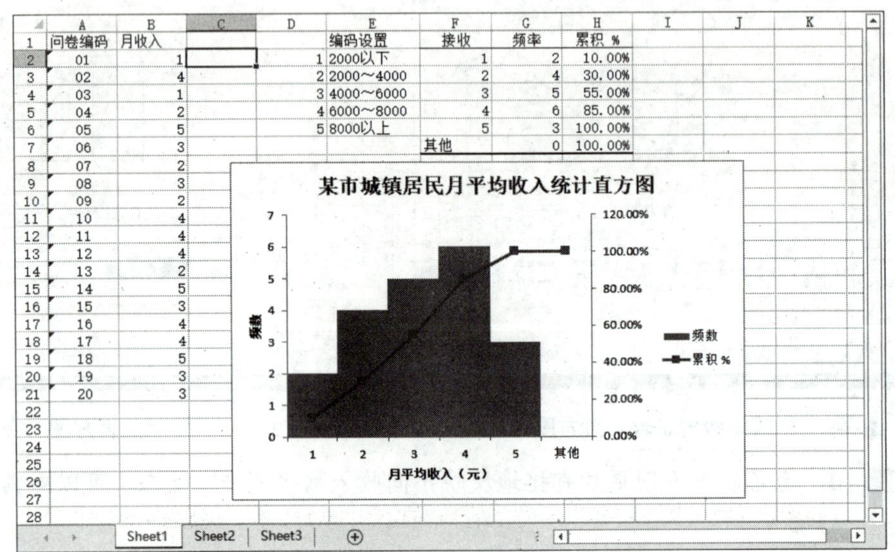

	A	B	C	D	E	F	G	H
1	问卷编码	月收入			编码设置	接收	频率	累积 %
2	01	1		1	2000以下	1	2	10.00%
3	02	4		2	2000～4000	2	4	30.00%
4	03	1		3	4000～6000	3	5	55.00%
5	04	2		4	6000～8000	4	6	85.00%
6	05	5		5	8000以上	5	3	100.00%
7	06	3				其他	0	100.00%
8	07	2						
9	08	3						
10	09	2						
11	10	4						
12	11	4						
13	12	4						
14	13	2						
15	14	5						
16	15	3						
17	16	4						
18	17	4						
19	18	5						
20	19	3						
21	20	3						

图 9-12　命名后的直方图

（4）适当调整图表高度和宽度，如图 9-13 所示。

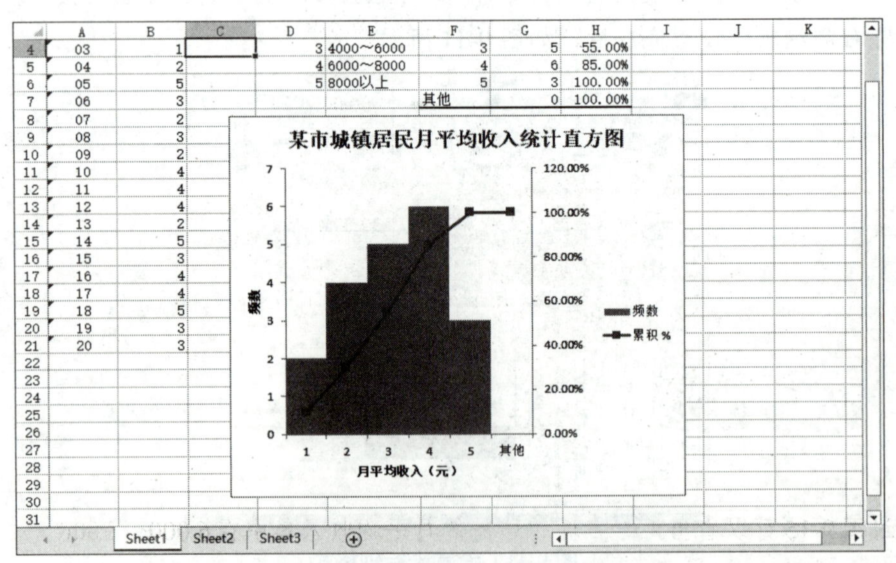

	A	B	C	D	E	F	G	H
4	03	1		3	4000～6000	3	5	55.00%
5	04	2		4	6000～8000	4	6	85.00%
6	05	5		5	8000以上	5	3	100.00%
7	06	3				其他	0	100.00%
8	07	2						
9	08	3						
10	09	2						
11	10	4						
12	11	4						
13	12	4						
14	13	2						
15	14	5						
16	15	3						
17	16	4						
18	17	4						
19	18	5						
20	19	3						
21	20	3						

图 9-13　调整直方图高度和宽度

（5）将横轴的编码替换为具体的分类。在图表区单击鼠标右键，在弹出的快捷菜单中选择“选择数据”，系统弹出“选择数据源”对话框。单击“水平（分类）轴标签”选项卡，直接用鼠标从 E2 单元格拖至 E6 单元格，如图 9-14 所示。

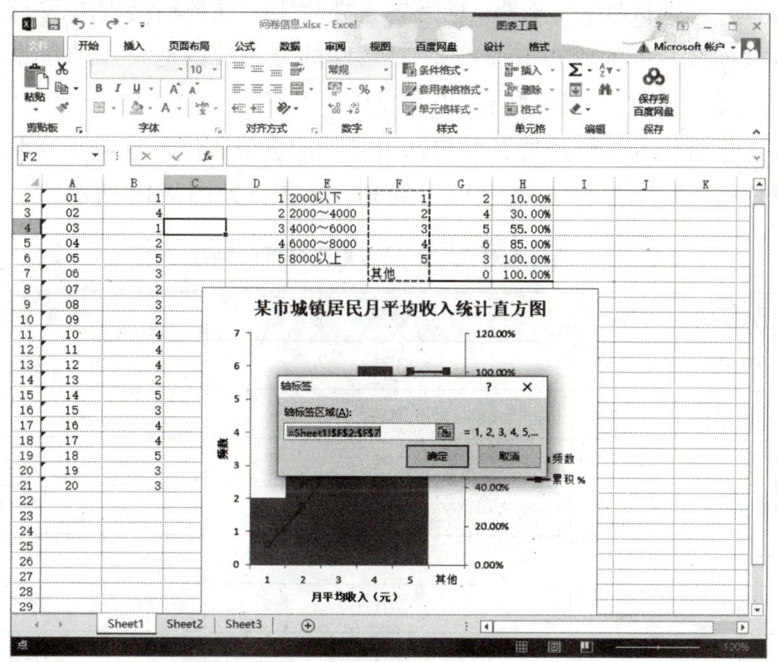

图 9-14　替换水平（分类）轴标签

步骤 11　单击“确定”按钮，并适当调整图表宽度，如图 9-15 所示。

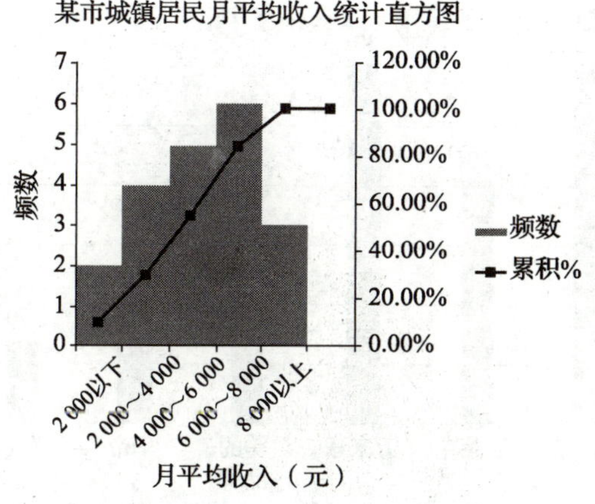

图 9-15　某市城镇居民月平均收入统计直方图

通过图 9-15 可以看出，该市城镇居民的月平均收入集中在 6 000～8 000 元，月收入在 2 000 元以下的人数非常少，仅占 10%。

2）柱形图

柱形图是用来展示分类数据分布的一种图形，在横轴上以宽度相同的多个柱状图形代表变量的各个类别，在纵轴上以柱形高度来表示数据的大小。

柱形图与直方图的区别在于：① 柱形图主要用于不同数据类别之间的比较，而直方图主要用于观察连续数据的分布情况；② 柱形图的分组数据是分开排列的，而直方图的分组数据具有连续性，是连续排列的。

例如，某调查机构为了解消费者对热水器品牌的喜爱程度，抽取 1 184 名消费者进行问卷调查，并依据频数分布表（见表 9-5）绘制柱形图，如图 9-16 所示。

表 9-5　消费者对热水器品牌喜爱程度的频数分布表

品牌	频数	频率/%
西门子	321	27.1
欧莱克	204	17.2
万家乐	302	25.5
美的	109	9.2
华帝	98	8.3
海尔	70	5.9
其他	80	6.8
合计	1 184	100.0

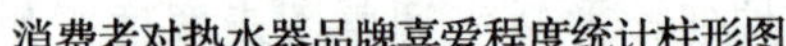

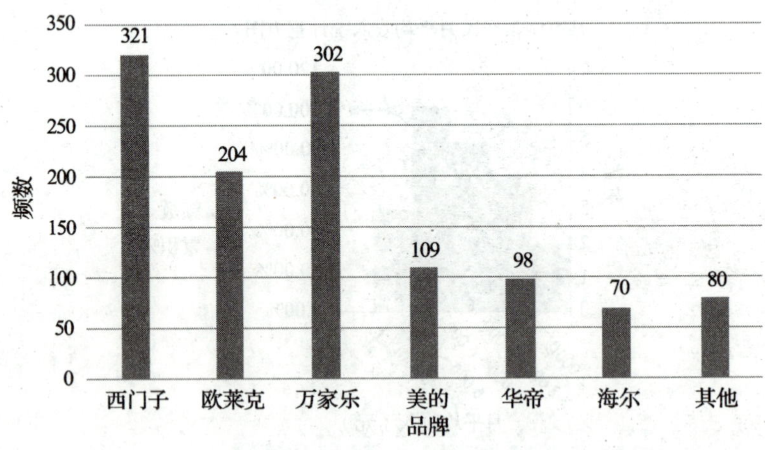

图 9-16　消费者对热水器品牌喜爱程度统计柱形图

通过图 9-16 可以看出，消费者对西门子的喜爱程度最高，紧随其后的是万家乐、欧莱克、美的、华帝、海尔等品牌。

【例 9-3】　2020 年 1—12 月份某冰箱的销售量频数分布如表 9-6 所列。

表 9-6　2020 年 1—12 月某冰箱的销售量频数分布表

月份/月	1	2	3	4	5	6	7	8	9	10	11	12
销售量/万台	450	500	380	320	310	480	520	640	480	180	150	120

利用 Excel 绘制柱形图。

【解】

步骤 1　将收集到的数据录入 Excel 表格中，如图 9-17 所示。

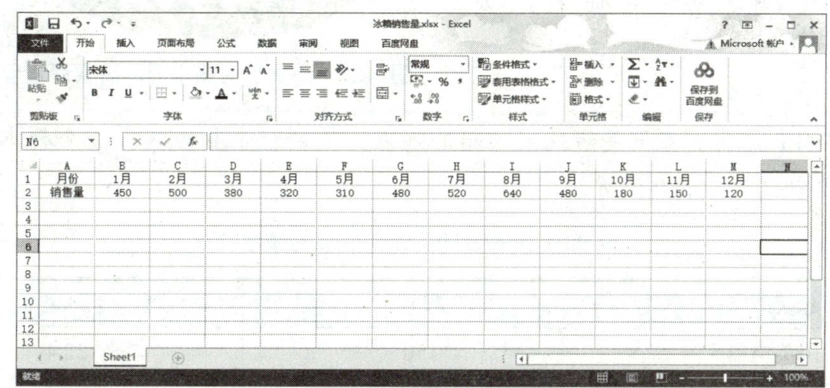

图 9-17　录入数据资料

步骤 2　选择 A1:M2 单元格区域，执行“插入”|“图表”|“插入柱状图”|“簇状柱状图”，便可得到一个簇状柱状图，如图 9-18 所示。

步骤 3　将图表标题命名为“销售量统计柱形图”，然后在“图表工具”中单击“设计”按钮，找到“快速布局”选项中的“布局 9”。

步骤 4　将调整后的柱形图“横轴”命名为“月份”，“纵轴”命名为“销售量（万台）”，如图 9-19 所示。

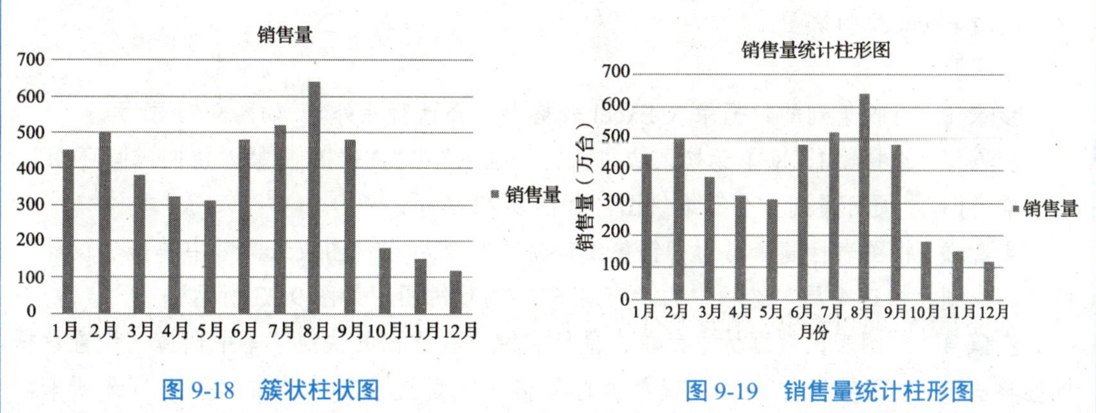

图 9-18　簇状柱状图

图 9-19　销售量统计柱形图

通过图 9-19 可以看出，该冰箱在 2020 年 8 月份的销售量最高，12 月份的销售量最低。这说明冰箱的销售量随季节变化相差较大。

3）饼图

饼图是用圆形及扇形来表示数据大小的图形，主要用来表示总体或样本中各组成部分所占的比例。例如，某调查机构为了解消费者对热水器品牌的喜爱程度，抽取 1 184 名消费者进行问卷调查，并依据频数分布表（见表 9-5）绘制饼图，如图 9-20 所示。

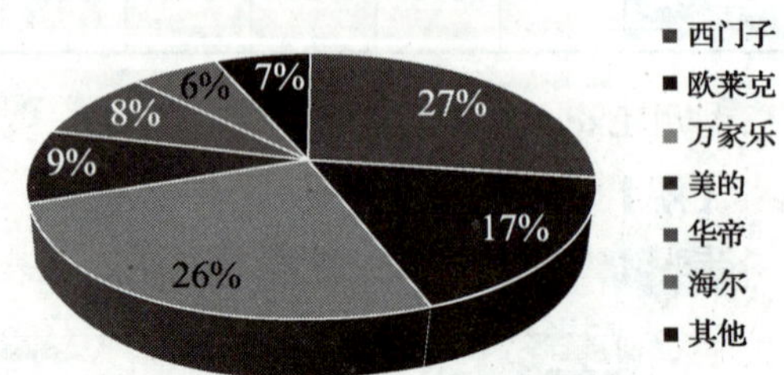

图 9-20 消费者对热水器品牌喜爱程度统计饼图

【例 9-4】 为调查消费者购买冰箱的地点，某调查企业抽取 670 个样本量进行问卷调查。频数分布如表 9-7 所列。

表 9-7 消费者购买冰箱地点的频数分布表

购买地点	频数	频率/%
国美电器	150	22.4
大中电器	100	14.9
苏宁电器	250	37.3
网上	70	10.4
大型超市	20	3.0
各品牌专卖店	50	7.5
其他	30	4.5
合计	670	100.0

利用 Excel 绘制饼图。

【解】

步骤 1 将收集到的数据录入 Excel 表格中（合计行除外），如图 9-21 所示。

步骤 2 选择 A1:C8 单元格区域，执行“插入”|“图表”|“插入饼图或圆环图”|“三维饼图”，便可得到一个三维饼图，如图 9-22 所示。

步骤 3 将图表标题命名为“销售统计饼图”，然后在“图表工具”中单击“设计”按钮，找到“快速布局”选项中的“布局 6”，调整饼图，如图 9-23 所示。

步骤 4 在图表区数据标志处单击鼠标右键，在弹出的快捷菜单中选择“设置数据标签格式”。系统右侧弹出“设置数据标签格式”设置选项，单击“数字”选项卡，选择“百分比”类别，在“小数位数”中录入“1”。单击“关闭”按钮，完成饼图的制作，如图 9-24 所示。

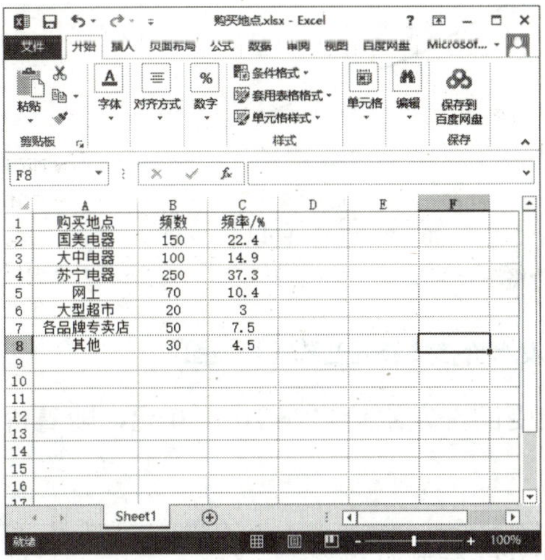

图 9-21　录入数据资料

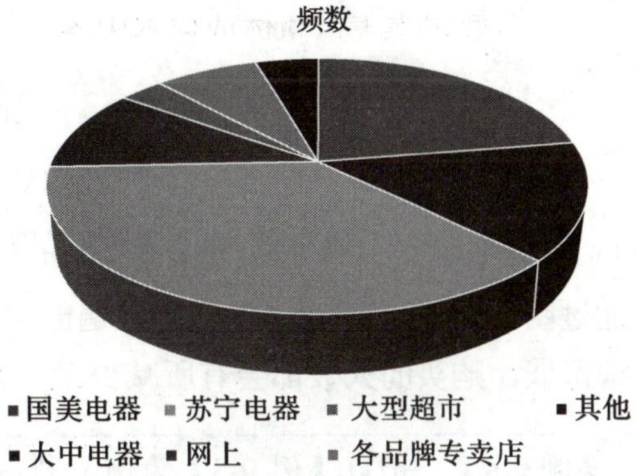

图 9-22　三维饼图

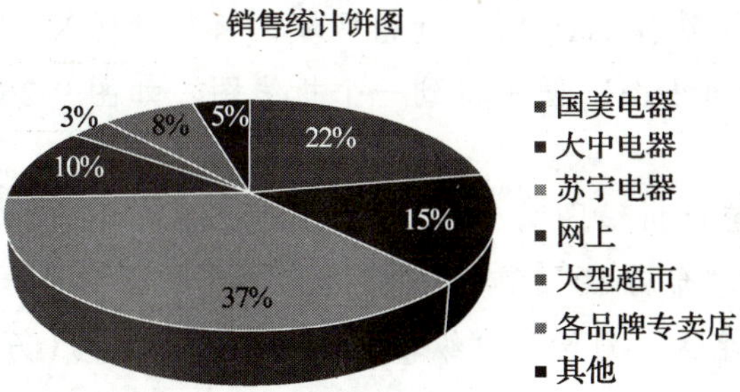

图 9-23　调整饼图

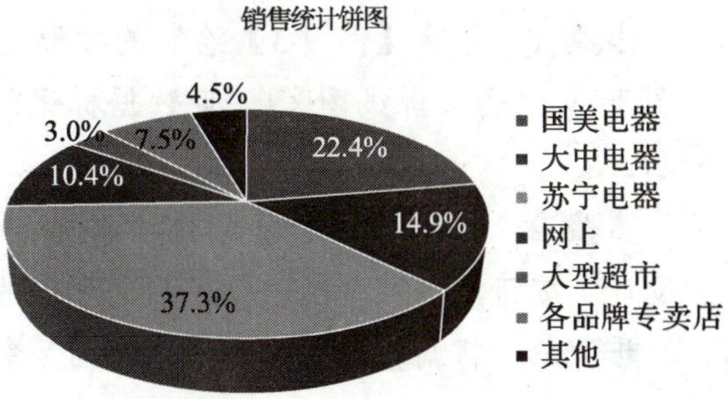

图 9-24　销售统计饼图

4）折线图

折线图是用来反映某种现象在时间上的动态变化，或者某种现象随另一种现象的变化趋势。例如，某洗发水公司为了解消费者对某品牌洗发水价格的接受程度，选取了 1 200 个样本量进行问卷调查，并依据频数分布表（见表 9-8）绘制折线图，如图 9-25 所示。

表 9-8　消费者对某品牌洗发水价格接受程度的频数分布表

价格分组/元	频数	频率/%
20 以下	250	20.8
20～50	450	37.5
50～80	300	25.0
80 以上	200	16.7
合计	1 200	100.0

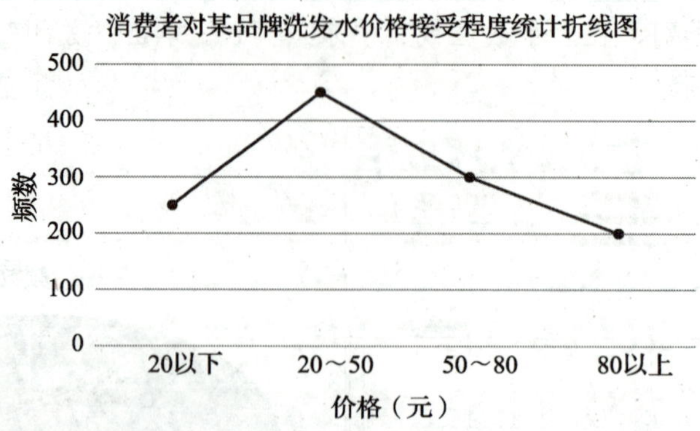

图 9-25　消费者对某品牌洗发水价格接受程度统计折线图

通过图 9-25 可以看出，消费者普遍能够接受的洗发水价格在 20～50 元，随着价格的升高或降低，购买的人数都会有所减少。

【例 9-5】　仍以【例 9-3】为例，利用 Excel 绘制折线图。

【解】

步骤 1　删除【例 9-3】绘制的柱形图。选择 A1:M2 单元格区域，执行“插入”|“图表”|“插入折线图”|“带数据标记的折线图”，便可得到一个折线图，如图 9-26 所示。

步骤 2　将图表标题命名为“销售量统计折线图”，然后在“图表工具”中点击“设计”按钮，找到“快速布局”选项中的“布局 10”。

步骤 3　将调整后的折线图“横轴”命名为“月份”，“纵轴”命名为“销售量（万台）”，如图 9-27 所示。

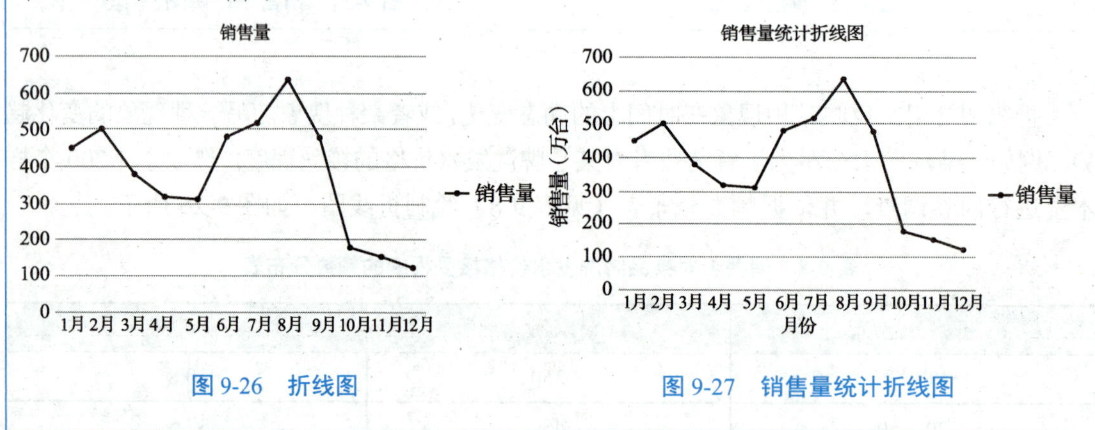

图 9-26　折线图　　图 9-27　销售量统计折线图

提　示

绘制统计图时，一般应注意以下五点：① 每张图都需要有号码和标题，且标题简明扼要；② 图表说明要简洁；③ 图形清楚简明，数据和图形之间的比例要恰当，避免太少或太多的标注、斜线、竖线、横线等；④ 作图时最好既使用颜色，又使用文字说明，颜色的选择要有逻辑性，突出重要的部分；⑤ 图片要说明数据来源。

9.2 分析市场调查资料

整理市场调查资料，确保数据的有效性，目的就是在保证数据质量的前提下，对数据进行各种分析，进而得到隐含在其中的结论。

市场调查资料的分析是指根据市场调查的目的，运用多种分析方法对市场调查收集整理的各种资料进行对比研究，通过综合、提炼、归纳、概括得出结论的过程。

9.2.1 市场调查资料的分析方法

常用的市场调查资料的分析方法有定性分析法和定量分析法。

1. 定性分析法

定性分析法是从事物“质”的方面入手，利用经验判断、辩证思维、逻辑思维、创造性思维等思维方法进行判断和推理。定性分析法主要是界定事物的大小、变化的方向、发展的快慢、产品的优劣、态度的好坏、问题的性质等方面。

2. 定量分析法

定理分析法是从事物“量”的方面入手，运用一定的统计分析方法和工具进行研究，挖掘事物的本质特征和规律，从数据中提炼有价值的信息。定量分析的本质是数据的深加工，从数据导向结论。定量分析法包括描述分析、统计推断、差异分析、关联分析、预测分析等五种常用的统计分析方法，具体内容如表 9-9 所列。

表 9-9　五种常用的定量分析法

分析方法	使用目的	例子	统计概念
描述分析	概括数据，推出总体的一般结果	描述典型的调查对象；描述与典型调查对象的类似程度	平均数、中位数、众数、频数分布、标准差
统计判断	决定总体参数、检验假设	估计总体值	标准误差、零假设
差异分析	确定组与组之间是否存在差异	估计一个样本中两组均值差异的统计显著性	对差异进行 t 检验，方差分析
关联分析	确定相关性	确定变量之间是否系统相关	相关系数

（续表）

分析方法	使用目的	例子	统计概念
预测分析	以统计模型为基础进行预测	在给定 x 数值的情况下预测 y 的水平	回归分析

9.2.2 数据的描述统计分析

数据的描述统计分析包括数据的集中趋势分析和数据的离散程度分析。

1. 数据的集中趋势分析

集中趋势是指数据趋向于一个中心的分布。常用于分析数据集中趋势的统计量有平均数、众数和中位数。

1）平均数

平均数是描述数据集中程度的一个统计量。在实践中，它既可以用来反映一组数据的一般情况，也可以用于不同组数据的比较，进而识别组与组之间的差别。常用的平均数有简单算术平均数和加权算术平均数。

（1）简单算术平均数是用变量值的总和除以数值的个数，计算公式如下：

$$\bar{x}=\frac{\sum_{i=1}^{n}x_i}{n}=\frac{x_1+x_2+\ldots+x_n}{n} \tag{9.3}$$

式中：$\bar{x}$ 为简单算术平均数，x_i 为各个变量值，n 为变量的个数。

（2）加权算术平均数是指具有不同比重的数据（或平均数）的算术平均数，计算公式如下：

$$\bar{x}=\frac{\sum_{i=1}^{k}m_i f_i}{n} \tag{9.4}$$

式中：$\bar{x}$ 为加权算术平均数，m_i 为各组的组中值，f_i 为各组的频数，k 为组数，n 为各组频数之和。

所谓组中值是指上限与下限之间的中点数值，是各组上下限数值的简单平均，计算公式如下：

$$组中值=(下限+上限)\div 2 \tag{9.5}$$

【例 9-6】 从某地区抽取 20 户家庭，得到每户月平均用水费用（元）如下：25，27，29，25，28，30，35，37，38，18，17，22，21，24，27，15，45，40，55，29。按费用进行分组，得到分组数据的频数分布表如表 9-10 所列。分别计算该地区 20 户家庭每月实际用水费用的简单算术平均数和加权算术平均数。

表 9-10 某地区家庭每月水费分组数据的频数分布表

按费用分组/元	10～20	20～30	30～40	40～50	50～60
居民数（频数）	3	10	4	2	1

【解】

简单算术平均数 $\bar{x}$=587÷20=29.35 元

加权算术平均数 $\bar{x}$=(15×3+25×10+35×4+45×2+55×1)÷20=29 元

自我思考

每次国家统计局公布平均工资数据以后，一些群众就会反映自己“被平均”“拖后腿”了。那国家统计局公布的平均工资是如何计算的呢？又该如何使用这个平均工资呢？

2）众数

众数是指数据中出现次数最多的变量值，主要测定数据的集中趋势。在实践中，众数用来反映最普遍的现象或最主要的问题。它虽然弥补了平均数指标受极端值影响的缺陷，但仍存在不足之处。例如，如果一组数据中的各变量值只出现了一次，那么这组数据就没有众数；又如，如果存在两个或两个以上变量值出现次数都是最多的，那么出现次数最多的这几个数都是这组数据的众数。

【例 9-7】 某制鞋企业为确定进一步的生产计划，对某地区女士的鞋码进行了一次抽样调查，抽取的样本量为 2 000 人。调查结果如表 9-11 所示。

表 9-11 女士鞋码的调查结果

鞋码/码	34	35	36	37	38	39	其他
人数	90	200	450	790	320	100	50

【解】

通过表 9-10 可以看出，样本中选择 37 码的人最多，共 790 人。因此，该组数据的众数是 37 码，表明该地区女士大多穿 37 码的鞋，企业可以有针对性地投入生产。

3）中位数

中位数是将数据按大小顺序排列起来，居于数列最中间位置的那个数据。中位数位置平均，不受极端变量值的影响。在具有极大值和极小值的数列中，中位数比算术平均数更具有代表性。例如，在研究城乡居民收入水平时，总体中既存在极高收入者，也存在极低收入者，这时居民收入的中位数比算术平均数更能代表居民收入的一般水平。中位数的计算方法有以下两种。

（1）如果总体个数是奇数，按从小到大的顺序排列，选取位于中间位置的那个数。例如，求“2，3，4，5，6”的中位数。这个数列共有 5 项，则

$$\text{中位数的位置}=(n+1)/2=(5+1)/2=3$$

即位于第三位的数字“4”就是中位数。

（2）如果总体个数是偶数，按从小到大的顺序排列，选取位于中间位置的两个数的平均数。例如，求“2，4，5，7，9，15”的中位数。这个数列共有 6 项，中位数的位置落在第三个数和第四个数之间，即

$$\text{中位数}=(5+7)/2=6$$

2. 数据的离散程度分析

离散程度是指数据偏离分布中心的程度，用来反映数据之间的差异程度。常用于分析数据离散程度的统计量有全距、方差和标准差。

1）全距

全距，又称“极差”，是指总体内两个极端值之差，计算公式如下：

$$R=\text{最大值}-\text{最小值} \tag{9.6}$$

全距可以检验平均值的代表性大小，全距越大，平均值的代表性越小；全距越小，平均值的代表性越大。需要注意的是，全距是数据两个极端值的差额，只受最大值和最小值的影响，因此，它只是一个粗略测量离散程度的指标，不能如实反映中间数据的分布状况。

【例 9-8】 某品牌专卖店的两个分支机构 1—5 月份的销售额如表 9-12 所示。

表 9-12　1—5 月份的销售额

单位：万元

月份	1	2	3	4	5
分支机构一	20	30	35	55	60
分支机构二	36	38	40	42	44

【解】

通过表 9-11 可以看出，两个分支机构 1—5 月份的平均销售额均为 40 万元。因此，平均数分析不出来哪个分支机构的销售额比较集中。如果用全距来衡量，则

$$R_1=60-20=40\ \text{万元} \qquad R_2=44-36=8\ \text{万元}$$

$R_1>R_2$，说明分支机构二的销售额比较集中。

2）方差、标准差和标准差系数

（1）方差和标准差。

方差是各变量值与其均值之差的平方再求平均；标准差是方差的平方根。方差和标准差的计算公式分别如下：

$$s^2 = \frac{\sum_{i=1}^{n}(x_i - \bar{x})^2}{n-1} \tag{9.7}$$

$$s = \sqrt{\frac{\sum_{i=1}^{n}(x_i - \bar{x})^2}{n-1}} \tag{9.8}$$

式中：s^2为方差，s标准差，x_i为变量值，$\bar{x}$为变量值的平均数，n为变量值的个数。

这两个指标都是测量离散程度最重要的方法。指标数值越大，表示组中各个数据越离散，平均数的代表性就越小；指标数值越小，表示组中各个数据越集中，平均数的代表性就越大。

（2）标准差系数。

标准差系数是指标准差与平均数的比值，通常用百分数表示，计算公式如下：

$$v_s = \frac{s}{\bar{x}} \times 100\% \tag{9.9}$$

在对比不同规模的两个总体的变异程度时，直接比较标准差是没有意义的，此时可用标准差系数来进行比较，标准差系数越小，数据的离散程度越小。

【例9-9】 仍以【例9-7】为例，用Excel对数据进行描述统计分析。

【解】

步骤1 将收集到的数据录入Excel表格中。

步骤2 执行“数据”|“数据分析”命令，系统弹出“数据分析”对话框，选择“描述统计”选项，如图9-28所示。

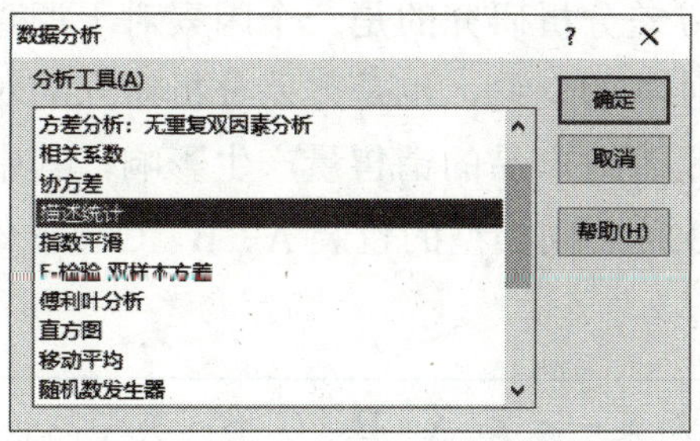

图9-28 “数据分析”对话框

步骤3 单击“确定”按钮，系统弹出“描述统计”对话框。在“输入区域”编辑框中输入需要分析的数据区域“$B$2:$B$8”，在“输出选项”区中选择“输出区域”

单选钮，然后在其后的编辑框中输入“$D$1”，并选择“汇总统计”复选框，如图 9-29 所示。

步骤 4 单击“确定”按钮，便可得到计算结果，如图 9-30 所示。

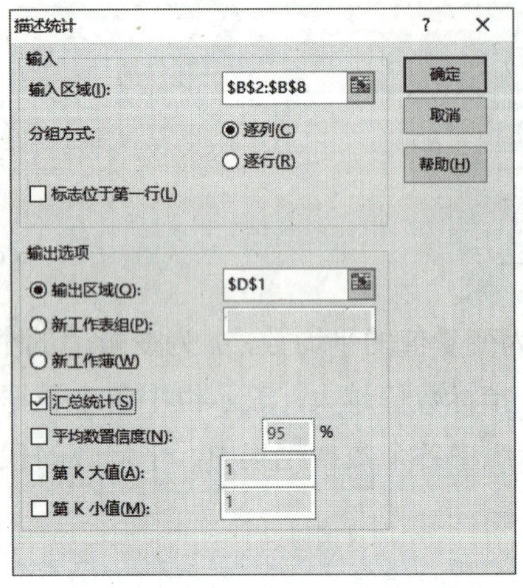

图 9-29 “描述统计”对话框

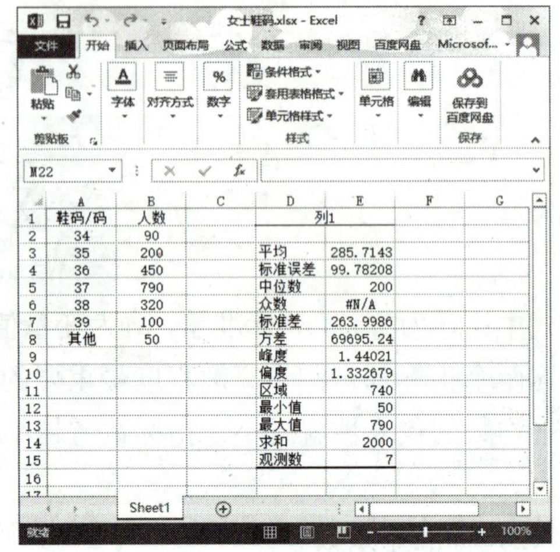

图 9-30 计算结果

提示 在“描述统计”输出的结果中，部分指标的解释如下：① 平均——算术平均值；② 标准误差——抽样平均误差；③ 峰度——概率密度分布曲线在平均值处峰值高低的特征数；④ 偏度——概率分布密度曲线相对于平均值不对称程度的特征数；⑤ 区域——全距；⑥ 求和——数据之和；⑦ 观测数——数据个数。

3. 数据变量间的关系分析

1）数据的方差分析

方差分析是一种常见的统计数据分析方法，主要用来分析市场调查和实验数据中不同来源的变异对总变异的影响程度，从而了解数据中的自变量是否对因变量有重要影响。

在具体应用中，如果方差分析研究的是一个因素对于调查结果的影响，就称作单因素方差分析。因素是一个独立的变量，也是方差分析研究的对象。因素中的内容称为水平。例如，研究产品包装是否对产品的销售量产生影响，其中，包装是控制变量，销售量是观察变量。假如设计 3 种不同类型的包装 A、B、C，那么，A、B、C 就是变量的不同水平。

【例 9-10】 某公司对某一产品 A、B、C 不同类型的包装在 6 家超市的销售情况进行了调查，调查结果如表 9-13 所示。利用 Excel 确定产品包装对销售量产生的影响。

表 9-13 A、B、C 不同类型的包装在 6 家超市的销售情况

单位：万元

项目	A 包装销售额	B 包装销售额	C 包装销售额
超市 1	20	12	16
超市 2	12	7	17
超市 3	8	16	9
超市 4	10	13	14
超市 5	9	10	6
超市 6	15	7	7

【解】

步骤 1 将调查数据录入 Excel 表格中。

步骤 2 执行“数据”|“数据分析”命令，系统弹出“数据分析”对话框，选择“方差分析：单因素方差分析”选项，单击“确定”按钮，系统弹出“方差分析：单因素方差分析”对话框。

步骤 3 在“输入区域”编辑框中输入需要分析的数据区域“$B$2:$D$7”，分组方式选择“列”，在“输出区域”中选择“输出区域”单选钮，然后在其后的编辑框中输入“$F$1”，如图 9-31 所示。

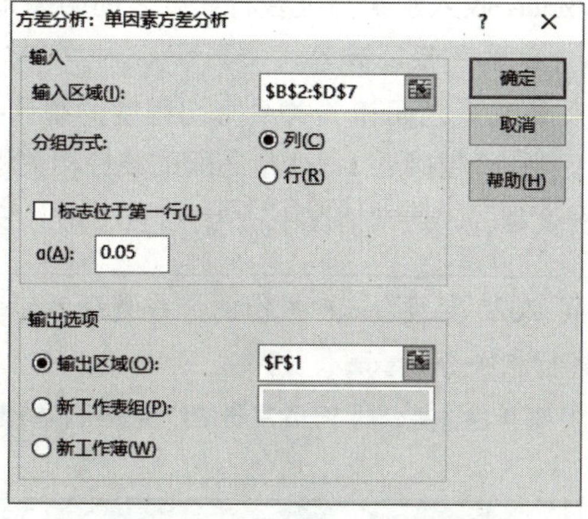

图 9-31 设置单因素方差分析参数

步骤 4 单击“确定”按钮，便可得到分析结果，如图 9-32 所示。

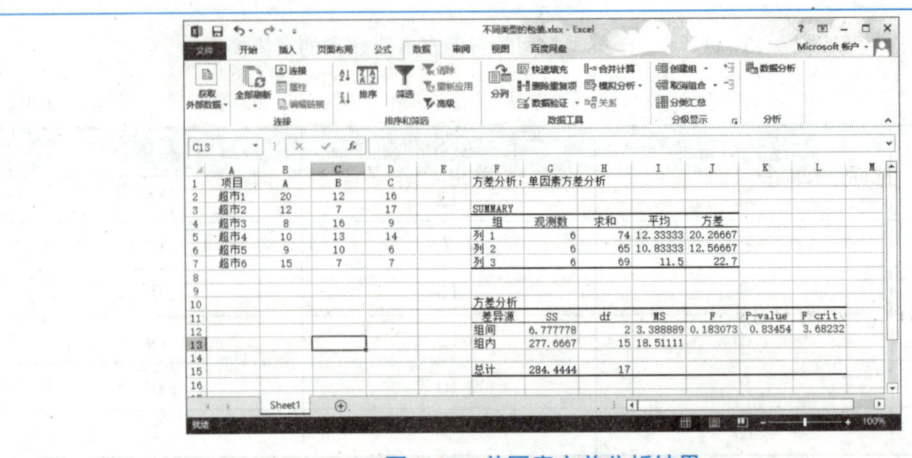

图 9-32　单因素方差分析结果

一般情况下，通过比较差异源 F 与 F crit 即可判断因变量是否影响自变量。如果 F>F crit，表示有显著影响；如果 F≤F crit，表示不产生影响或产生的影响不大。例 9-10 中，通过图 9-32 可以看出，F 值（0.18307）<F crit（3.68232），说明不同类型的包装对销售量不产生影响或产生的影响不大。

2）数据的相关分析

数据相关分析

相关是指一个变量与另一个变量之间的连带性。也就是说，一个变量的值发生变化，另一个变量的值也会随着发生变化，那么，这两个变量就是相关的。例如，收入水平与受教育程度之间的关系，商品的消费量与居民收入之间的关系，等等。

相关系数 r 是用以反映变量之间相关关系密切程度的统计指标，其取值范围为[−1,1]。当$|r|$越接近 1，变量之间的线性相关程度越密切；当$|r|$越接近 0，变量之间的线性相关程度越弱。通常情况下，当$|r|>0.8$ 时，变量之间为高度线性相关。

【例 9-11】 某公司 2020 年度 1—6 月份的广告费用和销售额的数据如表 9-14 所示，利用 Excel 对数据进行相关分析。

表 9-14　某公司 1—6 月份的广告费用和销售额

单位：万元

月份	广告费用	销售额
1	40	210
2	55	350
3	24	250
4	30	200
5	18	150
6	9	130

【解】

步骤 1　将数据资料录入 Excel 表格中。

步骤 2　执行“数据”|“数据分析”命令，系统弹出“数据分析”对话框，选择“相关系数”选项。单击“确定”按钮，系统弹出“相关系数”对话框。

步骤 3　在“输入区域”编辑框中输入需要分析的数据区域“$B$2:$C$7”，分组方式选择“逐列”，在“输出选项”区选择“输出区域”单选钮，然后在其后的编辑框中输入“$E$1”，如图 9-33 所示。

步骤 4　单击“确定”按钮，便可得到分析结果，如图 9-34 所示。

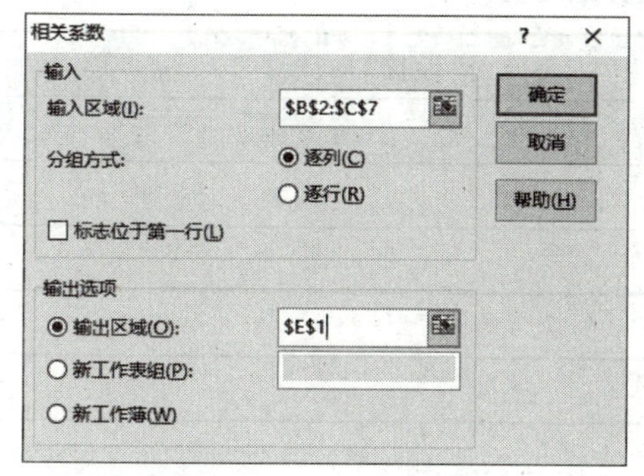

图 9-33　设置相关系数参数

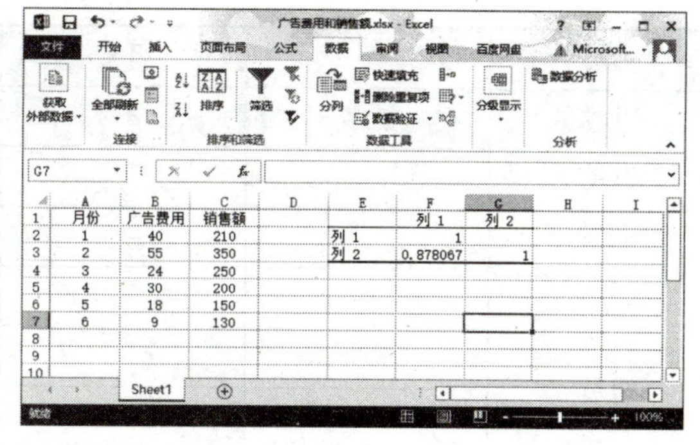

图 9-34　相关系数分析结果

通过图 9-34 可以看出，两个变量的相关系数$|r|=0.878\ 067$。因此，广告费用与销售额之间存在很强的相关性，即广告费用支出越多，销售额就越大。

实地调查　唤醒红色记忆，调查红色旅游消费市场

任务概述

登临浙江嘉兴南湖红船，重温革命前辈开天辟地、敢为人先的建党初心；走进上海一大会址纪念馆，阅读一件件历史文物背后的革命故事；江西井冈山挑粮小道上，身穿红军服的小队扛着红旗沿着前辈足迹前行；贵州遵义会址、赤水河边，无数人为长征路上的英雄事迹感动……

从 2004 年到 2019 年，我国每年参与红色旅游的人次从 1.4 亿增长到 14.1 亿，红色旅游热度逐年攀升，人们学习革命历史、感受革命文化的愿望日益强烈，参观革命旧址、纪念馆、博物馆蔚然成风。

2020 年，我国中央财政支持红色旅游景区建设资金达 60 亿元，“十三五”时期红色旅游在国内旅游市场中保持 11%以上份额。2021 年，为庆祝中国共产党成立 100 周年，文化和旅游部联合中央宣传部、中央党史和文献研究院、国家发展改革委又推出了“建党百年红色旅游百条精品线路”。

请开展本地红色旅游消费市场调查，并利用调查数据来分析我国红色旅游市场的发展现状和趋势。

任务分组

全班学生以 3～5 人为一组进行分组，各组选出组长并进行任务分工，将小组成员及分工情况填入表 9-15 中。

表 9-15　小组成员及分工情况

<table>
<tr><td>班级</td><td></td><td>组号</td><td></td><td>指导教师</td><td></td></tr>
<tr><td>小组成员</td><td>姓名</td><td>学号</td><td colspan="3">任务分工</td></tr>
<tr><td>组长</td><td></td><td></td><td colspan="3"></td></tr>
<tr><td rowspan="6">组员</td><td></td><td></td><td colspan="3"></td></tr>
<tr><td></td><td></td><td colspan="3"></td></tr>
<tr><td></td><td></td><td colspan="3"></td></tr>
<tr><td></td><td></td><td colspan="3"></td></tr>
<tr><td></td><td></td><td colspan="3"></td></tr>
<tr><td></td><td></td><td colspan="3"></td></tr>
</table>

任务准备

（1）对我国红色旅游有一定的了解。

（2）有一定的市场调查知识。

（3）能够对市场调查数据进行分析。

工作计划

小组商议，制订出具体的工作计划，填入表 9-16 中。

表 9-16　工作计划

步骤	工作内容	时间安排	负责人
1			
2			
3			
4			
5			

任务实施

按照工作计划，开展本地红色旅游消费市场调查活动。将具体的实施情况记录在表 9-17 中。

表 9-17　实施步骤

时间安排	实施步骤
	1. 了解“建党百年红色旅游百条精品线路”，列举本小组比较感兴趣的红色旅游路线： （1）______ （2）______ （3）______ （4）______ （5）______ （6）______
	2. 小组讨论，确定本组所要调查的内容： （1）调查问题：______ （2）调查目标：______ （3）调查区域：______ （4）调查对象：______
	3. 制订市场调查方案及问卷并实施市场调查，记录市场调查中存在的问题： （1）______ （2）______ （3）______ （4）______ （5）______ （6）______
	4. 小组讨论，对调查结果进行汇总、整理，利用 Excel 制作调查数据的频数分布表和统计图
	5. 通过调查数据分析我国红色旅游市场的发展现状和趋势： （1）发展现状：______ （2）发展趋势：______
	6. 将调查资料分析结果制作成 PPT 演示说明

评价反馈

各组派代表进行 PPT 展示，并配合指导老师完成如表 9-18 所示的考核评价表。

表 9-18　考核评价表

<table>
<tr><th rowspan="2">项目名称</th><th rowspan="2" colspan="2">评价内容</th><th rowspan="2">分值</th><th colspan="3">评价分数</th></tr>
<tr><th>自评</th><th>互评</th><th>师评</th></tr>
<tr><td rowspan="3">素养评价
20%</td><td colspan="2">仪容仪表得体</td><td>6 分</td><td></td><td></td><td></td></tr>
<tr><td colspan="2">具备团队精神，能够积极与他人合作</td><td>6 分</td><td></td><td></td><td></td></tr>
<tr><td colspan="2">积极、认真参加实践任务</td><td>8 分</td><td></td><td></td><td></td></tr>
<tr><td rowspan="3">技能评价
30%</td><td colspan="2">对我国红色旅游市场能进行较为深入的调查</td><td>10 分</td><td></td><td></td><td></td></tr>
<tr><td colspan="2">能采用多种方法对本地红色旅游市场消费现状进行调查</td><td>10 分</td><td></td><td></td><td></td></tr>
<tr><td colspan="2">能够全面、细致地制订市场调查方案</td><td>10 分</td><td></td><td></td><td></td></tr>
<tr><td rowspan="3">成果评价
50%</td><td colspan="2">对我国红色旅游市场消费现状有较为深入的了解</td><td>10 分</td><td></td><td></td><td></td></tr>
<tr><td colspan="2">能提出本地红色旅游市场在开发理念、营销理念和开发方式等方面存在的问题</td><td>20 分</td><td></td><td></td><td></td></tr>
<tr><td colspan="2">PPT 制作精美、重点突出、详略得当</td><td>20 分</td><td></td><td></td><td></td></tr>
<tr><td colspan="3">合计</td><td>100 分</td><td></td><td></td><td></td></tr>
<tr><td>总评</td><td>自评（20%）+互评（20%）+师评（60%）=</td><td>综合等级：____</td><td colspan="4">教师（签名）：</td></tr>
</table>

自我检测

1. 单选题

（1）平均数用来反映（　　）。

A. 总体分布的集中趋势　　B. 总体中总体单位分布的集中趋势

C. 总体分布的离散趋势　　D. 总体变动的趋势

（2）集中趋势指标中，最容易受极端值影响的是（　　）。

A. 众数　　B. 平均数

C. 中位数　　D. 标准差系数

（3）假设一名学生的考试成绩为 70 分，在统计分组中，这个变量值应归入（　　）。

A. 60～70 分　　B. 70～80 分

C. 60～70 分或 70～80 分　　D. 作为上限的那一组

（4）对于不同水平的总体不能直接用标准差比较其离散程度时，需分别计算各自的（　　）来比较。

A．标准差系数　　B．平均差　　C．全距　　D．均方差

2．简答题

（1）市场调查资料的审核内容有哪些？

（2）如何处理不合格的市场调查资料？

（3）什么是众数，它有什么特点？

（4）如何运用方差、标准差对数据进行离散程度分析？

3．案例分析题

关于消费者购买空调的调查

为了解消费者购买空调的情况，某家电经销商从某市城镇居民中抽取 1 000 户进行了问卷调查，整理的数据资料如下。

（1）调查的 1 000 户家庭中，计划近 3 年内购买空调的共有 200 户（1 000 户家庭中，868 户已有空调，132 户没有空调）。

（2）计划购买空调的 200 户家庭中，相关情况如下。

① 关注空调服务、质量、促销、价格、其他要素的分别有 28 户、144 户、4 户、20 户、4 户。

② 准备购买单冷机、冷暖两用机、购买时再做决定的分别有 23 户、170 户、7 户。

③ 准备购买窗式机、柜式机、壁挂机的分别有 39 户、43 户、118 户。

④ 从网络广告、电视广告、报纸广告、户外广告、卖场、朋友处获取空调信息的分别有 90 户、87 户、11 户、6 户、4 户、2 户。

⑤ 购买空调的地点选在专卖店、大型电器商场、综合性商场、网上旗舰店、厂家直销店的分别有 77 户、94 户、82 户、56 户、48 户（其中有同时选择多个地点的情形）。

⑥ 购买时间选在夏季、冬季、厂家促销期、春秋季的分别有 86 户、60 户、42 户、12 户。

⑦ 空调价位选在 2 000 元以下、2 000～3 000 元、3 000～4 000 元、4 000～5 000 元、5 000 元以上的分别有 12 户、56 户、45 户、36 户、30 户。

⑧ 对空调降价持非常欢迎、无所谓、不欢迎态度的分别有 182 户、16 户和 2 户。

⑨ 对绿色环保空调的看法中，认为符合空调发展方向的有 152 户、认为符合消费需求的有 10 户、认为属空调必备要求的有 19 户、认为是厂家炒作手段的有 12 户、回答不知道的有 7 户。

⑩ 认为厂家宣传推广对购买决策有很大影响的有 70 户、认为有影响的有 80 户、认为影响程度一般的有 35 户、认为无影响的有 15 户。

【问题】

根据上述调查资料，绘制相应的频数分布表和统计图。

扎实开展流调　从源头扼住病毒“咽喉”

“你回忆一下 1 月 22 日到过哪些地方？接触了哪些人？有没有戴口罩……”昨日，湖北省随州市随县万和镇流调队员马远征通过电话对该镇一名正在治疗中的新冠肺炎确诊患者曹某进行了详细的调查。通过调查曹某发病前 14 天至隔离时间段的活动轨迹迅速找到了密切接触者 11 人，再通过这些密切接触者进一步排查出二代密切接触者 5 人。目前，已分别对相关人员采取了隔离措施。

这是各地开展流行病学调查的一个缩影。“流行病学调查的意义在于，告诉你源头从哪里来，然后把这条链子掐断，也就从源头上扼住了病毒的‘咽喉’。”一位流调工作队负责人说。

以湖北省随县为例，自 2020 年 2 月 18 日开始，随县通过拉网式流调排查，已对全部确诊病例、全部疑似病例、1 009 名发热留观人员进行了流行病学调查，找到 10 174 名密切接触者，并采取严格的隔离措施，从源头上阻断新冠肺炎病毒的蔓延和传播。

21 支队伍奔赴“战场”

“进一步从根源上做好防控工作！”2 月 18 日，湖北随州市疫情防控指挥部疫情防控组发出通知，即日起开始升级做好全覆盖流调大排查工作，继续发动社区（村组）各方面力量开展拉网式筛查甄别全覆盖。与时间、与病毒“赛跑”，时不我待！随县迅速组建流调工作专班，并第一时间从公安、市场监管、卫健部门和各属地政府机关抽调 137 人组建了 21 支流行病学调查队伍，对新增的确诊病例（含临床诊断病例）、疑似病人、不能排除的发热病人和隐性感染者在 24 小时之内完成流行病学调查，并对既往的流调对象进行再排查、进一步完善相关档案数据。

该县疫情防控指挥部将全县划分为随北、随中、随南三个流调片区，定期分片巡查。县领导按照包保分工，对各自联系乡镇开展常态化督导。一场流调战役全面打响。

为流调“新兵”们“充电”

“流调工作如何入手？怎样开展工作？”流调工作初期，因专业知识缺乏，流调“新兵”们无从下手，各地流调工作一度面临困难。“必须尽快给‘新兵’们补课‘充电’！”2 月 23 日，随县邀请市疫情防控指挥部、江西省援随相关专家对各流调队负责人和卫生院工作人员及流调队队员进行专题培训，还邀请江西省援随的5名医护专家作为技术顾问指导参与各流调队的工作。

“经过培训和学习，我们迅速掌握了流行病学调查的相关知识和注意事项，也使我们的流调队真正成为一支具备一定专业水平的队伍。”厉山镇流调队负责人说，流调工作培训及时，为该镇“不漏一户、不落一人”地做好流调工作打下坚实基础。

拉网式排查找出身边隐患

“通过前期的高位推进，全县非一般发热集中留观人数比例实现了 100%，确诊和疑似患者与密切接触者排查比例达到 1∶10 以上。”随县流调工作负责人介绍，各支流调队持续加大对发热留观人员及非正常发热人员密切接触者的排查力度，按“一人一档”要求，对排查出的重点人员进行分类建档，精准管理。在前期流调成果的基础上，各地通过上门或者信息化手段，持续深入细致做好重点人员的管控观察和全民健康排查、监测和报告工作，持续深入开展拉网式全覆盖日常动态巡查，坚决把有新增的发热、乏力、咳嗽等异常情况的人找出来。

“在疫情防控最吃劲的关键时期，开展流行病学调查工作很重要，这能帮助我们把身边的隐患一个一个找出来。”一直坚持居家隔离的新街镇水寨村居民王卜林对流调工作给予支持和鼓励，他说，虽然邻居们都不见面，但大家在微信群里都对这件事表示大力支持。

资料来源：http://hb.people.com.cn/n2/2020/0303/c194063-33846567.html

项目 10

预测市场发展趋势

项目导读

XIANGMU DAODU

市场预测是市场调查与分析的延续和发展，在进行了充分的市场调查和科学的市场分析后，便可以预测市场的发展趋势。市场预测准确与否，直接影响决策者制订的价格策略、销售渠道策略、销售策略等市场营销策略的有效性，对企业产品销售和效益提高起着至关重要的作用。

随着市场经济的发展，掌握各种信息资料，并据此做出合理的市场预测，已成为企业开展市场竞争、做出经营决策的必要前提。本项目主要介绍市场预测的分类、内容，以及市场预测的基本方法。

任务清单

RENWU QINGDAN

完成一项学习任务后，请在对应的方框中打钩。

知识目标	□	了解市场预测的分类
	□	掌握市场预测的内容
	□	掌握各种预测方法的实施步骤
	□	掌握时间序列预测法和回归预测法的相关公式
实训目标	□	对国货品牌及其发展有一定的了解
	□	了解知名国货品牌的产品销售现状
	□	能提出知名国货品牌在品牌理念、产品策略、营销策略方面存在的问题
技能目标	□	能根据特定任务情境，灵活运用市场预测方法
	□	能完成市场预测任务，提升分析问题和解决问题的能力
素质目标	□	在实施市场预测时实事求是，明辨是非，不弄虚作假
	□	分析市场预测工作中市场调查人员的职业道德和职业义务，强化职业道德素质

案例导入

拼多多表现亮眼，股价上涨空间大

2019 年 8 月 1 日，国际知名投行高盛集团发布研究报告称，基于 2019 年第三季度电商行业的强劲增长和拼多多平台用户参与度的持续提高，拼多多的股价仍有大幅的上涨空间。

2019 年第二季度，拼多多成交总额占中国电商市场总额的 9%，成交总额增长占中国电商行业总增长的 28%；当季的总收入达到 72.9 亿元人民币，同比增长 169%；年活跃用户数量增长至 4.83 亿，同比增长 37%。

研究报告还指出，中国电商行业在 2019 年第二季度实现强劲增长，其中拼多多平台的包裹占比不断提升。高盛集团预计 2021 年中国电商包裹中将有 33%的包裹来自拼多多平台。此外，高盛集团还在研究报告里列举了拼多多未来发展的三大亮点，具体如下。

（1）拼多多在中国电商行业的渗透率将不断提高。

（2）拼多多在 2019 年“618 大促”期间表现亮眼。拼多多通过农产品进城战略，成功地把平台核心类目扩展到服装、家电及其他领域，而这些领域曾被认为是阿里巴巴和京东的优势领域。

（3）拼多多将不断提升对平台商品质量的把控。在不断打击假冒产品的进程中，拼多多推出了“新品牌计划”，旨在帮助商家在平台上建立自己的品牌，这对平台和商家来说是“双赢”。

资料来源：http://www.linkshop.com.cn/web/archives/2019/434185.shtml

思考：

高盛集团的市场预测对拼多多及其投资者有什么影响？

知识课堂

ZHISHI KETANG

问题导入

（1）有句话叫“凡事预则立，不预则废”，结合这句话说说企业做预测、做预案的意义。

（2）市场预测的内容有哪些？

（3）市场预测的方法有哪些？

（4）查阅各大机构的行业研究报告时，你会更关注预测结果和对市场的大致判断，还是更关注预测逻辑和预测方法？

知识链接

10.1 了解市场预测的基本知识

俗话说：“买卖赔和赚，行情占一半。”如果能充分获取有利的信息，并对各种信息进行分析研究，对市场发展趋势做出基本判断和相关预测，就能引导企业向正确的方向不断发展。因此，现代企业营销必须关注市场，预见未来，才能在市场上占据有利地位。

市场预测是指在市场调查的基础上，运用科学的方法，预先判断或估算企业和市场未来的发展趋势，并为企业的经营决策提供可靠依据的一种活动。市场预测能降低企业决策的盲目性和风险性，提高企业适应市场环境的能力。

10.1.1 市场预测的分类

1. 宏观市场预测与微观市场预测

宏观市场预测是把整个行业的总体发展情况作为调查对象，研究宏观环境因素（如政治、经济、文化、技术等因素）的变化趋势及对企业经营方向和经营过程的影响。例如，某市场咨询公司发布研究报告，称环境、政策、基础设施、收入水平、价格等因素对新能源汽车销量影响较大，预计 2025 年全球新能源汽车销量将达到 1 200 万辆，2030 年将达到 2 100 万辆，其中纯电动汽车销量将占据新能源汽车总销量的 70%左右。

自我思考

"十四五"期间中国老年人口将突破 3 亿

我国某纸尿裤公司通过研究人口普查资料找到了新的经营思路，并抢先占领了市场。该公司从国家统计局的人口普查资料中发现，近年来我国 65 岁及以上人口数量占总人口比重不断上升，2019 年 65 岁及以上人口数量达到 17 603 万人，占总人口的 12.6%，这是一个庞大的潜在消费群体。

考虑到老龄化进程的加快以及消费者观念的转变，该公司预测老年人对成人纸尿裤的需求量非常巨大。于是，该公司转入成人纸尿裤市场，并率先打开了销路。目前，该公司不仅在国内市场占有很大份额，公司产品还远销世界 70 多个国家和地区。

请问：该公司的做法对你有什么启发？

微观市场预测是从单个企业的角度出发，调查并预测企业自身产品销量、市场占有率、竞争者的情况等要素。例如，吉利汽车公司发布调查报告称，自身将在几年内实现 200 万辆的产销总量，这 200 万辆的产销总量中约有 90%为新能源汽车。

宏观市场预测与微观市场预测密不可分，宏观市场预测要以微观市场预测为基础，微观市场预测要以宏观市场预测为指导。只有将两者很好地结合起来，才可能实现科学、有效的预测。

2. 长期预测、中期预测与短期预测

长期预测是指对 5 年以上的市场发展前景进行预测，通常用来预测未来发展的大致方向，如预测科技发展、预测通货膨胀趋势、预测原料和能源供应的变化对企业及所处经营环境的长期影响等。

中期预测是指对 1～5 年的市场变化情况进行预测，介于长期预测与短期预测之间，目的是为企业制订中期经营发展战略提供决策依据。例如，2018 年石油输出国组织预测，未来四年世界石油产量将飙升至新纪录，大部分的产量增长将来自石油输出国组织以外的国家。

短期预测是指对1年以内的市场需求及市场变化情况进行预测，如对某个季度、某个月份或者某几天内的市场需求进行预测。短期预测往往比中期预测、长期预测更精确。例如，2019年3月5日，美国费城联储银行总裁哈克发表讲话，他预计美国失业率在2019年可能降至3.5%，通胀率在2019年和2020年可能略高于美联储设定的2%的目标。

3. 定性预测与定量预测

定性预测，又称“判断预测法”“经验预测法”，是指借助人们的经验和能力，对预测对象的未来发展做出估计和推测的预测方法。例如，某服装企业的张老板善于搜集数据和观察周围环境，在购物时他会通过观察商场的人流量和人们提购物袋的情况，预测该商场的经营情况。

定量预测，又称“客观分析法”“统计预测法”或“数学分析法”，是指通过市场调查过程搜集相关信息资料，然后建立适当的数学模型，以分析过去和现在的市场变化情况，进而预测未来市场变化趋势的方法。

4. 专题性市场预测与综合性市场预测

专题性市场预测是指市场预测主体为解决某个具体问题而搜集与该问题相关的信息资料，然后进行分析预测的方法。例如，某企业需要确定某款商品的产量、价格、质量、规格、款式等，因此，其对市场上同类产品的情况进行调查，然后对市场需求进行预测。

综合性市场预测是指市场预测主体为全面了解市场的发展趋势，对市场的各个方面进行全面预测的方法。例如，某企业对电子产品发展前景和5G应用前景进行预测。相较专题预测而言，综合性预测涉及市场的各个方面，组织实施起来比较困难，需要投入较多的人力、物力，而且费时、费钱，对预测人员的要求也相对较高。

案例阅读

5G应用前景预测

2019年底，5G商用正式启动，除了将促进移动互联网的发展外，还将进一步促进移动互联网和物联网的融合，进而促进大数据、云计算、人工智能等相关技术全面落地。例如，借助工业互联网，工厂可以将数据储存在工业云平台上，打造智能工厂，实现无人操作。

预计2020至2025年，5G的三大应用场景将实现更快、更多、更稳定且时延（从网络的一端传送到另一端所需要的时间）更低的数据传输，为智能制造提供条件。5G商用将直接带动价值8.2万亿元的信息消费（以信息产品和信息服务为消费对象的经济活动），其中智能手机、可穿戴设备等终端产品的升级换代将释放4.3万亿元的信息消费空间。

10.1.2 市场预测的内容

市场预测的内容十分广泛，因市场预测的主体、预测目的及要求的不同，市场预测的侧重点也有所不同。就普通企业来说，市场预测的内容主要包括市场需求预测、市场供给预测、产品生命周期预测、市场价格预测、市场占有率预测和企业经营能力预测。

1. 市场需求预测

市场需求预测是预测消费群体在一定时期内，能够且愿意购买某种商品的情况。其中，生产资料的需求受产品质量、技术变化等因素的影响；生活资料的需求则受消费者购买力水平、消费者购买力投向、消费者购买行为等因素的影响。下面以消费者购买力水平预测、消费者购买力投向预测、消费者购买行为预测为例，简单介绍市场需求预测。

1）消费者购买力水平预测

消费者购买力水平预测是预测一定时间内消费者购买力水平的高低。一般情况下，消费者购买力水平越高，市场产品的总需求量越大。消费者购买力水平的影响因素包括人口数量及变化、消费者收入和支出等。

（1）人口数量及变化。人口数量及其变化在很大程度上影响着消费者的购买力水平。

（2）消费者收入和支出。消费者收入往往决定其购买力水平，而消费者支出往往反映其购买力水平。例如，当消费者收入增加，其用于娱乐、饮食、购物等的支出也随之增加。

自我思考

某市场调查人员在预测未来两年内保健品销售趋势时，为了搜集资料，采用各种间接方法，掩盖调查目的，并采用欺骗性手段，召开一些针对中老年顾客的座谈会，且未经参加者同意就对参加座谈会的人员进行录像、录音。请问该调查人员的做法涉及调查人员职业道德问题吗？同学们自由讨论，说说自己的看法。

2）消费者购买力投向预测

消费者购买力投向预测是预测一定时间内消费者购买力投向的变动，其影响因素包括购买力水平、人口结构、家庭规模、商品品牌忠诚度等。购买力投向的变动直接影响消费者需求总量。例如，随着中国制造、中国品牌的崛起，以及中国情怀、中国自信的彰显，国货越来越受到年轻人的追捧。

国际机构预测中国 2030 年成为全球最热旅游地

自我思考

某高校经济学院的调查小组计划进行一次日用品品牌口碑调查，按照惯例，调查小组应为接受采访的对象提供小礼品，但是调查小组的经费不足。在调查人员为经费发愁的时候，某日化企业主动联系调查人员，承诺可以提供资助。该企业没有提出任何的非分要求，只是希望把自己的产品作为赠品送给接受采访的对象。调查人员与该企业达成了合作。一个月后，调查工作完成，这家日化企业获得了非常高的消费者评价。请问上述做法涉及调查人员职业道德问题吗？同学们自由讨论，说说自己的看法。

3）消费者购买行为预测

消费者购买行为预测是预测一定时间内消费者购买行为的变动，包括预测消费者的购买动机变动、购买方式变动、购买心理变动等。例如，某市场咨询公司发布研究报告称，近年来我国居民线上消费趋势明显，未来将有越来越多的人在网上买菜、买小家电、通过看直播购物等。

2. 市场供给预测

市场供给预测是预测一定时间内市场可供应量的变动，其影响因素包括投入市场的商品资源总量、商品资源构成等。将市场供给预测与市场需求预测结合起来，可以预测未来市场供求矛盾的变化趋势。

市场供给预测的实施步骤如下：首先，了解有关产品的历史情况，包括产品过去几年的销售价格、产量等；其次，了解同类产品的现有情况，包括现有生产企业的数量、生产能力及原材料供应情况等；再次，了解生产企业所处的经营环境，包括当地的经济政策、技术发展、基建规划等；最后，在预测生产情况及变动的基础上，测算生产产品所用原材料的数量、产品生产满足市场需求的程度及变化趋势。

3. 产品生命周期预测

任何产品从投放市场到完全被市场淘汰，都要经历投入期、成长期、成熟期和衰退期四个阶段。每个阶段都有不同的特征，产品的成本、销售量、利润等存在显著差异，企业需要通过产品生命周期预测掌握产品每个阶段的发展情况，及时调整产品策略、渠道策略、价格策略和促销策略等，从而使企业在激烈的市场竞争中占据主动。

产品生命周期预测是对产品销售量、企业获利能力的周期性变化趋势进行预测。不同阶段的预测重点有所不同。在投入期，重点预测产品投入市场的风险大小、试销情况、消费者能承受的价格、产品市场前景等；在成长期，重点预测产品需求的增长情况、产品销量的增长趋势、消费者购买动机、营销策略及效果等；在成熟期，重点预测消费者心理变化、消费者重复购买率、产品市场规模、产品最高销售量、产品可降价的幅度等；在衰退期，重点预测产品需求的下降情况、消费者对新产品的需求情况等。

4. 市场价格预测

市场价格预测是预测一定时间内某类产品或某种产品的市场价格形势或走势，其影响因素包括市场物价总水平、分类商品价格水平、替代商品价格水平、供求关系、劳动生产率、商品生产成本、商品批发零售差价、企业利润等。

市场价格预测的根本目的是认识和掌握市场价格变化趋势及规律，为企业制订商品价格策略提供决策依据。

5. 市场占有率预测

市场占有率预测是预测企业未来在市场中的位置，包括预测企业营利情况、企业商品销售情况、企业市场份额等，其影响因素包括市场规模、企业产品结构、销售网点、目标顾客数量、企业营销水平、竞争战略、品牌知名度、顾客满意度及产品的质量、价格、成本等。

市场占有率预测的根本目的是认识和掌握市场动态和市场竞争规律，为企业做出经营决策提供依据。

自我思考

小张是某家电企业的市场调查人员，他需要搜集资料，预测未来智能电视、智能冰箱、智能洗衣机等智能家电产品的销售趋势。他制订了一份市场预测工作方案，对预测目标、完成时间、预测工作程序及费用都进行了详细的说明，上司也批准了他的计划方案。一天他在网上浏览资料的时候，发现外地的一个家电企业刚好也开展了相同主题的预测活动，他心想："这样我就省事儿多了。"于是，他象征性地对一些企业和用户进行了调查，然后把网上查到的那一家企业的预测报告稍做修改就呈送给了上司。请问小张的做法妥当吗？他是否履行了市场调查人员的义务？同学们自由讨论，说说自己的看法。

6. 企业经营能力预测

企业经营能力预测是对企业的资产、负债、所有者权益、收入、成本、费用、利润，以及经营效率、偿债能力、营利能力的变化趋势进行预测，需要用到企业内部的财务数据、交易数据和有关的市场调查资料。

企业经营能力预测的目的是认识和掌握企业经营情况及规律，为企业适应市场变化、积极引导消费者、争取竞争优势提供支持。

10.2 掌握市场预测的基本方法

市场预测的基本方法包括定性预测法和定量预测法。定性预测法是预测人员根据所掌握的信息，利用自身的经验和综合判断能力来预测市场发展趋势的方法，包括集合意见法、专家会议法和德尔菲法。定量预测法是运用数学模型和计量方法来预测未来的市场需求的方法，包括时间序列预测法和回归预测法。下面将逐一进行介绍。

10.2.1 集合意见法

1. 集合意见法的概念及优缺点

集合意见法是将企业内部管理人员、企业内部业务人员、企业外部业务人员等各类人员的意见集合起来，借助他们的经验和判断来预测市场趋势的方法。集合意见法简单易行、应用面广，特别适合用于对产品开发情况、市场容量、产品销售量、市场占有率等进行短期预测的情况。

管理人员和业务人员在日常工作中积累了丰富的经验，掌握着大量的实际信息和资料，他们通常对市场需求及其变化情况比较熟悉，其判断往往更能反映市场的真实趋势。但如果管理人员和业务人员的眼界和知识面狭窄，则其容易以偏概全或考虑不周，那么预测结果将会带有一定的片面性。

2. 集合意见法的实施步骤

集合意见法的实施步骤如下。

（1）从企业内部管理人员、企业内部业务人员、企业外部业务人员中选定预测人员，并向其提出预测目标、预测期限和预测要求。

（2）预测人员根据预测要求，凭个人的经验和分析判断能力，提出自己的方案。方案中应当包括定性分析和定量描述，即在定性分析的基础上，将判断结果以数据的形式表示出来。

（3）分别计算各个预测人员的期望值。根据各个预测人员的最高和最低预测值，计算出每个人的期望值。期望值的计算公式如下：

$$期望值=最高值\times概率+最低值\times概率$$

（4）计算各类预测人员的综合期望值。计算综合期望值的方法一般有简单算术平均法、加权平均数或中位数统计法。

（5）确定最终预测值。

【例 10-1】 某汽车企业运用集合意见法对下一年度产品的销售额进行了预测，实施过程如下。

第一步，企业共选定 9 名预测人员，包括 2 名经理、3 名中层管理者、4 名汽车销售人员。

第二步，预测人员根据预测要求，凭个人的经验和分析判断能力进行定性分析，包括分析企业的历史生产趋势和销售趋势，目前的市场状态，消费者消费心理的变化，市场上同类汽车、替代汽车的销售及供应情况，企业流动资金的数额和使用情况等。

第三步，预测人员对自己的预测结果进行定量描述，包括确定本企业汽车未来的最高销售额和最低销售额，估计不同情况出现的概率等。各类预测人员的预测结果如表 10-1、表 10-2 与表 10-3 所列。

表 10-1　经理的预测结果

经理	销售额	预测值/万元	概率
A	最高销售额	180	0.8
	最低销售额	120	0.2
B	最高销售额	160	0.9
	最低销售额	100	0.1

表 10-2　中层管理者的预测结果

中层管理者	销售额	预测值/万元	概率
C	最高销售额	150	0.7
	最低销售额	100	0.3
D	最高销售额	140	0.6
	最低销售额	110	0.4
E	最高销售额	160	0.8
	最低销售额	120	0.2

表 10-3　汽车销售人员的预测结果

汽车销售人员	销售额	预测值/万元	概率
F	最高销售额	130	0.8
	最低销售额	90	0.2
G	最高销售额	120	0.7
	最低销售额	80	0.3
H	最高销售额	140	0.9
	最低销售额	100	0.1
I	最高销售额	125	0.8
	最低销售额	95	0.2

第四步，分别计算经理、中层管理者和汽车销售人员各自的期望值，填入表 10-4 的第三列中。例如，经理 A 的期望值=180×0.8+120×0.2=168，经理 B 的期望值=160×0.9+100×0.1=154。

第五步，由于预测人员对业务的熟悉程度、判断能力各不相同，因此不能运用简单算术平均法，而应依个人的综合能力赋以不同的权数，然后运用加权平均法加以计算。赋予权数的原则是对业务越熟悉、预测能力越强的人，所占权数越大；反之则越小。本例中经理、中层管理者和汽车销售人员所占权数如表 10-4 的第四列所列。

表 10-4　预测人员的期望值和权数

预测人员		期望值/万元	权数
经理	A	168	0.6
	B	154	0.4
中层管理者	C	135	0.4
	D	128	0.3
	E	152	0.3
汽车销售人员	F	122	0.4
	G	108	0.3
	H	136	0.2
	I	119	0.1

各类预测人员的综合期望值计算如下：

经理人员的综合期望值=168×0.6+154×0.4=162.4

中层管理者的综合期望值=135×0.4+128×0.3+152×0.3=138

汽车销售人员的综合期望值=122×0.4+108×0.3+136×0.2+119×0.1=120.3

第六步，确定最终预测值。在综合三类预测人员的最终预测值时，仍然采用加权平均法。假设经理、中层管理者和汽车销售人员方案的权数分别为 0.5、0.4 和 0.1，则企业下一年度汽车销售额的最终预测值为 148.43 万元，即 162.4×0.5+138×0.4+120.3×0.1=148.43。

10.2.2　专家会议法

1. 专家会议法的概念及优缺点

专家会议法是通过邀请所调查课题领域的专家参会，借助他们的经验和判断来对预测对象的未来发展趋势进行预测的方法，适用于在缺少历史数据或者历史数据不完整的条件下对新产品、新技术发展等进行预测的情况。

专家会议法能够弥补个人判断的不足，具有一定的准确性和可靠性。但是，该方法也有一定的缺陷，具体包括：① 参加会议的人数有限，可能导致预测结果缺乏代表性；② 部分专家可能会受感情、时间及利益等因素的影响，不能充分或真实地表明自己的判断。

自我思考

小张是某商场的市场调查人员，他组织了专家会议，邀请专家预测未来两年 5G 手机的销售趋势。在会议刚开始时，有位专家发表了意见，小张听完后马上提出了自己的看法。接着另一位专家发表了意见，小张又马上质问专家，让专家难堪。在最后整理、汇总资料时，小张把自己认为不妥的意见和建议都剔除掉了。请问小张的做法是否符合市场调查人员职业道德的要求？同学们自由讨论，说说自己的看法。

2. 专家会议法的实施步骤

专家会议法的实施步骤如下。

（1）邀请专家参加会议。邀请出席会议的专家人数不能太多，也不能太少，一般以 8～12 人为宜。

（2）会议主持人提出会议主题，要求大家积极发表意见。主持人应避免发表自己的看法或想法，以免影响专家的思路；对专家所提出的各种方案和意见，主持人应持中立态度。

（3）会议结束后，主持人对各种方案进行比较、评价和归类，最后确定预测方案。

采用专家会议法进行市场预测时，应特别注意以下三个问题。

（1）会议前应向专家提供预测对象的相关资料，假如预测某产品的销售量，应提供该产品和竞争产品的质量、性能、成本、价格、历史销售情况等对比资料，并说明研究问题和具体要求，以便于参会人员有备而来。

（2）选择合适的专家。所选择的专家应具有代表性，要求已在某一专业领域积累了丰富的知识和经验，并善于表达自己的意见。

（3）筛选会议主持人。主持人要能够调动专家的发言热情，引导专家积极发表意见。

10.2.3 德尔菲法

德尔菲法，又称“专家小组法”“专家背靠背法”，是指以匿名形式分别向不同专家征询意见，经过多次反复的征询与反馈，最后得到一个趋于一致、较为可靠的估算结果的方法，适用于在缺少历史数据或者历史数据不完整的条件下对预测对象进行长期预测和综合性市场预测的情况。

1. 德尔菲法的特点

1）匿名性

德尔菲法采用匿名形式向专家征询意见，专家彼此不联系，他们只知道存在几种不同的意见，但不知道持不同意见的是什么人。在这种情况下，每位专家只能按照自己的想法发表意见，而不会受到其他权威专家意见的影响。

自我思考

德尔菲法为什么要采用匿名征询的形式？

2）反馈性

德尔菲法的征询过程为征询—答复—反馈，然后再征询—再答复—再反馈，如此循环。每位专家可以得到反馈信息，以了解其他专家的意见及理由，这样有利于相互启发，提高预测的准确性和可靠性。

3）统计性

德尔菲法要求必须对专家每一轮答复的信息进行统计处理，并对结果进行定量分析。

2. 德尔菲法的实施步骤

德尔菲法的实施步骤如下。

（1）确定预测课题，选定专家小组。所选择的专家应当具备专业的知识和丰富的经验，并对预测问题有比较深入的研究。

（2）制作征询表，准备相关材料。预测组织人员根据预测要求，拟定要提出的问题，并制作征询表。需要注意的是，征询表中列明的问题要明确，提供的背景资料要齐全，以供专家参考。

（3）采用匿名形式进行多轮征询。在第一轮征询中，预测组织人员将征询表和背景资料邮寄或发送给每位专家，请他们在互不联系的情况下对所征询的问题做出初步预测，并在规定期限内寄回或返回预测结论。在第二轮征询中，预测组织人员对专家的第一轮预测结论进行综合整理，归纳结论及理由，但不注明是哪位专家的意见，然后再反馈给各位专家；请专家自行比较，并按期寄回或返回第二轮预测结论。如此反复征询多次，直到各位专家对自己的预测结论不再修改为止。一般情况下，经过三次征询，便可以使预测结论趋于稳定。

（4）确定预测值。预测组织人员对预测结论进行统计处理，得到最终的预测结论。

下面通过一个实例说明德尔菲法在实际预测中的应用。

【例 10-2】 某服装企业有意进入电子商务领域，在规划电子商务业务之前，企业开展了一次关于电子商务业务发展前景的预测。企业挑选了 8 位电子商务领域的专家，请他们对未来三年企业电子商务业务可能实现的销售额水平进行预测。

预测组织人员先为专家编号，然后根据搜集到的同类服装企业的电子商务业务背景资料设计了征询表，并将征询表和背景资料以邮件的形式发送给了8位专家。一周之后，预测组织人员收齐了8位专家的预测结论，如表10-5的第二行所列。预测组织人员经过统计分析得出的销售额预测值的中位数为 295 万元，极差为 350，表明第一轮专家的意见非常分散。预测组织人员隐去专家编号，将第一轮的预测结论发送给 8 位专家，请他们重新思考他们的预测结论。

预测组织人员很快收到了第二轮预测结论，如表 10-5 的第三行所列。经过统计分析，得出的销售额预测值的中位数为 280 万元，极差为 250，极差变小了。为争取获得相对收敛的预测结论，预测组织人员隐去专家编号，将第二轮的预测结论发送给 8 位专家，请他们再次思考他们的预测结论。

如此，预测组织人员进行了四轮征询，得到的数据如表 10-5 所列。可以看出，在第三轮征询中，只有部分专家修改了自己的意见，预测结论进一步向中位数靠拢。到了第四轮征询，各位专家都不再修改自己的意见，此时得到的最终的销售额预测值是 280 万元。

表 10-5　未来三年企业电子商务销售额水平的预测结论

征询次数	专家 1 预测/万元	专家 2 预测/万元	专家 3 预测/万元	专家 4 预测/万元	专家 5 预测/万元	专家 6 预测/万元	专家 7 预测/万元	专家 8 预测/万元	中位数/万元	极差
1	450	500	320	270	230	370	200	150	295	350
2	400	450	300	260	250	350	240	200	280	250
3	330	450	280	260	250	300	260	220	280	230
4	330	450	280	260	250	300	260	220	280	230

自我思考

结合上述所学知识，讨论定性预测有哪些优势和劣势？

10.2.4　时间序列预测法

时间序列预测法是以连续性原理为依据，假设事物过去和现在的发展趋势会延续到未来，进而从预测对象的历史资料所组成的时间序列中，找出事物发展的趋势或规律，以预测未来状况的方法。常用的时间序列预测法有简单平均法、移动平均法、指数平滑法和季节指数法。

1．简单平均法

简单平均法是通过计算一定时期内预测对象的平均数来确定其预测值的方法。简单平均法包括简单算术平均数法、加权算术平均数法和几何平均数法。

1）简单算术平均数法

简单算术平均数法是对观察期内预测对象在时间序列中的各项观测值，进行加总求和并加以平均的方法。该方法适用于预测对象发展基本稳定，只在某一水平上下波动，而且将来还会保持这种特征的情形。这种预测方法简单易用，但精确度差，只能做一个大致的判断。

假设预测对象的观测值为 n 个均匀时间间隔的数据 $x_1, x_2, \cdots, x_n$，则其简单算数平均数的计算公式如下：

$$\overline{x}=\frac{x_1+x_2+\cdots+x_n}{n}=\frac{\sum_{i=1}^{n}x_i}{n} \tag{10.1}$$

【例 10-3】 某加油站距离主要运输线较远，其顾客主要是周边的居民和路过的长途货车司机。该加油站 2019 年 1—6 月份的销售额分别为 40 万元、50 万元、55 万元、60 万元、35 万元、38 万元。请用简单算数平均数法预测 7 月份的销售额。

【解】 由公式（10.1）得:

$$\overline{x}=\frac{40+50+55+60+35+38}{6}=46.33\text{ 万元}$$

则运用简单算数平均数法预测 7 月份的销售额为 46.33 万元。

2）加权算术平均数法

采用时间序列预测法时，时间序列中的预测对象的各期观测值都会对预测值产生影响，但并不是以相同的程度对对预测值产生影响。通常来说，距离预测期较近的观测值对预测值的影响大一些，距离预测期较远的观测值对预测值的影响小一些。

加权算术平均数法是根据观测值对预测值影响程度的不同，分别赋予不同权数后加以平均的方法。该方法适用于预测对象发展比较平稳或略有增长的情况。

假设预测对象有 n 个观测值 $x_1, x_2, \cdots, x_n$，对应的权数分别为 $f_1, f_2, \cdots, f_n$，则其加权算数平均数的计算公式如下：

$$\overline{x}=\frac{x_1f_1+x_2f_2+\cdots+x_nf_n}{f_1+f_2+\cdots+f_n}=\frac{\sum_{i=1}^{n}x_if_i}{\sum_{i=1}^{n}f_i} \tag{10.2}$$

加权算术平均数法的关键是确定权数，对于权数的确定并没有统一的标准，一般由预测人员根据实际情况做出经验判断。

【例 10-4】 现仍以【例 10-3】为例，假设各月销售额的权数分别为 1，3，2，2，4，4，请预测 7 月份的销售额。

【解】 由公式（10.2）得：

$$\bar{x}=\frac{40\times1+50\times3+55\times2+60\times2+35\times4+38\times4}{1+3+2+2+4+4}=44.5\text{ 万元}$$

则运用加权算术平均数法预测 7 月份的销售额为 44.5 万元。

3）几何平均数法

几何平均数法是将若干观测值连乘后再开若干次方的方法。该方法适用于有明显趋势的市场现象时间序列，可用于计算预测对象的平均比例和平均发展速度。其计算步骤如下。

（1）预测对象的平均发展速度的计算公式如下：

$$\bar{x}=\sqrt[n]{x_1\cdot x_2\cdot\cdots\cdots x_n}\tag{10.3}$$

式中：x 为平均发展速度；$x_1, x_2, \cdots, x_n$ 为环比发展速度，是报告期发展水平与前一时期发展水平之比；n 为期数。

若时间序列中的预测对象的各期发展水平为 $a_1, a_2, a_3, \cdots a_n$，则其平均发展速度还可表示如下：

$$\bar{x}=\sqrt[n]{x_1\cdot x_2\cdot\cdots\cdots x_n}=\sqrt[n]{\frac{a_1}{a_0}\cdot\frac{a_2}{a_1}\cdots\cdots\frac{a_n}{a_{n-1}}}=\sqrt[n]{\frac{a_n}{a_0}}\tag{10.4}$$

（2）建立预测模型，进行预测。

$$\hat{x}_{n+T}=a_n\cdot(\bar{x})^T\tag{10.5}$$

式中：$\hat{x}_{n+T}$ 为第 $n+T$ 期的预测值，T 为预测期与最后观察期的间隔期数，a_n 为时间序列中第 n 期的发展水平，$\bar{x}$ 为平均发展速度。

【例 10-5】 我国的某类矿产资源储量丰富，占全球储量的三分之一。2016—2019 年该类矿产资源产量逐年递增，具体如表 10-6 所列。试用几何平均数法计算该类矿产资源产量的平均增长速度，并预测 2020 年、2021 年的产量。

表 10-6 矿产资源 2016—2019 年的产量及增长速度

年份	产量/万吨	环比增长速度
2016	5 500	—
2017	5 800	1.054 5

（续表）

年份	产量/万吨	环比增长速度
2018	6 200	1.069 0
2019	6 400	1.032 3

（1）平均增长速度有两种计算方法，利用公式（10.3）求得：

$$\overline{x}=\sqrt[n]{x_1\cdot x_2\cdot\cdots\cdot x_n}=\sqrt[3]{1.054\ 5\times 1.069\ 0\times 1.032\ 3}\approx 1.051\ 8$$

利用公式（10.4）求得：

$$\overline{x}=\sqrt[n]{\frac{a_n}{a_0}}=\sqrt[3]{\frac{6\ 400}{5\ 500}}\approx 1.051\ 8$$

（2）得出平均增长速度后，利用公式（10.5）预测 2020 年、2021 年的产量。

预测 2020 年的产量：$\hat{x}_{n+T}=a_n\cdot(\overline{x})^T=6\ 400\times 1.051\ 8=6\ 731.52$ 万吨

预测 2021 年的产量：$\hat{x}_{n+T}=a_n\cdot(\overline{x})^T=6\ 400\times 1.051\ 8^2=7\ 080.21$ 万吨

2．移动平均法

移动平均法是由远及近，对时间序列中的观测值按一定跨越期计算平均值的方法。它保持平均的期数不变，随着观察期向后推移，平均值也跟着向后移动，形成一个由平均值组成的新的时间序列，最后一个移动平均值是预测值计算的依据。

该类方法适用于既有趋势变动又有波动的时间序列。其准确程度主要取决于对跨越期的选择，在实际应用中由预测人员根据经验和试验进行选定。常用的移动平均法有一次移动平均法和二次移动平均法。

1）一次移动平均法

一次移动平均法是直接以本期移动平均值作为下期预测值的方法。假设由 n 个观测值组成的时间序列为 $x_1, x_2, \cdots, x_n$，其中，x_t 为第 t 期的数据（t=1，2，⋯ n），则使用连续 N 个观察期（$N<n$，称跨越期）的数据确定一次移动平均值 $\hat{x}_{t+1}$ 的计算公式如下：

$$\hat{x}_{t+1}=M_1^{(t)}=\frac{x_t+x_{t-1}+\cdots+x_{t-N+1}}{N}\tag{10.6}$$

【例 10-6】 某生鲜超市货品齐全，品质较好，很受当地居民的欢迎。现已将该生鲜超市 12 个观察期内的销售额填入表 10-7 的第二列中，试用一次移动平均法预测第 13 期的销售额。

表 10-7　生鲜超市销售额预测表

观察期 t	销售额 x_t/万元	$M_1^{(t)}$（N=3）/万元	$M_1^{(t)}$（N=4）/万元
1	210	—	—
2	190	—	—
3	208	(210+190+208)÷3=202.67	—
4	189	(190+208+189)÷3=195.67	(210+190+208+189)÷4=199.25
5	170	(208+189+170)÷3=189.00	(190+208+189+170)÷4=189.25
6	160	(189+170+160)÷3=173.00	(208+189+170+160)÷4=181.75
7	180	(170+160+180)÷3=170.00	(189+170+160+180)÷4=174.75
8	200	(160+180+200)÷3=180.00	(170+160+180+200)÷4=177.5
9	220	(180+200+220)÷3=200.00	(160+180+200+220)÷4=190.00
10	230	(200+220+230)÷3=216.67	(180+200+220+230)÷4=207.5
11	215	(220+230+215)÷3=221.67	(200+220+230+215)÷4=216.25
12	200	(230+215+200)÷3=215.00	(220+230+215+200)÷4=216.25

根据公式（10.6），当 N=3 时，第 13 期的预测值计算如下:

$$\hat{x}_{13}=M_1^{(12)}=\frac{x_{12}+x_{11}+x_{10}}{3}=\frac{200+215+230}{3}=215\text{万元}$$

当 N=4 时，第 13 期的预测值计算如下:

$$\hat{x}_{13}=M_1^{(12)}=\frac{x_{12}+x_{11}+x_{10}+x_9}{4}=\frac{200+215+230+220}{4}=216.25\text{万元}$$

2）二次移动平均法

二次移动平均法是在一次移动平均的基础上再进行一次移动平均的方法，其计算公式如下：

$$M_2^{(t)}=\frac{M_1^{(t)}+M_1^{(t-1)}+\cdots+M_1^{(t-N+1)}}{N} \tag{10.7}$$

式中：$M_2^{(t)}$为第 t 期的二次移动平均值，$M_1^{(t)}$为第 t 期的一次移动平均值，N 为移动平均数的跨越期。

二次移动平均法适用于时间序列数据呈线性变化的情况。采用这种方法时，一次移动平均值和二次移动平均值并不直接用于预测，只是用以求出线性预测模型的系数和修正值偏差。其模型的计算公式如下：

$$\hat{x}_{t+1}=a_t+b_tT \tag{10.8}$$

其中：

$$a_t=2[M_1^{(t)}-M_2^{(t)}]$$

$$b_t=\frac{2[M_1^{(t)}-M_2^{(t)}]}{N-1}$$

式中：$\hat{x}_{t+1}$ 为第 $t+T$ 期的预测值；T 为预测期与最后观察期的期数间隔；a_t，b_t 为待定参数；$M_2^{(t)}$为二次移动平均值；$M_1^{(t)}$为一次移动平均值；N 为移动平均数的跨越期。也就是说，二次移动平均预测模型的截距和斜率的确定是以一次和二次移动平均值为依据的，且各期的截距、斜率是变化的。

【例 10-7】 现已将某社区小型超市 2012—2019 年的销售额填入表 10-8 的第三列中，试用二次移动平均法预测该超市 2020 年、2021 年的销售额。

表 10-8 社区小型超市销售额预测表

年份	t	销售额/万元	$M_1^{(t)}$（N=3）/万元	$M_2^{(t)}$（N=3）/万元
2012	1	125	—	—
2013	2	130	—	—
2014	3	135	130	—
2015	4	139	134.67	—
2016	5	140	138	134.22
2017	6	143	140.67	137.78
2018	7	148	143.67	140.78
2019	8	150	147	143.78

【解】 取 N=3，首先计算出 $M_1^{(8)}$=147，$M_2^{(8)}$=143.78，据此得:

$$a_8=2M_1^{(8)}-M_2^{(8)}=150.22$$

$$b_8=\frac{2[M_1^{(8)}-M_2^{(8)}]}{3-1}=3.22$$

利用预测模型的计算公式（10.8），得:

$$\hat{X}_9=a_8+b_8\times1=150.22+3.22\times1=153.44\text{万元}$$

$$\hat{X}_{10}=a_8+b_8\times2=150.22+3.22\times2=156.66\text{万元}$$

则该超市 2020 年的销售额预测值为 153.44 万元，2021 年的销售额预测值为 156.66 万元。

3. 指数平滑法

指数平滑法，又称“指数加权平均法”，是指以某指标的本期实际观测值和本期预测值为基础，引入一个简化的加权因子（即平滑系数），再加以平均的方法。指数平滑法具有所需资料少、计算方便、短期预测精确度高等优点，是市场预测中常用的一种预测方法。按平滑次数不同，指数平滑法分为一次指数平滑法和二次指数平滑法。

1）一次指数平滑法

假设由 n 个观测值组成的时间序列为 $x_1, x_2, \cdots, x_n$，其中 x_t 为第 t 期的数据（$t=1,2,\cdots,n$），α 为平滑系数（$0 \leqslant \alpha \leqslant 1$），$s_1^{(t-1)}$ 为第 $t-1$ 期的一次指数平滑值，则一次指数平滑值的计算公式如下：

$$s_1^{(t)} = \alpha x_t + (1-\alpha)s_1^{(t-1)} \tag{10.9}$$

其中，第 t 期的一次指数平滑值是第 $t+1$ 期的预测值。假设下一期预测值为 $\hat{s}_1^{(t+1)}$，则 $\hat{s}_1^{(t+1)} = s_1^{(t)} = \alpha x_t + (1-\alpha)s_1^{(t-1)}$，即下期预测值=$\alpha$×本期观测值+(1−$\alpha$)×本期预测值。

一次指数平滑法在计算每一个平滑值时，只要用一个实际观测值和一个上期的平滑值就可以了，计算简便。一次指数平滑法的关键是确定 α。α 的值越小，说明本期的实际值对预测值的贡献越小；α 的值越大，说明本期的实际值对预测值的贡献越大。α 的取值应由预测人员根据时间序列的变化程度和自身经验来选定，也可同时选择几个 α 值进行测算，然后分别测算各 α 值预测结果的预测误差，最后从中选择预测误差较小的 α 值。

【例 10-8】 现已将某中小型钢铁厂 2008—2019 年钢铁产量填入表 10-9 的第三列中，试用二次移动平均法预测该中小型钢铁厂 2020 年的产量。

表 10-9 中小型钢铁厂产量预测表 1

年份	t	产量 x_t /万吨	$\alpha=0.7$		$\alpha=0.5$	
			指数平滑值 $s_1^{(t)}$ /万吨	绝对误差	指数平滑值 $s_1^{(t)}$ /万吨	绝对误差
2008	1	200	200.00	0.00	200.00	0.00
2009	2	250	235.00	15.00	225.00	25.00
2010	3	260	252.50	7.50	242.50	17.50
2011	4	280	271.75	8.25	261.25	18.75
2012	5	270	270.53	0.53	265.63	4.37
2013	6	290	284.16	5.84	277.81	12.19
2014	7	300	295.25	4.75	288.91	11.09
2015	8	320	312.57	7.43	304.45	15.55
2016	9	330	324.77	5.23	317.23	12.77

（续表）

年份	t	产量 x_t /万吨	$\alpha=0.7$		$\alpha=0.5$	
			指数平滑值 $s_1^{(t)}$ /万吨	绝对误差	指数平滑值 $s_1^{(t)}$ /万吨	绝对误差
2017	10	340	335.43	4.57	328.61	11.39
2018	11	350	345.63	4.37	339.31	10.69
2019	12	360	355.69	4.31	349.65	10.35
合计	—	—	—	67.78	—	149.65
平均	—	—	—	6.16	—	13.60

【解】

第一步，确定平滑系数。本例中的时间序列呈明显的上升趋势，且近期的数据对预测结果的影响较大，故选取 $\alpha=0.7$ 和 $\alpha=0.5$。

第二步，确定初始平滑值 $s_1^{(0)}$。$s_2^{(0)}$ 值的确定一般由预测人员根据个人经验确定或简单估算。当时间序列的数据较多（如 $n\geqslant10$）时，初始值对以后预测值的影响较小，可以直接选用第一期的实际观测值作为初始值；反之，$n<10$ 时，则初始值对以后预测值的影响较大，一般采用最初几期的实际算术平均数作为初始值。本例中共有 12 个序列数据，因而 $s_1^{(0)}=x_1=200$ 万吨。

第三步，计算一次指数平滑值。

当 $\alpha=0.7$ 时，

$$s_1^{(1)}=\alpha x_1+(1-\alpha)s_1^{(0)}=0.7\times200+(1-0.7)\times200=200\text{ 万吨}$$

$$s_1^{(2)}=\alpha x_2+(1-\alpha)s_1^{(1)}=0.7\times250+(1-0.7)\times200=235\text{ 万吨}$$

$$s_1^{(3)}=\alpha x_3+(1-\alpha)s_1^{(2)}=0.7\times260+(1-0.7)\times235=252.5\text{ 万吨}$$

……

$$s_1^{(12)}=\alpha x_{12}+(1-\alpha)s_1^{(11)}=0.7\times360+(1-0.7)\times345.63=355.69\text{ 万吨}$$

故当 $\alpha=0.7$ 时，2020 年的产量预测值为 355.69 万吨。

当 $\alpha=0.5$ 时，

$$s_1^{(1)}=\alpha x_1+(1-\alpha)s_1^{(0)}=0.5\times200+(1-0.5)\times200=200\text{ 万吨}$$

$$s_1^{(2)}=\alpha x_2+(1-\alpha)s_1^{(1)}=0.5\times250+(1-0.5)\times200=225\text{ 万吨}$$

……

$$s_1^{(12)}=\alpha x_{12}+(1-\alpha)s_1^{(11)}=0.5\times360+(1-0.5)\times339.31=349.65\text{ 万吨}$$

故当 $\alpha=0.5$ 时，2020 年的产量预测值为 349.65 万吨。

第四步，比较当 $\alpha=0.7$、$\alpha=0.5$ 时，预测误差的大小。

当 $\alpha=0.7$ 时，平均绝对误差 $=\dfrac{|250-235|+|260-252.5|+\cdots+|360-355.69|}{11}=6.16$

当 $\alpha=0.5$ 时，平均绝对误差 $=\dfrac{|250-225|+|260-242.5|+\cdots+|360-349.65|}{11}=13.6$

通过比较，当 $\alpha=0.7$ 时，平均绝对误差较小，所以选择 $\alpha=0.7$ 时的预测值，即预测 2020 年的年产量为 355.69 万吨。

2）二次指数平滑法

二次指数平滑法是计算两次平滑值，然后在此基础上建立线性趋势模型进行预测的方法。

（1）二次平滑法的计算公式如下：

$$s_2^{(t)}=\alpha s_1^{(t)}+(1-\alpha)s_2^{(t-1)} \tag{10.10}$$

式中：$s_2^{(t)}$ 是第 t 期的二次指数平滑值，$s_1^{(t)}$ 是第 t 期的一次指数平滑值，a 是平滑系数，$s_2^{(t-1)}$ 是第 $t-1$ 期的二次指数平滑值。

（2）二次平滑法的预测模型。二次指数平滑法的预测原理与二次移动平均法类似，都是利用平均值的滞后规律来建立预测模型，其预测模型的计算公式如下：

$$\hat{x}_{t+T}=a_t+b_tT \tag{10.11}$$

其中：

$$a_t=2s_1^{(t)}-s_2^{(t)}$$

$$b_t=\frac{\alpha}{1-\alpha}[s_1^{(t)}-s_2^{(t)}]$$

式中：$\hat{x}_{t+T}$ 为第 $t+T$ 期的预测值；T 为预测期与最后观察期的期数间隔；a_t，b_t 为待定参数；$s_2^{(t)}$ 是第 t 期的二次指数平滑值；$s_1^{(t)}$ 是第 t 期的一次指数平滑值；a 是平滑系数。

【例 10-9】 以【例 10-8】中的相关数据为例，用二次指数平滑法预测预测该中小型钢铁厂 2020 年的产量，具体如表 10-10 所列。

表 10-10 中小型钢铁厂产量预测表 2

年份	t	产量 x_t /万吨	一次指数平滑值 $s_1^{(t)}$ /万吨	二次指数平滑值 $s_2^{(t)}$ /万吨
2008	1	200	200.00	200.00
2009	2	250	235.00	224.50
2010	3	260	252.50	244.10
2011	4	280	271.75	263.46
2012	5	270	270.53	268.40

（续表）

年份	t	产量 x_t/万吨	一次指数平滑值 $s_1^{(t)}$/万吨	二次指数平滑值 $s_2^{(t)}$/万吨
2013	6	290	284.16	279.43
2014	7	300	295.25	290.50
2015	8	320	312.57	305.95
2016	9	330	324.77	319.13
2017	10	340	335.43	330.54
2018	11	350	345.63	341.10
2019	12	360	355.69	351.31

【解】 计算步骤如下。

第一步，确定平滑系数，取$\alpha = 0.7$。

第二步，确定初始值。二次平滑初始值确定原则与一次平滑初始值确定原则相同，$s_1^{(0)}=s_2^{(0)}=200$ 万吨。

第三步，根据一次指数平滑值计算二次指数平滑值。

$s_2^{(1)} = 0.7s_1^{(1)} + (1-0.7)s_2^{(0)} = 0.7\times 200 + (1-0.7)\times 200 = 200$ 万吨

$s_2^{(2)} = 0.7s_1^{(2)} + (1-0.7)s_2^{(1)} = 0.7\times 235 + (1-0.7)\times 200 = 224.5$ 万吨

……

$s_2^{(12)} = 0.7s_1^{(12)} + (1-0.7)s_2^{(11)} = 0.7\times 355.69 + (1-0.7)\times 341.10 = 351.31$ 万吨

所以，$s_1^{(12)}=355.69$ 万吨，$s_2^{(12)}=351.31$ 万吨

第四步，计算 a_t 与 b_t 的值。

$$a_t = 2s_1^{(t)} - s_2^{(t)} = 2\times s_1^{(12)} - s_2^{(12)} = 2\times 355.69 - 351.31 = 360.07$$

$$b_t=\frac{\alpha}{1-\alpha}[s_1^{(t)} - s_2^{(t)}] = \frac{0.7}{1-0.7}[s_1^{(12)} - s_2^{(12)}] = \frac{0.7}{1-0.7}(355.69-351.31) = 10.22$$

第五步，根据预测模型求出预测值。

$$\hat{x}_{13} = 360.07 + 10.22\times 1 = 370.29 \text{ 万吨}$$

故该中小型钢铁厂 2020 年的产量预测值为 370.29 万吨。

4. 季节指数法

季节指数法是预测季节变化对销售量影响的方法。许多商品受季节影响会出现销售淡季和旺季，如空调、冷饮、四季服装、啤酒等都属于这类商品。利用商品的季节性变动规律可以预测该类商品的销售量。

测定季节变动大致有两种方法：一种是不考虑长期趋势的影响，直接根据原序列计算，

常用的方法是按季（或月）平均法；另一种是将原序列中的长期趋势及循环变动趋势剔除后，再进行测定，常用的方法是移动平均趋势剔除法。采用上述方法进行预测时，需要用连续五年的分季（或月）资料，才能比较客观地预测销售量的季节变动。

1）按季（或月）平均法

按季（或月）平均法是用算术平均值直接计算各季或各月的季节指数（或称“季节比例”）的一种方法。按季（或月）平均法计算简单，但预测精确度不高。其计算步骤如下。

（1）计算历年同季（或同月）观测值的平均数。

（2）计算历年所有季度（或月份）观测值的平均数。

（3）计算各季度（或各月）的季节指数，即历年同季（或月）观测值的平均数除以所有季度（或月份）观测值的平均数，其计算公式如下：

$$S_t = \frac{A_t}{B} \tag{10.12}$$

式中：S_t为各季度（或各月）的季节指数，A_t为历年同季（或同月）观测值的平均数，B为历年所有季度（或月份）观测值的平均数。

（4）理论上各季度的季节指数之和等于 400%，各月的季节指数之和等于 1 200%。实际计算中如存在误差，应对季节指数进行修正。修正后季节指数的计算公式如下：

$$S_t' = S_t \times \frac{400\%}{S_1 + S_2 + S_3 + S_4} \tag{10.13}$$

式中：S_t'为修正后的季节指数，S_t为各季度（或各月）的季节指数。

（5）利用季节指数进行预测。假设现已知新年度的计划销售量，则各季度的平均销售量为该数值除以 4，各季度的销售量预测值为各季度平均销售量乘以各季节指数。

【例 10-10】 现已将某服装企业 2015—2019 年的销售资料填入表 10-11 中。假设以 2019 年的销售额为基数，2020 年的销售额将在此基础上增长 10%。试预测该服装企业 2020 年各季度的销售额。

表 10-11　服装企业各季度销售额预测计算表

年份	第一季度销售额/万元	第二季度销售额/万元	第三季度销售额/万元	第四季度销售额/万元	合计/万元
2015	60	30	40	50	180
2016	70	35	46	60	211
2017	85	45	55	75	260
2018	95	50	60	80	285
2019	110	60	68	95	333

（续表）

年份	第一季度销售额/万元	第二季度销售额/万元	第三季度销售额/万元	第四季度销售额/万元	合计/万元
以下为计算所得					
季度销售额平均值/万元	84	44	53.8	72	63.45
季节指数	1.318 7	0.690 7	0.844 6	1.146 0	4
销售额预测值/万元	120.76	63.25	77.34	104.94	366.3

【解】第一步，计算历年对应季度的销售额平均值。

历年第一季度的销售额平均值：$A_1=\dfrac{60+70+85+95+110}{5}=84$ 万元

依次类推，计算出历年第二、三、四季度的销售额平均值，得出 A_2=44 万元，A_3=53.8 万元，A_4=72 万元。

第二步，计算各年所有季度的销售额平均值。

$$B=\frac{180+211+260+285+333}{5\times 4}=63.45\text{ 万元}$$

第三步，计算各季度季节指数。

第一季节的季节指数：$S_1=\dfrac{A_1}{B}=\dfrac{84}{63.45}=1.323\,9$

依此类推第二、三、四季节的季节指数分别为 S_2=0.693 4，S_3=0.847 9，S_4=1.134 8。

由于各季度的季节指数之和：$S_1+S_2+S_3+S_4$=4，因此，各季节指数不需要修正。

第四步，利用季节指数进行预测。

本例中，已知 2020 年的增长率为 10%，则 2020 年的全年销售额=333×（1+10%）=366.3 万元，平均每季度的销售额=366.3÷4=91.575 万元，那么，

2020 年第一季度销售额预测值=91.575×1.323 9=121.24 万元

2020 年第二季度销售额预测值=91.575×0.693 4=63.50 万元

2020 年第三季度销售额预测值=91.575×0.847 9=77.65 万元

2020 年第四季度销售额预测值=91.575×1.134 8=103.91 万元

该企业可根据预测的销售额及服装销售额季节变动的规律，合理安排商品库存。

2）长期趋势剔除季节指数法

长期趋势剔除季节指数法是指在时间序列观测值既有季节周期变化，又有长期趋势变化的情况下，首先求得移动平均值，然后在移动平均值的基础上求得季节指数，最后建立数学模型进行预测的方法。

长期趋势剔除季节指数法的计算步骤如下。

（1）剔除季节因素的影响。一般用四个季度的平均值来表示剔除季节影响后的数值。

（2）计算各季度趋势值。用相邻的两个移动平均数的平均值（中心化移动平均值）作为各季度的趋势值。

（3）计算各季度的季节指数。用实际值除以趋势值得到各个时期的季节指数，以剔除时间序列的长期趋势的影响。

（4）计算同季的季节指数平均值。可将季节指数的数值按季排列，再按季求季节指数的平均值。

（5）调整平均季节指数。算出的平均季节指数之和应等于 400%，否则，就需要对平均季节指数进行调整。调整平均季节指数的计算公式如下：

$$S_t' = \frac{4\overline{S}_t}{\overline{S}_1 + \overline{S}_2 + \overline{S}_3 + \overline{S}_4} \tag{10.14}$$

式中：S_t' 修正后的季节指数，$\overline{S}_t$ 为各季度（或各月）的季节指数。

（6）确定预测期的趋势值。确定直线趋势方程 $T_t = A + Bt$，计算出预测期的趋势值。

（7）通过预测模型进行预测。预测模型的计算公式如下：

$$\hat{X}_t = T_t S_t \tag{10.15}$$

式中：$\hat{X}_t$ 为 t 时的预测值，T_t 为 t 时的趋势值，S_t 为 t 时的季节指数。

【例 10-11】 现已将某食品企业 2015—2019 年的销售资料填入表 10-12 的第四列中。试考虑季节波动，预测 2020 年该食品企业各季度产品的销售额。

表 10-12 食品企业各季度销售额预测计算表

年份	季度	期数 t	销售额 Y/万元	四个季度移动平均数/万元	中心化移动平均值/万元	季节指数 S_t	季节指数平均值 $\overline{S}_t$	调整后季节指数 S_t'	趋势值 T_t/万元
2015	1	1	24.1	—	—	—	0.880 9	0.879 8	27.39
	2	2	27.2	—	—	—	1.024 7	1.023 4	26.58
	3	3	29.1	27.93	28.35	1.026 5	1.025 2	1.023 9	28.42
	4	4	31.3	28.78	29.38	1.065 5	1.074 4	1.073 0	29.17
2016	1	5	27.5	29.98	30.23	0.909 8	—	—	31.26
	2	6	32.0	30.48	30.88	1.036 4	—	—	31.27
	3	7	31.1	31.28	31.40	0.990 4	—	—	30.37
	4	8	34.5	31.53	31.73	1.087 5	—	—	32.15

（续表）

年份	季度	期数 t	销售额 Y/万元	四个季度移动平均数/万元	中心化移动平均值/万元	季节指数 S_t	季节指数平均值 $\overline{S}_t$	调整后季节指数 S_t'	趋势值 T_t/万元
2017	1	9	28.5	31.93	32.30	0.882 4	—	—	32.39
	2	10	33.6	32.68	32.94	1.020 1	—	—	32.83
	3	11	34.1	33.20	33.39	1.021 3	—	—	33.30
	4	12	36.6	33.58	33.89	1.080 0	—	—	34.11
2018	1	13	30.0	34.20	34.75	0.863 3	—	—	34.10
	2	14	36.1	35.30	35.63	1.013 3	—	—	35.27
	3	15	38.5	35.95	36.24	1.062 4	—	—	37.60
	4	16	39.2	36.53	36.83	1.064 5	—	—	36.53
2019	1	17	32.3	37.13	37.21	0.868 0	—	—	36.71
	2	18	38.5	37.30	37.43	1.028 7	—	—	37.62
	3	19	39.2	37.55	—	—	—	—	38.28
	4	20	40.2	—	—	—	—	—	37.42

【解】 第一步，制作销售额散点图，如图 10-1 所示。该散点图反映销售额随时间变化而增加，随季节变化而波动，因此，可以按长期趋势剔除季节指数法进行预测。

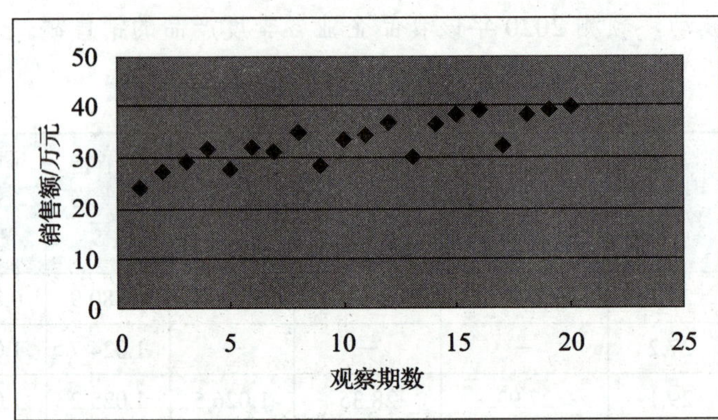

图 10-1　某企业 2015—2019 年销售额散点图

第二步，为了消除季节影响，计算四个季度的销售额移动平均值，并前移一行，见表第 5 列。

2015 年 1 月—2015 年 4 月的移动平均值：（24.1+27.2+29.1+31.3）÷4=27.93 万元

2015 年 2 月—2016 年 1 月的移动平均值：（27.2+29.1+31.3+27.5）÷4=28.78 万元

……

2019 年 1 月—2019 年 4 月的移动平均值：（32.3+38.5+39.2+40.2）÷4=37.55 万元

第三步，计算中心化移动平均值。将第 5 列的相邻两个数相加后除以 2，并前移一行，见表第 6 列。第 6 列已经接近实际趋势值。

2015 年 3 月的中心化移动平均值：（27.93+28.78）÷2=28.35 万元

2015 年 4 月的中心化移动平均值：（28.78+29.98）÷2=29.38 万元

……

2019 年 2 月的中心化移动平均值：（37.30+37.55）÷2=37.43 万元

第四步，计算各季节的季节指数。

2015 年 3 月的季节指数：29.1÷28.35=1.026 5

2015 年 4 月的季节指数：31.3÷29.38=1.065 5

……

2019 年 2 月的季节指数：38.5÷37.43=1.028 7

第五步，分别计算历年的季节指数平均值，放在第 8 列。

历年第一季度的季节指数平均值：（0.909 8+0.882 4+0.863 3+0.868 0）÷4=0.880 9

历年第二季度的季节指数平均值：（1.036 4+1.020 1+1.013 3+1.028 7）÷4=1.024 7

历年第三季度的季节指数平均值：（1.026 5+0.990 4+1.021 3+1.062 4）÷4=1.025 2

历年第四季度的季节指数平均值：（1.065 5+1.087 5+1.080 0+1.064 5）÷4=1.074 4

第六步，由于各季节指数之和为 4.005 1，因而还需对季节指数进行调整。调整后的季节指数见表第 9 列，用以预测时使用。

第一季度的调整后季节指数：0.880 9×4÷4.005 1=0.879 8

第二季度的调整后季节指数：1.024 7×4÷4.005 1=1.023 4

第三季度的调整后季节指数：1.025 2×4÷4.005 1=1.023 9

第四季度的调整后季节指数：1.074 4×4÷4.005 1=1.073 0

第七步，计算趋势值。由季节指数=实际值/趋势值，可得趋势值=实际值/季节指数，因而用销售额除对应的季节指数，可求得销售额趋势值，见表第 10 列。

2015 年 1 月的销售额趋势值：24.1÷0.879 8=27.39 万元

2015 年 2 月的销售额趋势值：27.2÷1.023 4=26.58 万元

……

2019 年 4 月的销售额趋势值：40.2÷1.074 4=37.42 万元

第八步，观察期的销售量经过移动平均及中心化后，在很大程度上消除季节性波动和不规则波动的影响，使修均后的趋势值呈现线性化趋势。

确定直线趋势方程，$y_t=a+bt$，根据第 9 列的 20 个趋势值及第 3 列的期数，进行回归分析，可确定 a，b 的值。

$$b=\frac{n\sum tT_t-\sum t\sum T_t}{n\sum t^2-(\sum t)^2}=\frac{20\times 7\,355.14-210\times 662.82}{20\times 2\,870-210^2}=0.595$$

$$a=\frac{\sum T_t-b\sum t}{n}=\frac{662.82-0.595\times 210}{20}=26.89$$

所以，y_t=26.89+0.595t。

可以依据此公式预测 2020 年各季度的销售额趋势值，已知 t=21、22、23、24。

2020 年第一季度的销售额趋势值：T_{21} =26.89+0.595×21=39.385 万元

2020 年第二季度的销售额趋势值：T_{22} =26.89+0.595×22=39.98 万元

2020 年第三季度的销售额趋势值：T_{23} =26.89+0.595×23=40.575 万元

2020 年第四季度的销售额趋势值：T_{24} =26.89+0.595×24=41.17 万元

第九步，由季节指数=实际值/趋势值，可得实际值=趋势值×季节指数，根据预测模型的计算公式求得各季度的预测值。

2020 年第一季度的销售额预测值：39.385×0.879 8=34.65 万元

2020 年第二季度的销售额预测值：39.98×1.023 4=40.92 万元

2020 年第三季度的销售额预测值：40.575×1.023 9=41.54 万元

2020 年第四季度的销售额预测值：41.17×1.073 0=44.18 万元

10.2.5 回归预测法

回归预测法是在分析自变量和因变量之间的相关关系的基础上，选择合适的数学模型模拟预测变量之间关系的方法。

所谓相关关系是指变量之间有着密切的关系，但不是严格的对应关系。例如，产品的销售量与产品价格之间就属于相关关系，产品的价格是自变量，产品的销售量是因变量。一般情况下，产品的价格越低，产品的销售量越高，但是两者不是唯一确定的关系，产品的销售量还受当地居民的收入水平、企业营销策略等因素的影响。

提 示

函数关系是指变量之间有严格的确定性依存关系，其表现为某一变量发生变化，另一变量也随之发生变化，而且有确定的值与之对应。例如，圆的面积与圆的半径之间的函数关系为 $S=\pi r^2$。

根据自变量个数的多少，可以将回归预测分为一元线性回归预测和多元线性回归预测。

1. 一元线性回归预测

一元线性回归预测是指研究一个自变量和一个因变量之间的线性关系，并根据自变量的变动来预测因变量平均发展趋势的方法。其计算步骤如下。

（1）确定因变量 y 和自变量 x。

（2）根据变量绘制散点图，利用模型找出两个变量之间的线性关系。模型的计算公式如下：

$$y = a + bx \tag{10.16}$$

式中：y 为因变量，a 为回归常数，b 为回归系数，x 为自变量。

（3）求 a、b 的值。用最小二乘法确定参数 a 和 b，即选择的参数 a、b 要使因变量的观测值 y_i 与预测值 $\hat{y}_i$ 之间的离差平方和最小，用公式表示为 $\min\sum_{i=1}^{n}(y_i-\hat{y}_i)^2=\min\sum_{i=1}^{n}\mathrm{e}_i^2$。通过验证得知，要使其平方和最小，则 a、b 必须满足如下条件：

$$\begin{cases}\sum y_i = na + b\sum x_i \\ \sum x_i y_i = a\sum x_i + b\sum x_i^2\end{cases}$$

解方程组，求得 a、b 的值：

$$\begin{cases}b = \dfrac{n\sum x_i y_i - \sum x_i \sum y_i}{n\sum x_i^2 - (\sum x_i)^2} \\ a = \bar{y} - b\bar{x}\end{cases}$$

式中：x_i 为自变量 x 的第 i 个观测值，y_i 为因变量 y 的第 i 个观测值，n 为观测值的个数，$\bar{x}$ 为 x_i 的平均值，$\bar{y}$ 为 y_i 的平均值。

（4）检验模型。用回归模型进行预测前，应先对其进行统计检验。常用的方法有 F 检验、T 检验和相关系数检验。下面主要介绍相关系数检验。

相关系数检验能够精确地描述两个变量之间的线性关系及密切程度。相关系数的计算公式如下：

$$r = \frac{n\sum_{i=1}^{n}x_i y_i - \sum_{i=1}^{n}x_i\sum_{i=1}^{n}y_i}{\sqrt{n\sum_{i=1}^{n}x_i^2 - (\sum_{i=1}^{n}x_i)^2}\sqrt{n\sum_{i=1}^{n}y_i^2 - (\sum_{i=1}^{n}y_i)^2}} \tag{10.17}$$

式中：r 为相关系数，x_i 为自变量 x 的第 i 个观测值，y_i 为因变量 y 的第 i 个观测值，n 为观测值的个数。

提 示

相关系数 r 具有以下特点:

(1) r 的取值范围为 $-1 \leqslant r \leqslant 1$。$r>0$ 表示两个变量正相关，即 y 随 x 的增大而增大；$r<0$ 表示两个变量负相关，即 y 随 x 的增大而减少；$r=0$，表示两个变量不相关，没有线性相关关系。

(2) r 的绝对值越接近于 1，说明两个变量的相关性越强；r 的绝对值越接近于 0，说明两个变量的相关性越弱。

(5) 进行预测。经过相关分析后，利用回归模型进行预测。

【例 10-12】 以【例 10-11】为例，分析企业广告费用对销售额有无显著影响，假设该企业 7 月份准备投入广告费用 30 万元，请预测 7 月份的销售额。

【解】

第一步，绘制散点图，初步判断相关关系。设广告费用为自变量 x，销售额为因变量 y，根据前 6 个月的观察资料制作散点图，如图 10-2 所示。

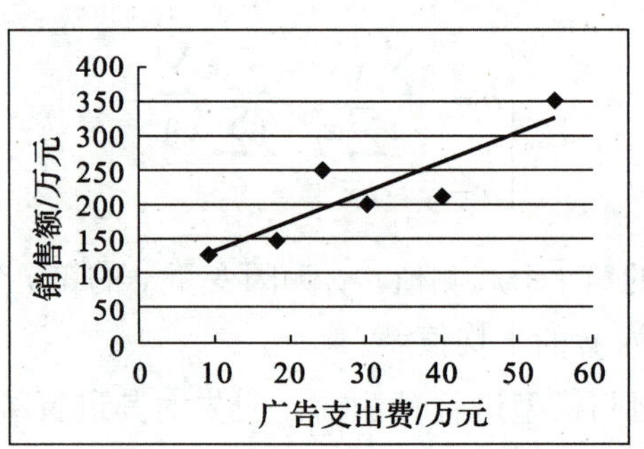

图 10-2 广告费用与销售额散点图

从散点图中可以看出，y 随 x 的增加而增加，并呈线性增长趋势，因此可以建立回归模型:

$$y=a+bx$$

第二步，参数的计算数据如表 10-13 所列，求 a、b 的值。

表 10-13 回归分析中参数的计算数据

月份	广告费用 x /万元	销售额 y /万元	xy	x^2	y^2
1	40	210	8 400	1 600	44 100
2	55	350	19 250	3 025	122 500
3	24	250	6 000	576	62 500

（续表）

月份	广告费用 x /万元	销售额 y /万元	xy	x^2	y^2
4	30	200	6 000	900	40 000
5	18	150	2 700	324	22 500
6	9	130	1 170	81	16 900
合计	176	1 290	43 520	6 506	308 500

$$b=\frac{n\sum x_iy_i-\sum x_i\sum y_i}{n\sum x_i^2-(\sum x_i)^2}=\frac{6\times 43\,520-176\times 1\,290}{6\times 6\,506-176^2}=4.228\,3$$

$$a=\overline{y}-b\overline{x}=\frac{1\,290}{6}-4.228\,3\times\frac{176}{6}=90.97$$

回归方程为 $y=90.97+4.228\,3x$

第三步，利用相关系数检验模型进行检验。

$$r=\frac{n\sum_{i=1}^{n}x_iy_i-\sum_{i=1}^{n}x_i\sum_{i=1}^{n}y_i}{\sqrt{n\sum_{i=1}^{n}x_i^2-(\sum_{i=1}^{n}x_i)^2}\sqrt{n\sum_{i=1}^{n}y_i^2-(\sum_{i=1}^{n}y_i)^2}}=\frac{6\times 43\,520-176\times 1\,290}{\sqrt{(6\times 6\,506-176^2)(6\times 308\,500-1\,290^2)}}\approx 0.88$$

显然 y 与 x 具有高度相关的线性关系。

第四步，进行预测。

7 月份预计支出广告费 30 万元，代入模型得：

$$y=89.21+4.288\,3x=90.97+4.228\,3\times 30=217.82\text{ 万元}$$

2．多元线性回归预测

多元线性回归预测是研究两个或两个以上的自变量与一个因变量的关系，其计算公式如下：

$$y=B_0+B_1x_1+B_2x_2+\ldots+B_mx_m \tag{10.18}$$

式中：y 为因变量；x_m 为各个自变量；B_0 为回归常数；$B_1, B_2, \cdots, B_m$ 为回归系数。

（1）以二元回归方程为例，首先建立二元回归方程：

$$y=B_0+B_1x_1+B_2x_2 \tag{10.19}$$

式中：y 为因变量；B_0 为回归常数；B_1, B_2 分别为因变量 x_1、x_2 的回归系数。

（2）然后利用最小二乘法确定方程中 B_0、B_1、B_2 的值，设置如下标准方程组：

$$\begin{cases}\sum y = nB_0 + B_1\sum x_1 + B_2\sum x_2 \\ \sum x_1 y = B_0\sum x_1 + B_1\sum x_1^{\ 2} + B_2\sum x_1 x_2 \\ \sum x_2 y = B_0\sum x_2 + B_1\sum x_1 x_2 + B_2\sum x_2^{\ 2}\end{cases} \tag{10.20}$$

解方程得出 B_0、B_1、B_2 的值。

【例 10-13】 现已将某汽车企业在某地区的销售量、该地区人均年收入水平及汽车价格的统计数据填入表 10-14 中，试着确定销售量与人均收入水平、汽车价格关系的线性回归方程，并估算人均收入水平为 3.5 万元、汽车价格为 9 万元时该企业的汽车销售量。

表 10-14　销售量、人均收入水平、汽车价格数据统计及预测表

年份	销售量 y/万台	人均年收入水平 x_1/万元	汽车价格 x_2/万元	x_1y	$x_1^{\ 2}$	x_1x_2	x_2y	$x_2^{\ 2}$
2014	40	1.7	13	68	2.89	22.1	520	169
2015	50	2.2	13	110	4.84	28.6	650	169
2016	60	2.4	13	144	5.76	31.2	780	169
2017	90	2.6	12	234	6.76	31.2	1 080	144
2018	100	2.9	11	290	8.41	31.9	1 100	121
2019	120	3.2	9	384	10.24	28.8	1 080	81
合计	460	15	71	1 230	38.9	173.8	5 210	853

【解】 设回归方程为 $y = B_0 + B_1x_1 + B_2x_2$

将相关数据代入方程组（10.20）得：

$$\begin{cases}6\times B_0 + 15\times B_1 + 71\times B_2 = 460 \\ 15\times B_0 + 38.9\times B_1 + 173.8\times B_2 = 1\ 230 \\ 71\times B_0 + 173.8\times B_1 + 853\times B_2 = 5\ 210\end{cases}$$

可解得：

$$B_0 = 66.040\ 48,\ B_1 = 38.191\ 74,\ B_2 = -7.170\ 69$$

所以，回归方程如下：

$$y = 66.040\ 48 + 38.191\ 74x_1 - 7.170\ 69x_2$$

当人均收入水平为 3.5 万元、汽车价格为 9 万元时该企业的销售量估算值如下：

$$y = 66.040\ 48 + 38.191\ 74\times 3.5 - 7.170\ 69\times 9 = 135.175\ 4 \text{ 万台}$$

实地调查　国潮崛起，调查国货品牌发展

任务概述

近年来，我国国货崛起，市场上涌现了一股“新国货”浪潮，越来越多的年轻人愿意为中国文化、中国品牌买单。这一股浪潮反映出新一代消费群体的审美迭代、国货品质与技术的迭代，以及以互联网营销为代表的营销方式的迭代。

在美妆市场，完美日记、花西子、小奥汀等掀起了“东方美”浪潮；在食品市场，元气森林、钟薛高、喜茶、老乡鸡等正在挑战可口可乐、肯德基的传统势力范围；在服装市场，汉服和电商品牌高歌猛进，国外快时尚品牌纷纷溃败；在文化消费市场，故宫、大白兔、苗绣、泡泡玛特的衍生品受到年轻人的追捧。从低价山寨到优质创新，国货品牌提出了各自的品牌主张，走出了各自的品牌路线。

选定一个国货品牌，调查近三年的品牌发展情况、产品销售情况，分析品牌理念、产品策略、营销策略等，预测未来两年该品牌的产品销售情况。

任务分组

全班学生以 3～5 人为一组进行分组，各组选出组长并进行任务分工，将小组成员及分工情况填入表 10-15 中。

表 10-15　小组成员及分工情况

班级		组号		指导教师	
小组成员	姓名	学号	任务分工		
组长					
组员					

任务准备

（1）对国货品牌及其发展有一定的了解。

（2）有一定的市场营销知识。

工作计划

小组商议，制订出具体的工作计划，填入表 10-16 中。

表 10-16　工作计划

步骤	工作内容	时间安排	负责人
1			
2			
3			
4			
5			

任务实施

按照工作计划，开展国货品牌市场预测活动。将具体的实施情况记录在表 10-17 中。

表 10-17　实施步骤

时间安排	实施步骤
	1．了解国货品牌发展概况，列举知名国货品牌： （1）______ （2）______ （3）______ （4）______ （5）______ （6）______
	2．小组讨论，选定本组要调查的国货品牌：______
	3．调查该品牌近三年的品牌发展情况、产品销售情况： （1）调查主题：______ （2）调查目的：______ （3）调查方法：______
	4．分析该品牌的品牌理念、产品策略、营销策略： （1）分析主题：______ （2）分析目的：______ （3）分析方法：______
	5．预测未来两年该品牌的产品销售情况： （1）预测主题：______ （2）预测目的：______ （3）预测方法：______

（续表）

时间安排	实施步骤
	6. 制订市场预测方案并实施，记录实施中存在的问题： （1）______ （2）______ （3）______ （4）______ （5）______ （6）______
	7. 小组讨论，对市场预测结果进行汇总、整理
	8. 提出该品牌在品牌理念、产品策略和营销策略方面存在的问题： （1）______ （2）______ （3）______ （4）______ （5）______ （6）______
	9. 撰写市场预测报告

评价反馈

各组派代表讲解本组的市场预测报告，并配合指导老师完成如表 10-18 所示的考核评价表。

表 10-18 考核评价表

项目名称	评价内容	分值	评价分数		
			自评	互评	师评
素养评价 20%	仪容仪表得体	6 分			
	具备团队精神，能够积极与他人合作	6 分			
	积极、认真参加实践任务	8 分			
技能评价 30%	对国货品牌进行较为深入的调查	10 分			
	能采用多种方法对国货品牌发展现状进行调查	10 分			
	能够全面、细致地制订市场预测方案	10 分			

（续表）

项目名称	评价内容		分值	评价分数		
				自评	互评	师评
成果评价 50%	对国货品牌发展现状有较为深入的了解		10 分			
	能提出国货品牌在品牌理念、产品策略和营销策略方面存在的问题		20 分			
	市场预测报告逻辑清晰、言之有物		20 分			
合计			100 分			
总评	自评（20%）+互评（20%）+师评（60%）=	综合等级：____	教师（签名）：			

自我检测

1．单选题

（1）采用专家会议法预测市场时，需要注意的问题是（　　）。

A．组织人员要先进行一些引导性发言

B．要先让权威专家发言

C．要尽可能邀请各个方面的专家到会发言

D．要让专家们自由发言

（2）市场预测中的定量分析是（　　）。

A．对事物本质及内在联系的系统化认识

B．对事物的相关程度进行回归分析

C．分析研究对象具有的某种性质

D．运用数学知识对调查对象进行量化分析

（3）加权平均法预测的关键是（　　）。

A．确定计算公式　　B．确定平均的项数

C．确定权数　　D．剔除一些特殊的影响因素

（4）平均发展速度是指（　　）。

A．定基发展速度的算术平均数　　B．环比发展速度的算术平均数

C．环比发展速度的几何平均数　　D．增长速度加上 100%

（5）季节指数预测法是一种（　　）。

A．主管估计预测法　　B．技术预测法

C．时间序列分析法　　D．结构关系分析法

（6）因变量随着自变量的变动发生大致均等的变动，这种相关关系属于（　　）。

A．正相关　　B．负相关

C．直线相关　　D．曲线相关

（7）商品价格上涨时，商品的需求量减少。商品价格与需求量之间的关系属于（　　）。

A．不相关　　B．负相关

C．正相关　　D．复相关

（8）研究的因果关系只涉及一个因变量和一个自变量，这种回归分析法称为（　　）。

A．一元回归分析　　B．一元线性回归分析

C．二元回归分析　　D．二元线性回归分析

2．简答题

（1）什么是德尔菲法？简述它的实施步骤。

（2）什么是函数关系和相关关系？两者有什么联系和区别？

（3）时间序列预测法中的简单平均法包括哪些具体方法？简述各种方法的适用范围。

（4）什么是回归预测法？

3．案例分析题

确定直线回归方程

近年来，我国制造业投资持续增长，某互联网企业计划进军电子产品制造行业。在排除无关因素和个别特殊因素的干扰后，其对 10 个同类企业的生产性固定资产年平均价值和工业总产值进行了调查，搜集到的信息资料如表 10-19 所列。

表 10-19　同类企业生产性固定资产年平均价值和工业总产值数据表

企业编号	1	2	3	4	5	6	7	8	9	10
生产性固定资产年平均价值/万元	318	920	200	409	415	502	314	1 210	1 022	1 225
工业总产值/万元	524	1 019	638	215	913	928	603	1 516	1 219	1 624

【问题】

（1）计算相关系数 r，判断变量之间的相关程度。

（2）确定线性回归方程，并预测企业的固定资产价值为 1 000 万元时，该企业的实际总资产为多少？

“十四五”规划如何布局谋篇？

编制和实施国民经济和社会发展五年规划，是中国共产党治国理政的重要方式。2021 年开始，中国将进入“十四五”时期，这是我国全面建成小康社会、实现第一个百年奋斗目标之后，乘势而上开启全面建设社会主义现代化国家新征程、向第二个百年奋斗目标进军的第一个五年。

那么，“十四五”规划是如何编制的呢？习近平总书记对“十四五”规划编制工作作出了重要指示，五年规划编制涉及经济和社会发展方方面面，同人民群众生产生活息息相关，要开门问策、集思广益，把加强顶层设计和坚持问计于民统一起来，鼓励广大人民群众和社会各界以各种方式为“十四五”规划建言献策，切实把社会期盼、群众智慧、专家意见、基层经验充分吸收到“十四五”规划编制中来，齐心协力把“十四五”规划编制好。

调研提供依据

国民经济和社会发展五年规划的前期研究包括进行基础调查、信息搜集、课题研究及纳入规划重大项目的论证等，其中一项主要工作就是前期调研。

从 2018 年底开始，天津市发展改革委就面向公众和 35 个市级部门公开征集“十四五”规划前期研究选题 120 余个，涵盖经济发展、公共服务、基础设施、社会事业等方面。在此基础上，又借鉴国家和有关省市选题方向，突出新发展理念和天津特色，最终确定了 31 个研究课题。2019 年 6 月初，天津市公布“十四五”规划前期研究重大课题，面向社会公开遴选研究单位。经专家严格评审，到 2019 年 6 月 15 日，最终确定 30 家在国内外具有较大影响、相关领域研究经验丰富的机构承担课题研究。

较早启动“十四五”规划编制工作的还有重庆市。2019 年 7 月 29 日，重庆市召开“十四五”规划编制工作会议，确定该项工作将历时两年，分三个阶段进行。其中，2019 年 6 月至 2020 年 3 月为基本思路阶段，主要是组织开展重大问题前期研究，形成全市发展规划基本思路。2020 年 4 月至 2020 年 9 月为市委建议阶段，将形成全市发展规划纲要草案初稿，形成市级专项规划、区域规划初稿，开展规划衔接，组织社会各界参与论证，形成市委规划建议（代拟稿），按程序提交市委全委会审议。2020 年 9 月至 2021 年 2 月为规划纲要阶段，将形成全市发展规划纲要草案，全面征求各方意见，按程序依次审定后提交 2021 年初的市人民代表大会审议。

不难看出，要形成一份最终的规划方案，前期调研和论证非常重要。没有调查就没有发言权。正确的规划离不开对发展大势的清醒认知，也离不开对基层情况的扎实调研。从去年开始，调研工作一直持续到现在。

例如，2020 年 8 月 4 日，河南省省委书记王国生到省自然资源厅调研；8 月 5 日，陕西省省委副书记、代省长赵一德在西咸新区调研重大项目建设和科技创新工作；8 月 6 日，海南省省长沈晓明深入白沙黎族自治县调研……各地主要领导纷纷将实地调研走访与“十四五”规划编制工作结合起来，对“十四五”规划编制提出更为具体的要求。

坚持集思广益

集思广益的一个重要体现是“开门编规划”原则。

例如，重点流域水生态环境保护“十四五”规划首次尝试面向全社会全过程“开门编规划”。2020 年 7 月 27 日，重点流域水生态环境保护“十四五”规划编制工作推进会召开，强调规划编制将坚持问题在哪里、症结在哪里、对策在哪里、落实在哪里等“四个在哪里”工作方法，注重实地调研和“开门编规划”。

为健全发展规划专家咨询论证制度，提高发展规划制定实施的科学化水平，许多地方还成立专家委员会、召开专家座谈会等，规格很高。

有关方面近期也在通过多种形式征求干部群众、专家学者等对“十四五”规划的意见建议，各方人士均就自己了解的领域提出了观点和看法。

此外，各地“‘十四五’规划等您建良言献良策”等征集意见的通知在群众中广泛传播，广大群众可以通过登录省份发展改革委门户网站、电子邮件、邮寄信件等方式建言献策，这也是最大程度上让规划汇聚民智、反映民意、凝聚民心。

资料来源：http://cpc.people.com.cn/n1/2020/0812/c419242-31819028.html

项目 11

撰写市场调查报告

项目导读

XIANGMU DAODU

撰写市场调查报告是整个市场调查工作的最后环节，是将调查过程及分析预测结果以文字的形式表现出来，从而为企业决策者提供参考依据。市场调查报告撰写得好坏直接反映整个市场调查工作的质量。本项目主要介绍市场调查报告的基本结构、撰写步骤及技巧。

任务清单

RENWU QINGDAN

完成一项学习任务后，请在对应的方框中打钩。

知识目标	□	了解撰写市场调查报告的目的
	□	掌握市场调查报告的特点和基本结构
	□	掌握市场调查报告的撰写步骤
	□	掌握市场调查报告的撰写技巧
实训目标	□	对健身行业消费市场有一定的了解
	□	了解本地健身行业消费市场现状
	□	能提出本地健身行业消费市场存在的问题
技能目标	□	能够根据搜集到的信息和资料撰写市场调查报告
	□	能够对所撰写的市场调查报告进行评价
素质目标	□	拥有理性的认知和健康的心态
	□	遵守市场调查人员职业道德，具有强烈的职业认同感和职业荣誉感

案例导入 ANLI DAORU

市场调查报告要简明扼要

某市场咨询公司受本地区最大的一家糖果企业的委托执行一项市场调查任务，调查员李华及其项目组成员进行了大约 6 个月的艰苦调查，最后用心撰写了一篇长达 250 页的市场调查报告，该报告包含各种图表，统计数据，若干条开发新市场、细分市场和产品创新的建议。

在向糖果企业总经理做口头汇报时，李华信心百倍，认为自己的市场调查报告近乎完美。然而，在进行了近一个小时的汇报后，糖果企业总经理站起来说道：“打住吧，伙伴！我听到的只是一堆枯燥无聊的数字，完全被搞糊涂了，我想我并不需要一份比字典还厚的报告。明天早晨 8 点以前请务必把一份言简意赅、重点突出的摘要放到我办公桌上。”说完就离开了会议室。

思考：

李华撰写的市场调查报告有什么问题？

知识课堂 ZHISHI KETANG

问题导入

（1）撰写市场调查报告的目的是什么？

（2）“市场调查报告要用事实说话，用数据决策。”这反应了市场调查报告的什么特点？

（3）市场调查报告一般包括哪些部分？

（4）网络上可以查询各类市场调查报告，你比较关注哪类市场调查报告？

11.1 明确市场调查报告的重要性

市场调查报告是在调查人员对获取的信息进行分析并得出预测结论之后形成的书面报告。它是调查活动的产物，也是调查过程的历史记录和总结。

11.1.1 撰写市场调查报告的目的

撰写市场调查报告的目的主要包括以下两个方面。

一是集中体现调查成果。调查机构需要搜集足够多的信息和资料，然后对信息和资料进行整理、筛选和分析，据此得出符合实际的结论与建议，最终才能形成反映这些主要信息资料的市场调查报告。

二是为决策者提供信息和决策依据。通过对大量的信息和资料进行技术分析，调查人员可以发现数据之间隐含的关系及背后的市场规律，从而得出决策者需要的结论与建议，以更好地指导企业开展生产经营活动。

11.1.2 市场调查报告的特点

1．针对性

针对性主要表现为突出市场调查的主题和明确阅读对象。首先，市场调查报告应突出市场调查的主题，围绕该主题选择信息和资料，并加以分析；其次，调查报告应明确阅读对象，根据阅读对象确定市场调查报告的主要内容，一般来说，阅读对象最关心结论与建议，因此这部分内容应尽量翔实。

2．创新性

创新性是指调查人员应从独特的视角去进行调查和分析，市场调查报告应反映市场活动的新动向、新问题，并提出新观点，这样才能为企业决策者提供新思路。

提　示

某牙膏生产企业的销售额连续十年保持10%～20%的增长，然而之后两年却停滞不前。调查人员通过市场调查发现该牙膏生产企业增加了单支牙膏的容量，一支可以使用很久，便提出建议“将现有的牙膏开口扩大1毫米，以增加牙膏的使用量”。该企业采纳意见后，当年的销售额增加了近25%。

3．时效性

市场信息瞬息万变，经营者的机遇也是稍纵即逝。如果市场调查滞后，就会失去其存在的意义，因此，执行市场调查任务时，要在保证质量的前提下尽早完成。调查人员在撰写市场调查报告时，应及时地总结调查报告中最有价值的内容，以供企业决策者参考，从而帮助其在竞争中获胜。

4．科学性

市场调查报告不仅要反映客观事实，还要对客观事实进行分析，探究市场发展和变化的规律，得出科学的、可信的结论。这要求调查人员掌握科学的分析方法，具备一定的专业素养，能够在调查的基础上提出解决问题的方法。

11.1.3　市场调查报告的基本结构

市场调查报告的结构并没有统一的规定，可以根据阅读对象的需求进行调整。市场调查报告的基本结构一般包括封面、目录、摘要、引言、正文、结论与建议、附件等。

1．封面

封面通常单独占一页纸，其内容包括市场调查报告的标题，委托方的单位名称，调查机构的单位名称、地址、电话及电子邮箱，市场调查报告完成日期等，如图 11-1 所示。

北京市房地产市场调查及投资分析报告

委托单位：某房地产有限公司
调查单位：某调查公司
通讯地址：xxxxxxxxx
电话：xxx-xxxxxxxx
E-mail：xxxxx@163.com
报告提出日期：2011 年 12 月

图 11-1　市场调查封面示例

其中，标题是市场调查报告的题目，它必须准确揭示市场调查报告的主题，使阅读对象通过标题即可推断报告的大致内容。常见的标题形式主要有以下三类。

（1）直叙式标题。直叙式标题是反映市场调查主题或指出调查地点、调查项目的标题，如《北京商品房的市场需求调查》《中国汽车租赁产业的调查与投资分析》等。

（2）表明观点式标题。表明观点式标题是直接阐明观点、看法或对事物做出判断、评价的标题，如《抓住王老吉的软肋，发展自身品牌》《中小企业的品牌策划带来市场机遇》等。

（3）提出问题式标题。提出问题式标题是以设问、反问等形式，突出问题的焦点和尖锐性，吸引读者阅读、思考的标题，如《物流快递品牌如何崛起》《城市居民为何热衷于储蓄而不消费》等。

2. 目录

目录是整个报告的检索部分，应当完整地罗列报告各章节的标题、附件及其页码，以便阅读对象对报告结构有清晰的了解，并能够迅速地确定自己想看的资料的页码。图 11-2 是一份房地产市场调查报告目录的示例。

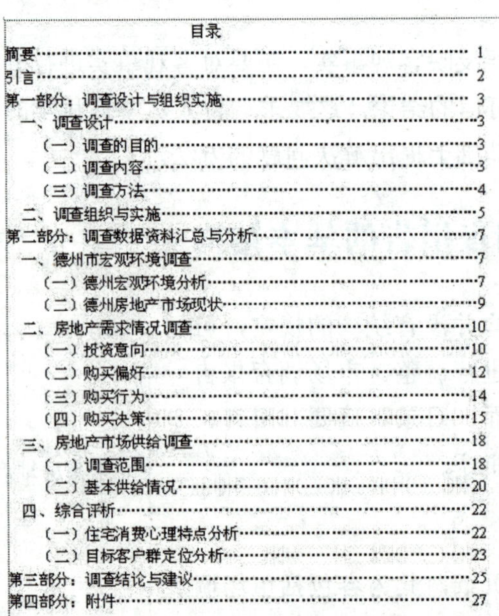
目录

摘要……1
引言……2
第一部分：调查设计与组织实施……3
一、调查设计……3
（一）调查的目的……3
（二）调查内容……3
（三）调查方法……4
二、调查组织与实施……5
第二部分：调查数据资料汇总与分析……7
一、德州市宏观环境调查……7
（一）德州宏观环境分析……7
（二）德州房地产市场现状……9
二、房地产需求情况调查……10
（一）投资意向……10
（二）购买偏好……12
（三）购买行为……14
（四）购买决策……15
三、房地产市场供给调查……18
（一）调查范围……18
（二）基本供给情况……20
四、综合评析……22
（一）住宅消费心理特点分析……22
（二）目标客户群定位分析……23
第三部分：调查结论与建议……25
第四部分：附件……27

图 11-2　市场调查报告目录示例

3. 摘要

摘要是市场调查报告的内容提要，是对市场调查目的、对象、内容、方法、调查成果及结论的综合论述。一般来说，通过阅读摘要，阅读对象就能大致了解“调查什么”“如何调查”“得到的结果”“结果说明什么”等内容。撰写摘要时，要求内容简洁、高度概括，语言文字通俗、精练，尽量避免使用太多专业术语。

案例阅读

中国汽车消费市场调查报告（摘要）

我国的汽车消费市场未来有巨大的增长空间，我国各地区经济发展水平、居民消费习惯不同，我国的汽车车型很多……这些因素给汽车厂家发展市场带来了机会，也给汽车厂家细分市场、进行市场定位带来了挑战。

汽车厂家只有了解消费者的需求和特点，才能有的放矢，研发出更适合消费者的产品。基于此，本机构在全国重点城市（北京、上海、深圳、广州、武汉、郑州、合肥等24个城市）对不同类型的众多消费者进行了抽样调查。调查主要采用电话访问、网络调查、街头拦截访问的形式，共发放问卷6 000份，回收有效问卷5 200份。本机构对所收集的信息资料进行整理和分析，得出如下结论。

（1）在消费者人均收入较高且汽车普及较早的城市，消费者趋向于选择高端品牌。

（2）消费者对汽车质量要求非常严格，他们更关注汽车的品质和所采用的先进技术，而合资品牌在这些方面相对比较成熟，因而这些品牌是消费者首选。

（3）近九成的消费者都对新能源汽车有浓厚的兴趣，目前这类汽车已逐步上市，未来必将掀起新一轮的购车热潮。

（4）消费者对油耗及用车成本的关注程度首次超过了车价，因此，厂家在新产品研发上，要致力于降低消费者的用车成本。

4. 引言

一般来说，引言应当对调查背景、发展状况、文献综述、调查意义等内容做详细的介绍，而对调查目的和内容可以做简略的介绍。引言主要包括以下内容。

（1）调查背景，如某调查对象整体呈现的水平和发展状况。

（2）对相关领域的文献进行回顾和综述，包括历史调查成果、已经解决的问题，以及对该部分内容进行适当的评价。

（3）介绍目前尚未解决的问题或亟须解决的问题，以及解决这些问题的方法和思路，进而引出调查目的与意义。

案例阅读

大学生旅游消费市场调查报告（引言）

伴随着中国经济的高速发展和人民生活水平的不断提高，旅游越来越受到消费者的青睐。大学生作为旅游消费群体中的主力军，其地位日益凸显。大学生具备一定的经济条件和独立生活能力，有相对宽松的时间，他们热衷于旅游，但很少选择旅行社这条途径。这其中的原因是什么呢？

目前，我国的旅行社达1.6万个，行业竞争非常激烈。各个旅行机构都想深入挖掘市场，争抢大学生旅游消费市场份额。鉴于上述情况，本机构开展了大学生旅游消费市场调查，希望通过本次调查，为旅游机构开发大学生旅游市场提供参考。

5. 正文

正文是市场调查报告的主体部分，内容通常包括调查方案的执行情况和分析预测。

1）调查方案的执行情况

（1）调查区域。说明调查区域，以及选择该区域的理由。

（2）调查对象。说明调查对象及特征，以及选择该对象作为样本的理由。

（3）样本容量。说明样本容量及确定样本容量时考虑的因素。

（4）样本结构。说明抽样方法、样本结构及特点、样本是否具有代表性等。

（5）调查方法。说明采用访问调查法、观察调查法、实验调查法还是其他方法。

（6）实施过程及问题处理。说明调查活动如何实施，遇到的问题及解决问题的方法。

（7）调查人员介绍。说明调查人员的基本情况、任职要求等。

（8）资料处理方法。说明采用的资料分析和统计工具、方法等。

（9）访问完成情况。说明访问完成率、未完成部分及未完成的原因。

2）分析预测

分析预测主要说明审核、整理、统计和分析数据的过程。要想写好分析预测部分，调查人员首先要客观、全面地进行分析，其次要合理安排内容，灵活使用文字、统计表、统计图等，使内容层次清楚、条理分明。分析预测部分常见的结构安排为以调查问题为主线逐个进行分析，阐述事物发展的过程。

6. 结论与建议

结论与建议是阅读对象最关注的部分。编写结论部分时，调查人员应用简洁明了的语言对委托方所提出的问题做出明确答复。编写建议部分时，调查人员应针对调查结论提出具有可行性和可操作性的对策。结论与建议常见的结构安排为首先层层剖析，综合说明调查报告的主要观点，然后在此基础上提出建议和可行性方案，最后展望未来的发展前景。

7. 附件

调查人员通常将比较重要的原始资料、调查问卷、统计数据、图表、参考资料等集中附在报告的后面。它是对正文报告的补充，也是更详尽的说明，每一份附件都应当编号。附件一般包括：① 访问提纲；② 调查问卷；③ 有关抽样的补充说明；④ 工作进度安排；⑤ 原始资料的来源；⑥ 原始数据图表。

11.2 掌握市场调查报告的撰写步骤与技巧

11.2.1 市场调查报告的撰写步骤

调查人员撰写市场调查报告时，应当保证以客户需求为导向，做到实事求是、突出重点、精心安排，其步骤一般包括确定主题、整理资料、拟定提纲、撰写成文、修改定稿，如图 11-3 所示。

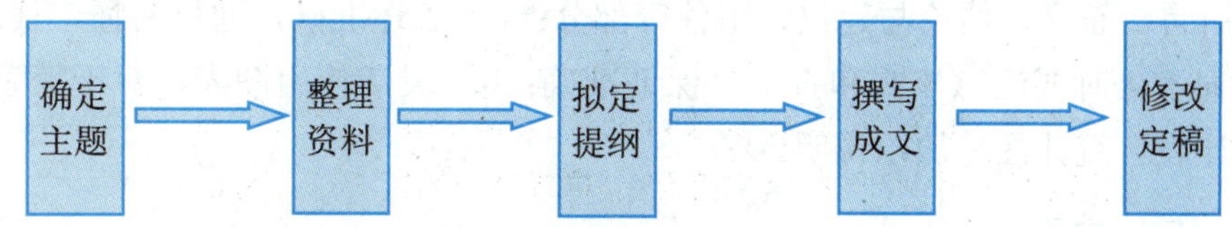

图 11-3　撰写市场调查报告的步骤

1. 确定主题

主题是市场调查报告的中心思想，一般通过市场调查报告的标题呈现出来。俗话说："题好一半文。"选好主题是写好市场调查报告的关键因素之一。在确定主题时，调查人员必须对市场调查资料进行反复、深入的研究，抓住事物的本质，结合调查对象和调查目的确立主题。一般来说，调查的主题就是市场调查报告的名称。

2. 整理资料

整理资料是围绕市场调查报告的主题对获得的资料进行筛选和整理的过程。在整理资料时应注意以下几点：① 对调查资料做全面的分析和比较，以获取真实、充分和完整的资料；② 根据主题进行筛选，舍弃与主题无关的或关系不大的资料。

自我思考

小张是某企业的市场调查人员，他需要搜集资料，预测网上开店的市场前景。在对搜集到的资料进行整理分析时，他发现有些调查对象填写问卷和数据的随意性很大。小张没有考虑到这种特殊情况，也没有对这种有问题的问卷进行筛查，最终导致预测结果与预期相差很大。这时小张才想到检查数据质量，他删除了一些不合格数据并再次进行分析，获得了新的预测结果。他没有检查该预测结果，也没有向上司说明整理数据的过程就直接将预测结果呈送给了上司。请问小张的做法是否符合市场调查人员的职业道德要求？他是否履行了市场调查人员的义务？同学们自由讨论，说说自己的看法。

3. 拟定提纲

提纲是市场调查报告的框架，具有纲要性、条理性和层次性。调查报告的提纲有以下两种形式：① 观点式提纲，即调查人员将自己的观点按逻辑关系进行罗列；② 条目式提纲，即按照章、节、目的层次对报告内容进行罗列。在实际拟定过程中，也可以将这两种提纲结合起来使用，一般先列出报告的章、节、目，再列出各章节所包含的主要观点。

4. 撰写成文

撰写成文是调查报告写作的行文阶段。调查人员要根据主题、资料和提纲，有条不紊地行文。在行文时要注意：① 结构合理，一份完整的市场调查报告应包括扉页、目录、摘要、引言、正文、结论与建议、附件等部分；② 表述准确，通俗易懂，使用调查数据、专业名词术语时要注意核实和查证，保证准确；③ 灵活使用图表，对于繁杂的数据尽量运用统计表、统计图等加以说明。

5. 修改定稿

调查人员应当认真修改市场调查报告初稿，主要是对报告的主题、资料、结构、语言文字和标点符号进行检查，并进行增、删、改、调。在完成必要的市场调查报告修改工作之后，才能定稿并向委托方报送或发表。

11.2.2 市场调查报告的撰写技巧

要想写出逻辑清晰、通俗易懂的市场调查报告，需要掌握一定的市场调查报告撰写技巧，主要包括叙述技巧、说明技巧、议论技巧和用词技巧。

1. 叙述技巧

叙述技巧主要用于市场调查报告的摘要和引言部分，如在开头概略地陈述调查目的、过程和结果等，使阅读对象对调查报告有一个整体的、宏观的认识，无需对事件的细枝末节详加介绍。在具体叙述时，应按照由大到小的顺序、由小到大的顺序或者时间顺序，如分别叙述调查对象的历史、现状及未来的发展状况等。

2. 说明技巧

说明技巧包括数字说明、图表说明、分类说明、对比说明和举例说明。

1）数字说明

市场调查报告离不开数字，数字往往更能直观、准确地反映调查对象的情况和市场发展的规律，还能增强调查报告的精确度和可信度。

2）图表说明

在说明市场现象、某种相关关系及其变化趋势等情况时，图表比文字更形象、简洁、效果更好。因此，撰写调查报告时，要充分利用图表进行分析说明。

3）分类说明

通过市场调查获取的资料往往杂乱无章，调查人员可以根据实际需要，将资料按一定标准进行分类，然后分别予以说明。例如，按问题性质对资料进行分类，对每一类分别冠以小标题进行说明。

4）对比说明

在清楚事物的可比性的前提下，市场调查报告可以采用对比形式对调查情况、数据做切合实际的比较。对比说明可以更全面深入地反映市场的变化情况。例如，通过对企业前后两年的经营成果进行比较，可以掌握该企业的收入、成本变化。

5）举例说明

为说明某一事物的显著特征，可以在市场调查报告中列举具体的、典型的事例。在市场调查实施过程中，调查人员会搜集到大量事例，可以从中选取具有代表性的事例加以说明。

3．议论技巧

1）归纳论证

市场调查报告是在分析大量资料的前提下，得出结论并形成论点的。因此，市场调查报告的结论是从具体事实中归纳出来的。

2）局部论证

市场调查报告无须对市场调查工作进行全面论证，只需围绕市场调查报告的主题进行局部论证即可，如对当前情况进行分析、对未来发展进行预测等。常用的局部论证方法是对调查对象的几个重要方面进行分析，每一个方面都有对应的论证过程和论证结论，再用数据、图表等论据加以证明。

4．用词技巧

撰写市场调查报告时，在用词方面需要注意以下几点。

（1）尽量使用数据说明问题。市场调查报告离不开数据支持，很多时候通过数据说明问题，更能达到清楚准确的论证效果。当然，应当保证数据准确无误、客观真实，不可随意篡改。

（2）合理使用专业术语。为了使语言表达准确，调查人员需要熟悉相关专业术语，在特定情况下，对不常见的、理解难度较大的专业术语应加注释进行说明。

（3）在行文时，尽量避免使用“我认为”“我的意见”等带有第一人称的表述。使用第一人称会使阅读对象认为市场调查报告不是在阐述事实，而是在表达调查人员的主观意见，一般应从第三方的角度出发，采用“调查表明”“结果显示”等表述方式。

（4）依据事实出具结论，避免使用似是而非的词，防止概念混淆或模糊不清，如避免使用“也许”“可能”“估计”等词。

11.2.3 撰写调查报告应注意的问题

1. 篇幅要适当

市场调查报告并非篇幅越长、论证越详细越好。实际上，对于篇幅冗长的调查报告，阅读对象往往难以把握重点。好的市场调查报告应该能让阅读对象迅速、清楚地了解市场调查的真实情况。因此，撰写市场调查报告时，要力求简明扼要、重点突出。

2. 避免只列图表，不做解释

在用图表说明问题时，要对图、表进行简要、准确的解释，这样才能使阅读对象快速了解图、表所要说明的问题。如果只将图表展示出来而不做解释，可能会使阅读对象产生误解。

3. 实事求是，尊重客观事实

市场调查报告的内容必须真实、准确、全面，符合客观实际。调查人员要有职业道德，不能为了迎合委托方的需求，故意篡改或删除数据，也不能提供部分信息，误导阅读对象。

自我思考

如果市场调查报告中回避了现实存在的负面信息会带来什么后果？

4. 引用他人的资料时应进行注释

在市场调查报告中对引用他人的资料时，应进行注释并指出资料的来源，一方面便于阅读对象查证，另一方面表达对他人成果的尊重。注释内容应详细准确，应包括作者姓名、书刊名称、所属页码、出版单位、时间等信息。

5. 版面设计合理

市场调查报告的版面应大方、美观，方便阅读。市场调查报告的版面设计包括设计字体的类型、大小、颜色、间距，以及空白位置、插图、配色等。另外，市场调查报告的打印和装订都要符合规范，以增强市场调查报告的专业性，提高阅读对象的信任感。

实地调查 健康中国，调查健身行业消费市场

任务概述

自 2009 年我国设立全民健身日、2014 年全民健身成为国家战略至今，人们健身热情高涨。如今，随着公共健身设施的普及、体育科技的创新，居民健身方式日益多样。在线上课堂，教练授课方式灵活，受到欢迎；在社交平台，许多人健身打卡；新冠肺炎疫情防控期间，运动体感游戏走入更多家庭……

在健身行业快速发展的同时，一些问题也随之出现，如个别健身房强制消费、教练入行门槛低、防护措施令人担忧、经营者携款跑路。为了营造风清气正的行业环境，北京、上海都推出体育健身行业服务合同示范文本，并设置“7 天冷静期”，为 7 天内未使用的健身卡设置退货保障。

请开展本地健身行业消费市场调查，并撰写本地健身行业消费市场调查报告。

任务分组

全班学生以 3～5 人为一组进行分组，各组选出组长并进行任务分工，将小组成员及分工情况填入表 11-1 中。

表 11-1 小组成员及分工情况

班级		组号		指导教师	
小组成员	姓名	学号	任务分工		
组长					
组员					

任务准备

（1）熟悉市场调查、资料搜集与整理、资料分析的方法。

（2）掌握筛选资料、分析研究、拟定提纲、撰写市场调查报告的方法。

工作计划

小组商议，制订出具体的工作计划，填入表 11-2 中。

表 11-2 工作计划

步骤	工作内容	时间安排	负责人
1			
2			
3			
4			
5			

任务实施

按照工作计划，开展市场调查活动。将具体的实施情况记录在表 11-3 中。

表 11-3 实施步骤

时间安排	实施步骤
	1．对本地健身行业消费市场进行调查： （1）调查主题：____ （2）调查范围：____ （3）调查方法：____
	2．对搜集到的资料进行整理和分析。确定本组使用的分析方法，包括： （1）____ （2）____ （3）____ （4）____
	3．制订市场调查方案并实施，记录实施中存在的问题： （1）____ （2）____ （3）____ （4）____ （5）____ （6）____

（续表）

时间安排	实施步骤
	4．小组讨论，对市场调查结果进行汇总、整理
	5．提出本地健身行业消费市场存在的问题： （1）________ （2）________ （3）________ （4）________ （5）________ （6）________
	6．拟定提纲，撰写市场调查报告

评价反馈

各组派代表讲解本组的市场调查报告，并配合指导老师完成如表 11-4 所示的考核评价表。

表 11-4 考核评价表

项目名称	评价内容	分值	评价分数		
			自评	互评	师评
素养评价 20%	仪容仪表得体	6 分			
	具备团队精神，能够积极与他人合作	6 分			
	积极、认真参加实践任务	8 分			
技能评价 30%	熟练应用各种调查方法和分析方法	10 分			
	撰写市场调查报告	10 分			
	按时完成实践任务	10 分			
成果评价 50%	调查方法和分析方法科学、运用合理	30 分			
	市场调查报告重点突出、详略得当，有效揭示本地健身行业消费市场存在的问题	10 分			
	讲解口齿清晰、仪态大方	10 分			
合计		100 分			
总评	自评（20%）+互评（20%）+师评（60%）=	综合等级：___	教师（签名）：		

自我检测

1. 单选题

（1）下列选项中，不属于市场调查报告的特点的是（　　）。

A. 针对性　　B. 合法性　　C. 时效性　　D. 创新性

（2）市场调查报告在营销活动中最主要的作用是（　　）。

A. 衡量调查人员的工作质量　　B. 证明合同双方的合作关系

C. 为委托方经营决策提供数据支持　　D. 作为历史资料供企业以后参考

（3）下列选项中，属于撰写调查报告的语言要求的是（　　）。

A. 篇幅要足够长

B. 尽量多用专业术语

C. 尽量少用“我认为”“我的意见”等带有第一人称的表述

D. 尽量多用“可能”“也许”“估计”等词，避免表达太过绝对

（4）下列关于撰写市场调查报告的说法中，表述不正确的是（　　）。

A. 市场调查报告引用他人的资料时，应当详细注释

B. 市场调查报告的主题不宜过大，应小而集中，这样才能做到观点鲜明

C. 市场调查报告的主题通常是市场调查的主题，两者应保持一致

D. 市场调查报告一般包括封面、目录、摘要、引言、正文、结论与建议和附件

2. 简答题

（1）简述市场调查报告的撰写步骤。

（2）如何对说明技巧加以运用？

（3）如何理解市场调查报告的创新性？

（4）简述撰写市场调查报告需要注意的问题。

3. 案例分析题

河口瑶族自治县乡村旅游资源调查及分析（节选）

河口瑶族自治县位于云南省红河哈尼族彝族自治州东南部，具有优越的地理区位、丰富的历史遗存、灿烂的民族文化，为乡村旅游业发展提供了良好的先决条件。

一、资源类型

河口瑶族自治县的乡村旅游资源类型包括2个大类、8个小类，如表11-5所列。

表 11-5 河口瑶族自治县乡村旅游资源类型统计表

大类	小类	资源数量	百分比（%）
自然资源类	地文景观	32	11.7
	水域风光	15	5.5
	生物景观	14	5.1
	天象与气候景观	3	1.1
人文资源类	遗址遗迹	21	7.7
	建筑与设施	51	18.7
	旅游商品	75	27.5
	人文活动	62	22.7

二、资源结构

河口瑶族自治县的乡村旅游资源结构包括以下三个部分。

第一部分是原生型旅游资源，包括大围山、四连山、红河、南溪河、田头瀑布、花鱼洞、白沙河等。这类旅游资源具有较高的资源价值，在开发中应注意保持其原真性。

第二部分是提升型旅游资源，包括民族服饰、放马哨军事基地、跨国大桥、滇越铁路等。这类旅游资源具有再生性和变异性，可以进行开发改造。

第三部分是再造型旅游资源，包括花卉苗木基地、鳄鱼养殖场、小粒咖啡基地等。这类旅游资源是旅游产业的新兴支撑要素和旅游地吸引力的重要组成部分。

三、资源开发建议

（1）避寒康体养生游。依托河口瑶族自治县优良的生态环境和冬季适宜的气候，以养生客栈、养老公寓、乡村健身绿道、低海拔体育训练基地为主要载体，以“避寒养生”为开发理念，通过完善公共服务与旅游接待设施，提升服务水平和管理质量，面向外地老年群体、运动员及体育爱好者推出冬季避寒养生游。

（2）消暑休闲度假游。以花鱼洞国家森林公园、南溪河省级风景名胜区、红河水域、南溪水域、白沙河等丰富的江河水域资源为主要载体，以“戏水消暑”为开发理念，面向本地居民和外来游客推出夏季戏水消暑休闲度假游。

（3）民族村寨创意游。以桥头苗族壮族乡、瑶山乡为重点乡镇，以瑶、苗、壮、布依族等少数民族村寨为主要载体，完善公共服务与旅游接待设施，设计参与体验、遗产传习、文化创意等旅游活动，推出体验河口瑶族自治县原汁原味民族文化的旅游体验项目。

（4）农垦文化体验游。以河口农场、南溪农场及周边的自然、人文环境为主要资源载体，依托河口瑶族自治县天然的热带农业生态环境和深厚的农垦、知青文化，以知青文化园、热带水果园、农垦体验园为主要形式，面向度假休闲客源群体，推出河口瑶族自治县乡村特色农垦文化体验游。

（5）乡村美食购物游。以瑶家菜、苗味、壮味、傣味、越南菜，以及香蕉、菠萝、荔枝、杧果等热带水果及制品为主要依托，以特色农家乐、热带作物观光采摘园、乡村集市为主要载体，面向外来游客推出乡村美食品尝、特色购物体验游。

【问题】

（1）试着从内容、撰写技巧方面对上述调查报告进行评价。

（2）你觉得上述调查报告的内容是否存在不当？如果让你修改的话，你会修改哪些地方？

是搞“手榴弹炸跳蚤”，还是对症下药、精准滴灌、靶向治疗？

让我们先做一道简单的数学题：

2012年底中国有贫困人口9 899万。之前30多年，中国年均减贫600多万人，以此速度计算，中国哪年能实现贫困人口全部脱贫？

答案是2028年。倘若如此，到2020年，还有相当一部分贫困人口不能同全国人民携手进入全面小康社会。

形势严峻，脱贫攻坚亟需新思路、新突破。

贫有百样，困有千种。是大水漫灌、搞“手榴弹炸跳蚤”，还是对症下药、精准滴灌、靶向治疗？习近平总书记对这个时代之问有着深入思考。

2013年11月，习近平来到湖南湘西贫困村十八洞村。他和乡亲们围坐一圈，首次提出“精准扶贫”。自此，打赢脱贫攻坚战有了制胜法宝。

扶贫贵在精准，重在精准，成败之举在于精准。可精准谈何容易？

长期以来，中国贫困人口总数是在抽样调查基础上推算出来的，贫困人口究竟是谁、具体分布在什么地方，说不大清楚。习近平指出，“要把不清不楚变成一清二楚”，“不搞大水漫灌，不搞手榴弹炸跳蚤，因村因户因人施策，对症下药、精准滴灌、靶向治疗，扶贫扶到点上扶到根上”。

习近平率先垂范。党的十八大以来，他先后7次主持召开中央扶贫工作座谈会，50多次调研扶贫工作，走遍14个集中连片特困地区，坚持看真贫，坚持了解真扶贫、扶真贫、脱真贫的实情。

扶贫必先识贫，解决好“扶持谁”的问题。

按照习近平的重要指示，一项史无前例的贫困人口建档立卡工作在全国展开。2014 年，扶贫系统在全国范围开展贫困识别，建档立卡使中国贫困数据第一次实现了到村到户到人。

各地在实践中创造了不少识贫好方法。例如，贵州省威宁县迤（yī）那镇发明“四看法”，即“一看房、二看粮、三看劳动力强不强、四看家中有没有读书郎”。习近平这样评价“四看法”：“实际效果好，在实践中管用”。

搞清楚了“扶持谁”，还要明确“谁来扶”。

2015 年 11 月，在中央扶贫开发工作会议上，习近平指出，加快形成中央统筹、省（自治区、直辖市）负总责、市（地）县抓落实的扶贫开发工作机制，做到分工明确、责任清晰、任务到人、考核到位。

“得来点儿真的，贫困县的县委书记、县长要稳在那儿，把责任担到底，不脱贫‘不能走’，一个萝卜一个坑，出水才见两腿泥，”习近平多次强调，“没有这一条，谁都能拍拍屁股就走，那就变成流水宴、流水席了。”

2016 年 6 月 3 日，地处大别山区的安徽省六安市金寨县召开县领导干部会议宣布上级决定，此前已任六安市委副书记的潘东旭同志不再担任县委书记。可大家没想到的是，12 天后，潘东旭又回来了，职务还是六安市委副书记、金寨县委书记。潘东旭的“离任”又“返岗”就是习近平亲自作出的重要指示。

脱贫攻坚，就得动真格。据统计，中国从 2013 年开始向贫困村选派第一书记和驻村工作队，到 2015 年，实现每个贫困村都有驻村工作队、每个贫困户都有帮扶责任人。截至 2020 年底，全国累计选派 25.5 万个驻村工作队、300 多万名第一书记和驻村干部，与近 200 万名乡镇干部和数百万村干部并肩奋战在扶贫一线。

2020 年 11 月 23 日，随着贵州省最后 9 个贫困县脱贫出列，全国 832 个贫困县全部摘帽。

2020 年 12 月 3 日，中央政治局常委会召开会议。习近平指出，经过 8 年持续奋斗，我们如期完成了新时代脱贫攻坚目标任务，现行标准下农村贫困人口全部脱贫，贫困县全部摘帽，消除了绝对贫困和区域性整体贫困，近 1 亿贫困人口实现脱贫。

精准扶贫扶到点上、扶到根上，是贡献给世界减贫事业的中国智慧和中国方案。十八大以来，中国年均 1 000 多万人脱贫，这相当于一个中等国家的人口数。习近平亲自指挥、亲自部署、亲自督战，举全党全国全社会之力打赢了这场脱贫攻坚战，创造了人类减贫史上最值得赞叹的奇迹。

资料来源：http://cpc.people.com.cn/n1/2021/1101/c64036-32270532.html

参考文献

[1] 庄贵军．市场调查与预测［M］．3 版．北京：北京大学出版社，2020．

[2] 刘常宝．市场调查与预测［M］．北京：机械工业出版社，2017．

[3] 刘红霞．市场调查与预测［M］．5 版．北京：科学出版社，2021．

[4] 李昊．市场调查与预测［M］．2 版．北京：中国人民大学大学出版社，2019．

[5] 赵铁．现代市场调查与预测：理论、实务与技能实训［M］．2 版．北京：中国人民大学大学出版社，2021．

[6] 李晓梅，傅书勇．市场调查分析与预测［M］．北京：清华大学出版社，2021．

[7] 酒井隆．图解市场调查指南［M］．郑文艺，陈菲，译．广州：中山大学出版社，2008．

[8] 冯利英．市场调查：理论、分析方法与实践案例［M］．北京：经济管理出版社，2016．

[9] 杜明汉，刘巧兰．市场调查与预测：理论、实务、案例、实训［M］．4 版．大连：东北财经大学出版社，2020．

[10] 邓剑平，付强．市场调查与预测：理论、实务、案例、实训［M］．2 版．北京：高等教育出版社，2015．

[11] 董焱，王晓红，牟静．问卷调查数据分析实务［M］．2 版．北京：首都经济贸易大学出版社，2019．

[12] 丁亚军．统计分析：从小数据到大数据［M］．北京：电子工业出版社，2020．